北京市康达律师事务所
BEIJING KANGDA LAW FIRM

康达文库　　　丛书主编
律师解读司法观点丛书　　唐 新 波

金融领域违法犯罪案件裁判精要

主　编
唐新波

副主编
赵玉来　唐弘易

知识产权出版社
全国百佳图书出版单位
—北 京—

图书在版编目（CIP）数据

金融领域违法犯罪案件裁判精要/唐新波主编 . —北京：知识产权出版社，2024.7
（律师解读司法观点丛书）
ISBN 978－7－5130－9293－7

I. ①金… II. ①唐… III. ①金融犯罪—案例—中国 IV. ①D924.335

中国国家版本馆 CIP 数据核字（2024）第 031237 号

策划编辑：庞从容	责任校对：潘凤越
责任编辑：赵利肖	责任印制：刘译文

金融领域违法犯罪案件裁判精要

唐新波　主编

赵玉来　唐弘易　副主编

出版发行：知识产权出版社 有限责任公司	网　　址：http：//www.ipph.cn
社　　址：北京市海淀区气象路 50 号院	邮　　编：100081
责编电话：010－82000860 转 8725	责编邮箱：2395134928@qq.com
发行电话：010－82000860 转 8101/8102	发行传真：010－82000893/82005070/82000270
印　　刷：三河市国英印务有限公司	经　　销：新华书店、各大网上书店及相关专业书店
开　　本：710mm×1000mm　1/16	印　　张：19
版　　次：2024 年 7 月第 1 版	印　　次：2024 年 7 月第 1 次印刷
字　　数：341 千字	定　　价：88.00 元

ISBN 978－7－5130－9293－7

序

由康达律师事务所律师们编写的"律师解读司法观点丛书"陆续出版了，这是有着30多年历史的大所立足丰富的办案经验，对经典案例和典型司法观点的系统总结，是律师界的一件大事，可喜可贺！

随着裁判文书的公开，人们可以查询详尽的案件信息，也为我们深入研究法官如何裁判提供了便利。在对已经公开的裁判文书进行研究的过程中，人们也发现了一些问题，同案不同判的情况不仅在不同法院存在，甚至个别地方同一法院也存在这一现象，引人关注，值得深思。

应当说，如何认定案件事实以及如何进行法律适用与法官的认识密不可分，法官的认识反映到判决里，就形成了司法观点。近代以来，我国深受成文法法律传统影响，案例不得作为法律渊源直接引用，但是同案不同判的问题亟待解决，就此而言，解读司法观点就是一个很好的探索。最高人民法院经常会发布指导性案例，审判实践中法官也会判后释法，康达所的律师们通过对最高人民法院和地方各级人民法院具有典范意义的案件进行分析，提炼出典型司法观点，并进行解读，具有积极意义。这项工作一可以梳理和总结律师的执业经验，二可以向群众普法，三可以给法律职业共同体提供借鉴。律师们工作紧张繁忙，能够抽出时间编写本丛书，实在是难能可贵。

2020年新冠疫情期间，康达律师在深入研究的基础上，分工合作，按照最高人民法院的案由，选取经典案例，精练总结司法观点，开启了本丛书的编写。作为有历史、有底蕴的大所，康达所不仅承办过不少有重大影响的案件，还关注有关实务和理论问题，值得嘉许！

《中华人民共和国民法典》已经于2020年5月28日由十三届全国人大三次会议表决通过，并于2021年1月1日施行，希望康达律师结合学习和研究《民法典》的心得体会，把学习和研究成果融入丛书的编写中。

期待康达律师更多更好的作品，祝愿康达律师事务所越办越好。

是为序。

中国人民大学法学院

2021年3月于中国人民大学明德法学楼

主要法律文件"全称—简称"对照表

全　称	简　称
《中华人民共和国刑法》	《刑法》
《中华人民共和国刑法修正案》	《刑法修正案》
《中华人民共和国刑法修正案（二）》	《刑法修正案（二）》
《中华人民共和国刑法修正案（四）》	《刑法修正案（四）》
《中华人民共和国刑法修正案（五）》	《刑法修正案（五）》
《中华人民共和国刑法修正案（六）》	《刑法修正案（六）》
《中华人民共和国刑法修正案（九）》	《刑法修正案（九）》
《中华人民共和国刑法修正案（十）》	《刑法修正案（十）》
《中华人民共和国刑法修正案（十一）》	《刑法修正案（十一）》
《中华人民共和国刑事诉讼法》	《刑事诉讼法》
《中华人民共和国监察法》	《监察法》
《中华人民共和国证券法》	《证券法》
《中华人民共和国中国人民银行法》	《中国人民银行法》
《中华人民共和国信托法》	《信托法》
《中华人民共和国保险法》	《保险法》
《中华人民共和国商业银行法》	《商业银行法》
《中华人民共和国惩治贪污条例》	《惩治贪污条例》
《最高人民法院关于适用〈中华人民共和国刑事诉讼法〉的解释》	《刑事诉讼法解释》
《最高人民检察院 公安部关于公安机关管辖的刑事案件立案追诉标准的规定（二）》（2022年5月15日施行）	《立案追诉标准（二）》（2022年修订）
《最高人民法院关于审理非法集资刑事案件具体应用法律若干问题的解释》	《非法集资解释》

目　录

第一章 金融领域违法犯罪问题概述

2022年1月至7月，"在金融领域反腐巡视的大背景下，全国金融系统已有60多人被查处，其中有8名银保监系统官员'落马'"[1]。据报道，自党的二十大召开以来，党中央持续加大金融领域的反腐败力度，党的二十大后落马的"首虎"就来自金融系统；而且，仅2023年3月，就有多名金融机构的干部被查。[2]这一现象反映了在金融领域存在一些问题。监察机关对金融领域的违法犯罪问题进行监管，充分显示了国家对金融风险防范和金融反腐的重视，也释放了明显的信号。在这一历史大背景下，我们选择了10余个与金融行业及其从业人员相关的典型罪名对金融领域常见的违法犯罪行为进行解析，说明相关违法犯罪的构成要件，并研究如何防范违法犯罪行为的发生。

一、金融犯罪立法之沿革分析

从广义上讲，"金融犯罪，是指发生在金融领域或与金融相关的领域，违反有关金融管理法律、法规，侵犯金融管理制度和金融管理秩序，依法应受刑罚处罚的行为。"[3]随着技术的发展，金融犯罪在犯罪手段、犯罪对象、犯罪客体等方面发生了一些新的变化，比如利用网络支付平台、网贷平台等实施的非法集资类犯罪以及私募基金领域发生的欺诈类的犯罪等。对于金融行业来说，金融机构及其工作人员违法犯罪的行为也都被包含在金融犯罪之中，不同案件需

---

[1] 彭远汉、王志民：《从金融系统违法犯罪案件高发而想到的》，载网易网2022年8月15日，https://www.163.com/dy/article/HEQFOGV40519CA9H.html。

[2] 吴为、刘茜贤：《副部级银行"一把手"落马的背后，中纪委对金融反腐持续发力》，载新浪网2023年4月3日，http://k.sina.com.cn/article_1644114654_61ff32de02001n7r8.html。

[3] 吴羽：《金融犯罪的特点、原因与对策》，载《大连海事大学学报（社会科学版）》2018年第4期，第40页。

要根据具体情况来认定构成哪个具体的罪名。因此，本书使用"金融犯罪"一词予以概括。

在1996年之前，我国基本不使用"金融犯罪"这一表述，也没有"金融刑法"之概念，这显然是与当时的社会经济发展水平相适应的。20世纪90年代，随着经济的快速发展，金融领域的犯罪在刑事犯罪中的比重有所上升，因此，1997年《刑法》从立法层面上首次确立了"金融犯罪"的范围。1997年《刑法》是通过单独规定两类罪的方式对金融领域的犯罪行为进行规定的，之后才在刑法理论上出现了"金融刑法"的概念。

关于金融犯罪的规定，我国立法具有鲜明的特点。有学者总结："从立法模式上看，我国目前的金融犯罪刑事立法实际上采取了刑法典与附属刑法规定相结合的立法模式。"[1]这个总结概括得较为准确。

（一）1997年《刑法》对金融犯罪独立设节

在我国刑事法律的立法过程中，1997年《刑法》对1979年《刑法》作了大幅度的修订。其中，关于金融犯罪的规定突出表现为将金融犯罪独立设节。1997年《刑法》分则第三章"破坏社会主义市场经济秩序罪"之下的第四节、第五节分别规定了"破坏金融管理秩序罪"及"金融诈骗罪"两大类犯罪。这是一个非常大的变化，突出了金融犯罪的重要性，也表明了社会发展需要法律与时俱进。

（二）通过刑法修正案的方式对金融犯罪进行规制

进入21世纪后，我国逐渐进入新经济时代，以"互联网＋"为代表的新技术、新产业迅速崛起。在这种背景下，金融领域也在不断创新，新金融产品、新金融工具和新交易方式不断被创造出来。当然，在创新过程中也不可避免地会带来新类型的危害性行为，新的金融犯罪形态与手法也不断出现。例如，"e租宝""快鹿""泛亚"等案件引起了社会的广泛关注。与之相适应，关于金融犯罪的刑事立法也在不断修改。

全国人大常委会于1999年12月25日、2001年8月31日、2001年12月29日、2002年12月28日、2005年2月28日、2006年6月29日、2009年2月

---

[1] 刘宪权：《我国金融犯罪刑事立法的逻辑与规律》，载《政治与法律》2017年第4期，第23页。

28 日、2011 年 2 月 25 日、2015 年 8 月 29 日、2017 年 11 月 4 日、2020 年 12 月
26 日、2023 年 12 月 29 日陆续通过了十二个刑法修正案，大多数刑法修正案都
涉及了金融犯罪的内容。

在现有的十二部刑法修正案中，除《刑法修正案（二）》、《刑法修正案
（四）》和《刑法修正案（十）》之外，其余九个修正案都涉及了金融犯罪的修
改。例如：《刑法修正案（五）》增设了妨害信用卡管理罪，增加了信用卡诈骗
罪的行为方式"使用以虚假的身份证明骗领的信用卡的"；《刑法修正案（六）》
增设了骗取贷款、票据承兑、金融票证罪，背信运用受托财产罪，违法运用资
金罪，并取消了操纵证券、期货市场罪中"获取不正当利益或者转嫁风险"及
吸收客户资金不入账罪中"以牟利为目的"的要件。

同时需要关注的是，《刑法修正案（六）》是具有标志性意义的一次修改。
《刑法修正案（六）》修改的涉及金融犯罪的种类和罪名基本已经囊括了金融领
域的各个方面，包括了危害货币、外汇、金融机构、金融票证、证券和期货市
场、有价证券、信贷以及金融业务经营等很多方面的管理制度的犯罪。

可以说，现行涉及金融犯罪的刑事立法主要是《刑法》，除此之外，《证券
法》《信托法》《保险法》《商业银行法》等法律中都有涉及金融犯罪的附属刑
事条款。这种情况显现了我国关于金融犯罪的立法演进过程，也反映了我国的
法律体系逐步系统化。这种立法方式，既表明了我国金融市场快速发展与金融
犯罪立法滞后之间的矛盾，又反映了金融犯罪刑事立法的相对稳定与金融犯罪
行为多变、多样之间的关系。《刑法修正案（十一）》的内容表明："金融犯罪
最新刑事立法延续了'以重刑化为主'的趋势，凸显了立法者对金融犯罪的关
注以及从严打击的态度。"[1]

二、金融领域违法犯罪的特点分析

从一定意义上可以说，犯罪是特定期间社会矛盾爆发的极端反映，一般都
有明显的时代痕迹和时代特色。在金融领域，金融违法犯罪行为的演变与金融
创新发展的契合度在事后来看也是非常高的。

有学者将我国金融犯罪的演变总结为三个大的阶段，即银行犯罪阶段、行
业犯罪阶段以及金融领域犯罪阶段。银行犯罪阶段大约是在 20 世纪 80 年代初

---

[1] 刘宪权：《金融犯罪最新刑事立法论评》，载《法学》2021 年第 1 期，第 51 页。

至 90 年代初，当时关于金融犯罪基本上是围绕保护银行而设立的。行业犯罪阶段大约在 20 世纪 90 年代至 21 世纪初，伴随着我国向市场经济的转型，《刑法》开始对证券、保险、外汇等领域的犯罪行为进行规制，从而建立了金融刑法的框架。金融领域犯罪阶段的时间为 21 世纪初至今，突出特征是以金融领域为标准界定金融犯罪。就这三个阶段来看，可以总结出涉及金融领域的违法犯罪问题的特点。

（一）金融违法犯罪往往与金融创新相伴而生

"金融创新"这一概念由著名经济学家约瑟夫·阿罗斯·熊彼特（Joseph Alois Schumpeter）的"创新"观点衍生而来。熊彼特在其成名作《经济发展理论》中对创新作出定义，认为创新是指新的生产函数的建立，也就是企业家对企业要素实行新的组合，并强调创新是经济发展的"灵魂"。[1]我国著名经济学家厉以宁教授认为，金融创新就是金融领域内的创新，包括金融体制创新和金融工具创新。[2]金融创新就像一把"双刃剑"，在其发展过程中，难免伴随着金融犯罪行为，二者之间关联紧密程度很不一般。

一般而言，金融犯罪都是金融创新的"副产品"，金融创新所涉及的范围就是能够发生金融犯罪的范围。随着互联网金融、私募基金、P2P、金融衍生品等新的金融工具、交易方式层出不穷，具有金融创新元素的金融犯罪行为也在不断增加，正如有人所总结的："任何一种新的金融工具或金融市场都不可避免地成为金融犯罪的温床，新类型金融犯罪注定会由迅猛发展的金融创新不断引发。"[3]

金融犯罪的发展演变过程完整地反映了金融创新的发展历程。从一定意义上讲，金融犯罪的规制与刑事打击客观上也为金融创新划定了边界，边界之外便是犯罪，比较典型的例子是 P2P 网贷行业的发展。近几年，国家通过对 P2P 网贷行业中非法集资犯罪的打击，为 P2P 行业划定了不可逾越的法律红线。

（二）金融犯罪的演变与金融监管理念密切相关

改革开放以来，我国的金融市场发展非常迅速。金融市场实现了由单一、

---

〔1〕 王文革：《互联网时代的金融创新》，上海人民出版社 2016 年版，第 2—3 页。

〔2〕 杨星：《金融创新》，广东经济出版社 2000 年版，第 1—3 页。

〔3〕 安徽省合肥市庐阳区人民检察院课题组：《金融领域犯罪的产生原因及防控对策》，载《中国检察官》2017 年第 9 期（上），第 41—43 页。

封闭走向多元和开放。与之相对应，金融监管理念也实现了由重点保护金融秩序转变为全方位保障各个市场主体的合法权益，监管的重点和范围也都随之发生变化。

关于金融犯罪范围的变化与这种金融监管理念的转变是很吻合的。比如：对信用卡诈骗罪中"有效催收""非法占有目的"的严格解释，实际上偏向于保护金融消费者的权益，增加银行的义务。司法部门对非法集资类犯罪的构成要件不断进行扩张解释，使得一些行为成为犯罪行为，反映了监管部门对互联网金融的监管由松到严的转变。

（三）涉及的法律关系复杂、社会危害性大

金融犯罪往往具有涉及法律关系复杂、人员众多、社会危害性大等特点。这类犯罪大多数是共同犯罪，核心人员、业务骨干、一般参与者的等级是分明的，犯罪手段也是花样翻新，涉及人员众多、资金量大，社会危害性也非常大。

以非法集资类案件为例，据统计，2015 年至 2018 年，全国法院审理非法集资刑事案件就超过了 31000 件，2016 年至 2018 年的犯罪人数达到 45000 余人。[1] 就 "e 租宝" "中晋系" "申彤大大" "快鹿系" "善林金融" 5 个非法集资案而言，其涉案金额近 2000 亿元人民币，这个体量不可谓不大，涉及的人员也较多。

2016 年度十大法律监督案例之四就是 "北京检方对 'e 租宝'案提起公诉，认定涉案非法吸收公众资金达 762 亿余元"[2]。据报道，2016 年 12 月 15 日，北京市检察院第一分院以被告单位安徽某诚控股集团、某诚国际控股集团有限公司以及被告人丁某等 10 人涉嫌集资诈骗罪，被告人王某某等 16 人涉嫌非法吸收公众存款罪，依法向北京市第一中级人民法院提起公诉。检察机关经依法审查查明，2014 年 6 月至 2015 年 12 月，被告单位安徽某诚控股集团、某诚国际控股集团有限公司及被告人丁某等人违反国家法律规定，组织、利用其控制的多家公司，在其建立的 "e 租宝" "芝麻金融" 互联网平台发布虚假的融资租赁债权及个人债权项目，以承诺还本付息为诱饵，通过媒体等途径向社会公开

---

[1] 李勇：《互联网金融乱象刑事优先治理政策之反思》，载《西南政法大学学报》2019 年第 6 期，第104—105 页。

[2] 《2016 年度十大法律监督案例》，载最高人民检察院网 2017 年 1 月 10 日，https：//www.spp.gov.cn/zdgz/201701/t20170110_178044.shtml。

宣传，非法吸收公众资金累计人民币 762 亿余元，扣除重复投资部分后非法吸收资金共计人民币 598 亿余元。至案发，集资款未兑付共计人民币 380 亿余元。[1]

三、金融领域违法犯罪问题的刑法规制与发展趋势分析

就司法实践来看，我国关于金融犯罪的刑法规定每隔几年就会作出补充和修正，这体现了惩治犯罪不遗余力的特点。就近年来的刑事案件看，"我国社会治理中的'先刑主义'思潮不断抬头，刑法正出现积极刑法观的政策转向，这种转向以追求安全保障和风险预防为核心"[2]。刑法对金融犯罪的规制也出现了积极、扩张的倾向。

（一）《刑法》在金融领域的调整对象出现扩张倾向

《刑法》修正的过程均反映了人们对金融领域以及金融违法犯罪行为认识的进步，也反映了立法者维护金融市场秩序的决心。在金融犯罪领域，立法上如此大规模地将一些行为入罪，主要原因应当是当前金融违法犯罪行为不断翻新、层出不穷，对社会产生了很大危害，从而需要打击。

比如，在金融犯罪开始立法时，期货交易还没有成形，因而《刑法》没有规定关于期货的犯罪。但是，随着期货市场的发展，《刑法》又以修正案的方式增加了期货犯罪的内容，同时将期货机构工作人员纳入金融犯罪的犯罪主体范围之中。

对于金融领域违法犯罪行为的规制，主要通过三种方式来进行：一是通过增设新罪名加大刑法规制金融领域行为的力度；二是在罪状中设置兜底条款，便于通过司法解释扩大刑法打击行为的范围；三是通过对犯罪要件的扩张性解释加大刑法对金融领域犯罪行为的打击。

（二）金融领域的刑事立法重刑化趋向明显

最近几年，我国关于金融犯罪的刑事立法活动变得比较频繁，以刑法修正

---

[1] 《2016 年度十大法律监督案例》，载最高人民检察院网 2017 年 1 月 10 日，https://www.spp.gov.cn/zdgz/201701/t20170110_178044.shtml。

[2] 黄伯青、李杰文：《金融创新背景下的金融犯罪变迁与审判思路调整》，载《人民司法》2020 年第 4 期，第 68 页。

案的方式严密法网。在《刑法修正案（十一）》修改的涉及金融犯罪的罪名中，有的罪名被提高了法定刑，这一现象表明了重刑化成为金融犯罪的最新刑事立法的基本趋势。

第一，提高了欺诈发行证券罪（《刑法》第一百六十条）的法定最高刑。欺诈发行证券罪原来只有一档法定刑，即"处五年以下有期徒刑或者拘役"。《刑法修正案（十一）》关于该罪名，增加了一档法定刑，即"数额特别巨大、后果特别严重或者有其他特别严重情节的，处五年以上有期徒刑"。这表明该罪的法定最高刑由 5 年有期徒刑调整为 15 年有期徒刑。

第二，提高了集资诈骗罪（《刑法》第一百九十二条）的法定最低刑。集资诈骗罪原先有三档法定刑，最低刑为拘役。《刑法修正案（十一）》将这一罪名的法定最低刑改为 3 年有期徒刑，同时规定"数额巨大或者有其他严重情节的，处七年以上有期徒刑或者无期徒刑"。

第三，提高了违规披露、不披露重要信息罪（《刑法》第一百六十一条）的法定最高刑。《刑法修正案（十一）》对违规披露、不披露重要信息罪增加了一档法定刑，让该罪名的最高刑由 3 年有期徒刑提高到 10 年有期徒刑。

（三）金融领域的违法犯罪数量不断增加

自 1999 年我国《刑法修正案》公布至 2023 年，金融犯罪的数量是在不断增长的。2017 年 3 月底下发的《中国银监会办公厅关于开展银行业"违法、违规、违章"行为专项治理工作的通知》，对银行业金融机构提出的第一个要求就是制度建设，要求银行业金融机构全面梳理各项内部制度，审视内部制度的全面性、完善性、合规性。

2018 年 1 月 6 日，《21 世纪经济报道》刊登了一篇名为《银监会行政处罚大梳理：信贷票据违规为处罚高发领域》的新闻，该新闻是大连银行金融市场风险管理部对 2017 年度银监系统的行政处罚进行的统计和梳理分析。据大连银行金融市场风险管理部研究人员不完全统计，2017 年年初至 2017 年 12 月底，银监会系统在官网上公布的、属于本年度开具的罚单共计 2725 张，其中银监会公布罚单 35 张，各地银监局公布罚单 728 张，银监分局公布罚单 1962 张。在处罚案由中，作为银行占比最大的传统业务，信贷业务违规所受处罚的罚单数量最多，达 1634 张；票据业务是仅次于信贷业务的违规行为"高发地带"（466张）。（参见图 1.1）2017 年大连银行金融市场的情况如研究人员总结的："本年度银监系统公布的罚单无论从数量、处罚金额还是处罚事由，都数量巨大，牢牢契合了今年'强监管'的主题，也呼应了监管密集下发的一系列文件。"[1] 这个数据也从侧面反映了金融机构违法犯罪行为的发生情况。

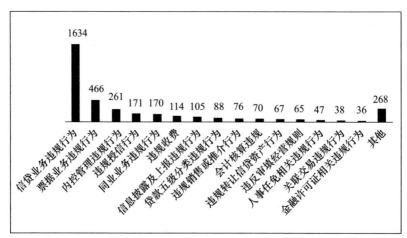

来源：大连银行金融市场风险管理部。

图 1.1　2017 年大连银监系统行政处罚各类案由的罚单总数量分布

2020 年 2 月，《中国银保监会办公厅关于预防银行业保险业从业人员金融违法犯罪的指导意见》发布，要求进一步完善银行业、保险业从业人员金融违法犯罪预防工作机制。这个文件的发布表明了银行业、保险业从业人员金融违法犯罪现象不容乐观，需要监管机关强化监管。

"2023 年 3 月 27 日，中央纪委国家监委网站发布消息，二十届中央第一轮巡视对象公布，中国核工业集团有限公司等 36 家单位的党组（党委）被纳入巡视名单。"其中，"对 5 家中管金融企业党委开展巡视'回头看'"。[2]

以上情况充分说明了国家对金融领域的重视。在这样的背景下，研究金融领域的违法犯罪问题非常有意义。

---

〔1〕 王晓：《银监会行政处罚大梳理：信贷、票据违规为处罚高发领域》，载 21 财经网 2018 年 1 月 6 日，https：//m. 21jingji. com/article/20180106/herald/9015daf760b3c26afe99e67cbd80df38. html。

〔2〕 高佳、翟瑞民：《二十届中央首轮巡视为何瞄准这 36 家单位？》，载界面新闻网 2023 年 3 月 28 日，https：//www. jiemian. com/article/9145691. html。

第二章 违法发放贷款罪

一、违法发放贷款罪概述

在金融领域，银行业是核心组成部分之一，其中贷款业务又是银行的主要业务。违法发放贷款会导致巨大的金融风险，也会严重破坏金融秩序，甚至影响社会稳定。因此，为了维护金融秩序，立法机关对违法发放贷款的行为进行了规制。对于违法发放贷款的行为，只要数额足够大或者造成损失足够大，都有可能被归入违法发放贷款罪这一"大口袋罪"之中。在此罪名的罪与非罪之间，想获得宽容是很不容易的。

（一）违法发放贷款罪的立法沿革

"违法发放贷款罪是指银行或者其他金融机构的工作人员违反法律、行政法规的规定发放贷款，数额巨大或者造成重大损失的行为。"[1] 该罪名源自全国人大常委会的一个决定，后来被吸收进 1997 年《刑法》。

1995 年 6 月 30 日，《全国人民代表大会常务委员会关于惩治破坏金融管理秩序犯罪的决定》发布，其中第九条是关于违法发放贷款的规定，这是该罪名的最初法源。1997 年修订《刑法》时，《全国人民代表大会常务委员会关于惩治破坏金融管理秩序犯罪的决定》第九条的内容被吸收修改为《刑法》第一百八十六条的规定。

2006 年 6 月 29 日，第十届全国人民代表大会常务委员会第二十二次会议通过了《刑法修正案（六）》。在该修正案中，第十三条规定将《刑法》第一百八

---

[1] 韩玉胜主编：《刑法学原理与案例教程》（第 4 版），中国人民大学出版社 2018 年版，第 348 页。

十六条第一款、第二款修改为："银行或者其他金融机构的工作人员违反国家规定发放贷款，数额巨大或者造成重大损失的，处五年以下有期徒刑或者拘役，并处一万元以上十万元以下罚金；数额特别巨大或者造成特别重大损失的，处五年以上有期徒刑，并处二万元以上二十万元以下罚金。银行或者其他金融机构的工作人员违反国家规定，向关系人发放贷款的，依照前款的规定从重处罚。"这就对不同的情形进行了整合，统一适用违法发放贷款罪，并在罪状上作了较大调整，将"违反法律、行政法规"修改为"违反国家规定"。

（二）违法发放贷款罪的构成要件

对于违法发放贷款罪犯罪主体和客体的构成要件，刑法理论和司法实践中的观点是统一的。但是，在本罪名主观方面和客观方面的构成要件问题上，理论界和实务界还存在认识上的分歧。

1. 本罪的主体

违法发放贷款罪的主体属于特殊主体，即银行或者其他金融机构的工作人员。此外，根据单位犯罪的要求，单位也可以构成本罪。

最高人民法院发布的《全国法院审理金融犯罪案件工作座谈会纪要》规定："以单位名义实施犯罪，违法所得归单位所有的，是单位犯罪。"根据相关规定，对于单位犯罪中的直接负责的主管人员和其他直接责任人员，应根据其在单位犯罪中的地位、作用和犯罪情节分别处以相应的刑罚。

2. 本罪的主观方面

本罪在主观方面是故意还是过失或者是故意、过失都构成，在刑法理论界和司法实践中还有争议。有的观点认为该罪名的主观方面只能是故意，有的观点认为本罪的罪过形式包括故意和过失。上述各种观点均有其合理的一面。

3. 本罪的客体

之所以设立违法发放贷款罪，主要目的在于保护银行资金的安全，进而维护金融管理秩序。因此，违法发放贷款罪侵犯的客体是国家的金融管理制度，具体而言是贷款管理的相关制度。

4. 本罪的客观方面

本罪在客观方面表现为违反国家规定发放贷款，数额巨大或者造成重大损失的行为。"违反国家规定""发放贷款""数额巨大或者造成重大损失"这三个要素需要同时满足，其中"违反国家规定"是违法发放贷款行为构成犯罪的前提条件，非常重要。

在司法实践中，关于数额巨大的标准有司法解释予以规定，并无争议的空间。但是，关于"国家规定"所指的具体内容，在认识上是存在较大分歧的。

（三）违法发放贷款罪的现状分析

对违法发放贷款行为的刑事打击力度在加大，相关监管部门也加强了监管。2010 年以来，违法发放贷款的行为较多，违法发放贷款犯罪案件也呈现高发态势，严重破坏了金融秩序，司法机关对这种行为的打击也不遗余力。

在中国裁判文书网以违法发放贷款罪为案由进行检索，共检索到 2547 篇文书。[1] 从审判程序来看，涉及管辖 56 件，刑事一审 1429 件，刑事二审 536 件，刑事审判监督 141 件，刑罚与执行变更 268 件，执行 108 件，其他 9 件。2010 年至 2023 年，涉及违法发放贷款罪裁判文书的制作年份和数量统计如表 2.1 所示。

表 2.1　2010—2023 年违法发放贷款罪裁判文书制作年份和数量统计

年　份	文书数量/件	年　份	文书数量/件
2010	1	2017	342
2011	5	2018	322
2012	5	2019	363
2013	32	2020	418
2014	204	2021	158
2015	248	2022	43
2016	350	2023	40

可以说，2010 年至 2020 年，违法发放贷款罪的案件数量整体上呈增长趋势，尤其需要关注的是，银行的工作人员被定罪的占比非常高。这一现象产生的原因：一方面是金融机构内部控制制度不完善，造成金融机构工作人员违法操作的问题难以杜绝；另一方面是金融机构及其工作人员缺乏防范刑事法律风险的意识。

二、对于情节轻微的情况可定罪免刑

2006 年 6 月 29 日通过的《刑法修正案（六）》对违法发放贷款罪进行了修

---

〔1〕　中国裁判文书网（https：//wenshu. court. gov. cn），检索日期 2024 年 5 月 19 日。

改，该罪的犯罪构成要件发生了较大的变更。在这类案件中，可以通过一些考量因素来判断违法发放贷款行为的危害性，从而确定相应的刑罚。在有些案件中，基于多种因素的考量，法院甚至会对行为人进行定罪免刑。"张某国违法发放贷款罪案"就是一个定罪免刑的案例。

（一）典型案例

☞ 张某国违法发放贷款罪案[1]

【关键词】 违法发放贷款　抵押　损失

| 基本案情 | 公诉机关：霍邱县人民检察院。

被告人：张某国，男，1956 年 12 月 9 日出生，居住霍邱县。

辩护人：杨某贵，安徽某某律师事务所律师。

霍邱县人民检察院以霍检刑诉〔2009〕238 号起诉书指控被告人张某国犯违法发放贷款罪，于 2009 年 12 月 10 日向霍邱县人民法院提起公诉。霍邱县人民法院依法组成合议庭，公开开庭审理了本案。霍邱县人民检察院检察员兰某出庭支持公诉，被告人张某国及其辩护人杨某贵到庭参加诉讼。现已审理终结。

霍邱县人民检察院指控：2002 年下半年，中国农业银行霍邱县支行（以下简称"农行霍邱县支行"）行长顾某敏（2005 年病逝）为消化皖西中天（集团）有限公司拖欠的贷款利息，与农行马店营业所原主任张某国等人到皖西中天（集团）有限公司，要求其办理抵押贷款还息。同年 12 月 6 日，皖西中天（集团）有限公司在其总经理姜某的主持下召开董事会，决定以机械设备作抵押向农行霍邱县支行申请贷款 1000 万元，机械设备价值 1500 万元，财务科负责落实，财务科科长兼主管会计郑某负责联系。次日，农行霍邱县支行受理申请，客户部出具《关于对皖西中天（集团）有限公司特别授信壹仟万元的调查报告》和《关于对皖西中天（集团）有限公司注资壹仟万元的调查报告》。两份报告建议对皖西中天（集团）有限公司授信，同意注资 1000 万元。当天，农行霍邱县支行信贷部依据未署名调查人和未加盖客户部公章的两份报告，出具《关于对皖西中天（集团）有限公司注资壹仟万元的审查报告》，明确该单位贷

---

[1] 安徽省霍邱县人民法院（2010）霍刑初字第 00037 号。

款合规、合法并有抵押，同意贷款 1000 万元。第三天通过审查，上报农行六安市分行批准。

2002 年 12 月 27 日，农行安徽省分行批准对皖西中天（集团）有限公司特别授信，发放扶贫流动资金贷款 500 万元，并要求："发放该笔贷款前必须依法、合规办理足额抵押担保和登记手续。同时加强管理、落实责任，监控信贷资金流向，确保贷款合规使用，新增贷款到期收回，本笔贷款到期后不得办理展期，不得办理借新还旧，必须全部收回。"次日，农行六安市分行向农行霍邱县支行转发了农行安徽省分行批文。

然而，皖西中天（集团）有限公司并没有固定资产可以抵押，张某国等人明确知道这一点。在顾某敏的授意下，皖西中天（集团）有限公司财务科、信息科、办公室有关人员采取粘贴、复制等方法，伪造出 6 张购买设备的增值税发票复印件（合计金额 547.49 万元），并将其与 4 张真实的增值税发票复印件（合计金额 182.12 万元）交予郑某。郑某根据这些发票填写了明细表，加盖了皖西中天（集团）有限公司印章。张某国接到材料后，没有核实真伪即签字同意并加盖农行马店营业所公章。2002 年 12 月 30 日，张某国联系姜某到农行马店营业所签订了"农银借字（2002）第 001 号借款合同"和"农银抵字（2002）第 1 号抵押合同"。当天，郑某和张某国等人一起到霍邱县工商局，以农行霍邱县支行认可的 10 张发票复印件作抵押凭证，办理抵押登记。霍邱县工商局没有发现登记表和抵押票据存在问题，即在审查意见栏内填写"抵押登记材料齐全，同意办理登记"，并上报分管局长审批。皖西中天（集团）有限公司取得了"皖企抵字第 200301 号抵押物登记证"。之后，农行霍邱县支行马店营业所向皖西中天（集团）有限公司发放贷款 500 万元，并从中扣取原欠利息 200 万元。

2005 年 3 月 11 日，霍邱县人民法院依法宣告皖西中天（集团）有限公司破产，清算组发现：用于抵押贷款登记的十套设备中，六套无实物，其余四套正用于 2002 年 8 月 22 日注册成立的霍邱县中天水泥有限公司（股份制民营企业），其法定代表人与皖西中天（集团）有限公司（国有企业）法人代表皆为姜某。

2007 年 12 月 31 日，农行霍邱县支行将 500 万元抵押贷款作风险类认定：损失、剥离农行资产处置部。皖西中天（集团）有限公司欠农行霍邱县支行贷款 45800000 元无法收回，给国家造成实际损失。

公诉机关针对其指控的事实，当庭宣读和展示了被告人供述、证人证言、物证、书证等证据证实，认为被告人张某国的行为触犯《中华人民共和国刑法》第一百八十六条之规定，应当以违法发放贷款罪追究张某国的刑事责任。

被告人张某国辩称，其只是执行限制性条款不到位，不是直接责任人。该贷款没有收上来是因企业改制，是国家政策造成的，其只是没有核实抵押物。

张某国辩护人杨某贵的辩护意见是，被告人张某国的行为构不成违法发放贷款罪。理由：1. 被告人张某国的行为未违反国家法律、行政法规规定。2. 被告人张某国对农行霍邱县支行客户部的调查和信贷部的审查以及贷审会的审贷情况并不知情，其只是在农行安徽省分行下文后，农行霍邱县支行原行长顾某敏亲自到场办公的情况下，执行决定。其不是贷款的调查人，也不是审查人，更不是贷款的审批人，不能认定其明知借款人无资产可供抵押。3. 因皖西中天（集团）有限公司的贷款，被告人张某国作为责任人受到过处分，但是该公司的全部贷款，而不是起诉书指控的这笔 500 万元特别授信贷款。4. 该笔贷款发放是单位行为而非被告人张某国的个人行为，其也不是直接责任人。5. 该笔贷款发放不存在造成重大损失，皖西中天（集团）有限公司宣告破产前有足够资金，是因为县委、县政府要求，其资产被处置，不应认定为违法发放贷款而造成的损失。

经审理查明：2002 年年底，中国农业银行霍邱县支行行长顾某敏（2005 年病逝）为消化皖西中天（集团）有限公司拖欠的贷款利息，与农行马店营业所原主任张某国等人到皖西中天（集团）有限公司，要求其办理抵押贷款还息。同年 12 月 6 日，皖西中天（集团）有限公司召开董事会，决定以机械设备作抵押向农行霍邱县支行申请贷款 1000 万元，机械设备价值 1500 万元。次日，中国农业银行霍邱县支行受理申请，该行客户部出具《关于对皖西中天（集团）有限公司特别授信壹仟万元的调查报告》和《关于对皖西中天（集团）有限公司注资壹仟万元的调查报告》（未署名调查人且未加盖客户部公章）。两份报告建议对皖西中天（集团）有限公司授信，同意注资 1000 万元。当日，该行信贷部依据这两份报告，出具《关于对皖西中天（集团）有限公司注资壹仟万元的审查报告》，明确该单位贷款合规、合法并有抵押，同意贷款 1000 万元。第三天通过审查，上报农行六安市分行批准。

2002 年 12 月 27 日，农行安徽省分行批准对皖西中天（集团）有限公司特别授信，发放扶贫流动资金贷款 500 万元，并要求："发放该笔贷款前必须依法、合规办理足额抵押担保和登记手续。同时加强管理、落实责任，监控信贷资金流向，确保贷款合规使用，新增贷款到期收回，本笔贷款到期后不得办理展期，不得办理借新还旧，必须全部收回。"次日，农行六安市分行向农行霍邱县支行转发了农行安徽省分行批文。

在顾某敏的授意下，皖西中天（集团）有限公司财务科、信息科、办公室有关人员采取粘贴、复制等方法，伪造出 6 张购买设备的增值税发票复印件（合计金额 547.49 万元），并将其与 4 张真实的增值税发票复印件（合计金额 182.12 万元）交予郑某。郑某根据这些发票填写了明细表，加盖了皖西中天（集团）有限公司印章。张某国接到材料后，没有核实真伪即签字同意并加盖中国农业银行霍邱县支行信贷合同专用章。2002 年 12 月 30 日，姜某到农行马店营业所与张某国签订了"农银借字（2002）第 001 号借款合同"和"农银抵字（2002）第 1 号抵押合同"。当天，郑某和张某国等人一起到霍邱县工商局，以农行霍邱县支行认可的 10 张发票复印件作抵押凭证，办理抵押登记。皖西中天（集团）有限公司取得了"皖企抵字第 200301 号抵押物登记证"。之后，农行霍邱县支行马店营业所向皖西中天（集团）有限公司发放贷款 500 万元，并从中扣取原欠利息 200 万元。

2005 年 3 月 11 日，霍邱县人民法院依法宣告皖西中天（集团）有限公司破产，清算组发现：用于抵押贷款登记的十套设备中，六套无实物，其余四套正用于 2002 年 8 月 22 日注册成立的霍邱县中天水泥有限公司（股份制民营企业），其法定代表人与皖西中天（集团）有限公司（国有企业）法人代表皆为姜某。

2007 年 12 月 31 日，农行霍邱县支行将 500 万元抵押贷款作风险类认定：损失、剥离农行资产处置部。皖西中天（集团）有限公司欠中国农业银行霍邱县支行贷款 45800000 元无法收回。

| 裁判结果 | 被告人张某国犯违法发放贷款罪，免予刑事处罚。

| 裁判理由 | 法院认为：被告人张某国身为银行工作人员，违反国家规定，明知皖西中天（集团）有限公司提供虚假设备抵押，而在虚假发票复印件上签字盖章，予以确认，是直接责任人。公诉机关指控其犯违法发放贷款罪，罪名成立，但指控其造成 500 万元损失这一事实不准。此笔 500 万元贷款发放至皖西中天（集团）有限公司时，即被农行霍邱县支行违反规定扣息 200 万元，实际只发放 300 万元，且该笔贷款另有四台机器设备作抵押，价值 182.12 万元，其实际造成的损失应为 117.88 万元，属重大损失。

被告人张某国行为构成违法发放贷款罪，但情节轻微，可免予刑事处罚。其辩护人关于被告人张某国不构成犯罪的理由与事实不符，不予采纳。

（二）律师评析

在全面推行以审判为中心的刑事诉讼制度改革的背景下，加之修改后的刑事诉讼法大力推进认罪认罚从宽制度，刑事辩护也面临大的变革。辩护从来都是说服的艺术，主要是说服办案机关的人员。无论是强调前移辩护还是实质化的开庭审理辩护，对律师办理刑事案件所具备的经验和理论水平都提出了新的要求。

1. 违法发放贷款罪中的损失认定标准

在违法发放贷款罪案件中，对违法发放给企业或自然人的贷款数额的认定往往是没有争议的，但对违法发放贷款造成的直接经济损失的认定常常存在争议。在司法实践之中，损失认定成了决定罪与非罪的关键条件。

根据《全国法院审理金融犯罪案件工作座谈会纪要》的规定，银行或者其他金融机构工作人员违反法律、行政法规规定，向关系人以外的其他人发放贷款，造成50万元—100万元以上损失的，可以认定为"造成重大损失"；造成300万元—500万元以上损失的，可以认定为"造成特别重大损失"。

关于损失认定标准，司法实践中主要有两种意见：第一种意见认为，应按照"数额论"来认定，即认定违法发放给企业或自然人的贷款数额就是造成的直接经济损失。第二种意见认为，应按照"穷尽论"来认定，即对违反国家规定发放贷款，在采取所有可能的措施或一切必要的法律程序之后，无法收回的部分才能认定为"损失"。《刑法修正案（六）》中增设了违法放贷数额这一定罪量刑的要件，其与损失要件是并列的，这意味着该罪名存在选择性要件，但并不是说损失要件不重要了，相反，在一些情形下，损失如何界定的意义更加凸显，其决定着罪与非罪。

在本案中，法院并未按照"数额论"来认定。法院认为，检察机关指控被告人造成500万元损失这一事实不准，此笔500万元贷款发放至皖西中天（集团）有限公司时，即被农行霍邱县支行扣息200万元，实际只发放300万元，且该笔贷款另有四台机器设备作抵押，价值182.12万元，其实际造成的损失应为117.88万元。因此，按照117.88万元予以认定损失，这种认定是比较客观的。

2. 如何理解"违反国家规定"

在谈论违法发放贷款罪的数额或损失时，不能忽略"违反国家规定"这一点。如果一个行为没有违反国家规定，那么无论数额多么大、损失多么大，其均不具有可责性。而只要行为本身"违反国家规定"，该行为就具有可责性。

纵观我国《刑法》分则罪名，类似"违反……的规定""违反国家规定"的罪状表述屡见不鲜，这在刑法理论上被称为空白罪状。空白罪状的情形容易引起争议。罪刑法定原则要求对刑法条文及用语的解释应以其字面含义为基础，在刑法规范、用语的可能含义范围内作出解释。

在司法实践中，对于"国家规定"的理解，存在以下三种不同的观点："一是认为违反国家规定是指违反法律、行政法规有关贷款发放条件、程序等的规定；二是认为国家规定包括法律、行政法规及规章，具体为《商业银行法》、《贷款通则》和银行业监管机构关于信贷管理的规定；三是认为国家规定不仅包括法律、行政法规、规章，还包括商业银行的内部规定。"[1]笔者认为，上述第二种观点比较中和，应该作为认定"国家规定"的标准，其既能够有效规制违法行为，又不至于大范围扩大打击面。刑事违法性的认定是在诸如民法、行政法等部门法对行为类型存在可以适用的情形的场景下，把其他部门法已经作出第一次违法性判定的行为纳入刑法规制领域，属于一种二次违法判断，体现了刑法之谦抑性，为其他部门法留下了足够的适用空间。

3. 定罪免刑涉及刑事政策

传统的刑事理论一般认为，刑事司法的主要任务是保证刑法的适用。但不可避免的问题是，刑法规范及其适用过程中存在着各种因素的影响。在这种情形下，就需要刑事政策予以补充。

"刑事政策作为犯罪治理的策略，表达了包括政党、国家以及社会群体乃至普通公民参与犯罪治理的集体努力，是国家对犯罪态势评估以及在此基础上作出的回应型策略。"[2]可以说，刑事政策的变动会在很大程度上影响司法实践，有时甚至会引起司法工作重点的转移。由此，我们就可以理解我国宽严相济政策的合理性了。定罪免刑也是贯彻刑事政策的一种重要方式。

定罪免刑是与免刑免罪相对应的概念，司法实践意义上的免刑免罪多是法官立足于自由裁量权而运用我国《刑法》第13条的"但书条款"出罪，这种情况比较少。而定罪免刑在司法裁判中是很常见的。例如，早些年的邓玉娇案

---

〔1〕 毛璟文、李文喜：《论违法发放贷款罪的犯罪构成》，载《中国律师》2017年第3期，第71页。

〔2〕 石聚航：《刑事政策司法化：历史叙事、功能阐释与风险防范》，载《当代法学》2015年第5期，第56页。

因为引起社会广泛关注，其被告人最终被定罪但免除处罚。

从逻辑上看，定罪免刑意味着行为人的行为并不具有处罚的必要性，但又需要在刑法上评价为犯罪行为，以发挥刑法的规制功能。从实质上看，定罪免刑将行为人的行为评价为犯罪但不具有刑事政策上普遍预防的必要性，不利于实现刑罚目的。因此，我们需要对定罪免刑的司法裁判进行刑事政策上的反思。在该案中，法院认为，被告人张某国的行为构成违法发放贷款罪，但情节轻微，可免予刑事处罚。这种判决实际上就考虑了行为人行为的影响，考虑到社会公众对此类行为的接受程度。

（三）相关法条及司法解释

《中华人民共和国刑法》

第三十七条 对于犯罪情节轻微不需要判处刑罚的，可以免予刑事处罚，但是可以根据案件的不同情况，予以训诫或者责令具结悔过、赔礼道歉、赔偿损失，或者由主管部门予以行政处罚或者行政处分。

第一百八十六条 银行或者其他金融机构的工作人员违反国家规定发放贷款，数额巨大或者造成重大损失的，处五年以下有期徒刑或者拘役，并处一万元以上十万元以下罚金；数额特别巨大或者造成特别重大损失的，处五年以上有期徒刑，并处二万元以上二十万元以下罚金。

银行或者其他金融机构的工作人员违反国家规定，向关系人发放贷款的，依照前款的规定从重处罚。

单位犯前两款罪的，对单位判处罚金，并对其直接负责的主管人员和其他直接责任人员，依照前两款的规定处罚。

关系人的范围，依照《中华人民共和国商业银行法》和有关金融法规确定。

《最高人民检察院 公安部关于公安机关管辖的刑事案件立案追诉标准的规定（二）》（2022年修订）

第三十七条 〔违法发放贷款案（刑法第一百八十六条）〕银行或者其他金融机构及其工作人员违反国家规定发放贷款，涉嫌下列情形之一的，应予立案追诉：

（一）违法发放贷款，数额在二百万元以上的；

（二）违法发放贷款，造成直接经济损失数额在五十万元以上的。

三、认罪认罚从宽制度对犯罪嫌疑人有利之处很多

在认罪认罚从宽制度进行试点期间，各地的司法实践中逐渐形成了"30%—20%—10%"的量刑从宽方案。与自首、坦白的构成要件不同，认罪认罚的成立要件是被追诉人承认犯罪事实、承认指控罪名，并愿意按照办案机关给予的量刑建议接受刑事处罚。在违法发放贷款罪案件中，被追诉人认罪认罚后获得缓刑的情况比较常见，"张某昇违法发放贷款罪案"就是这样一个案例。

（一）典型案例

☞ 张某昇违法发放贷款罪案[1]

【关键词】 违反国家规定　违法发放贷款　认罪认罚

｜基本案情｜ 原公诉机关：江苏省徐州市丰县人民检察院。

上诉人（原审被告人）：张某昇，男，1969 年 4 月 8 日出生，汉族，大学文化，淮海农村商业银行苏堤支行原职员。因涉嫌犯违法发放贷款罪，于 2019 年 3 月 30 日被刑事拘留，同年 3 月 31 日被指定居所监视居住，同年 5 月 21 日被逮捕，2021 年 2 月 4 日被取保候审。

江苏省徐州市丰县人民法院审理了江苏省徐州市丰县人民检察院指控原审被告人张某昇犯违法发放贷款罪一案，于 2021 年 2 月 25 日作出（2020）苏0321 刑初 46 号刑事判决。宣判后，原审被告人张某昇不服，提出上诉。江苏省徐州市中级人民法院受理后，依法组成合议庭，经过阅卷、讯问上诉人，认为本案事实清楚，决定不开庭审理。现已审理终结。

原判决认定：2011 年 3 月至 2016 年 12 月，被告人张某昇作为淮海农村商业银行苏堤支行（原徐州市市郊信用联社苏堤分社）信贷员，在袁某（另案处理）控制申请贷款过程中，明知存在虚假贷款主体、虚设贷款用途、虚构经营状况、虚评抵押物价值等情形，在审查、发放贷款时，仍违反国家规定，先后经手发放贷款。具体犯罪事实分述如下：

---

[1]　江苏省徐州市中级人民法院（2021）苏 03 刑终 218 号。

1. 2011年11月30日，被告人张某昇明知袁某控制申请的连云港连通管业制造有限公司贷款，存在虚设贷款用途、虚构经营状况等情形，仍经手发放流动资金3000万元、承兑汇票5000万元，共计8000万元贷款。2012年10月17日，被告人张某昇明知上述问题仍然存在，继续经手以"续贷"形式发放流动资金8000万元贷款。

2. 2016年5月26日、10月18日，被告人张某昇明知袁某控制申请的江苏瑞银房地产开发有限公司贷款，存在虚构担保企业经营状况、虚评抵押物价值等情形，仍经手发放流动资金3849万元、3856万元，共计7705万元贷款。

3. 2013年3月12日，被告人张某昇明知袁某控制申请的江苏丽晶装饰工程有限公司贷款，存在虚构经营状况、虚假贷款用途等情形，仍经手发放流动资金3000万元贷款。2014年3月26日，被告人张某昇明知上述问题仍然存在，明知追加的抵押房产评估价值虚高，继续经手以"续贷"形式发放流动资金3000万元贷款。2015年3月27日、3月31日，被告人张某昇再次经手以"续贷"形式违法发放流动资金1200万元、1800万元贷款。2016年3月25日，对上述两笔贷款予以展期。

4. 2014年4月30日、5月4日，被告人张某昇明知袁某控制申请的徐州盛特隆物资贸易有限公司贷款，存在虚设贷款用途、虚构贷款主体、虚构担保企业经营状况等情形，仍先后两次经手发放流动资金1500万元，共计3000万元贷款。2015年5月13日，被告人张某昇明知上述问题仍然存在，继续经手以"续贷"形式发放流动资金3000万元贷款。2016年5月11日，对上述贷款予以展期。

另查明，被告人张某昇经电话通知主动到达公安机关，并如实供述其主要犯罪事实。

原判决认定上述事实的证据：发破案报告，情况说明，到案经过，户籍信息证明，银行账户流水，淮海农村商业银行西城支行2019年3月11日出具的情况说明，淮海农村商业银行苏堤支行、堤北支行共同出具的情况说明，张某昇工作证明、人员基本信息及履历等材料，张某昇、桑某2012—2018年的绩效统计，江苏银监局关于徐州淮海农村商业银行股份有限公司开业的批复，关于袁某对淮海农村商业银行入股排查情况的说明及相关证明材料，中国银监会办公厅关于2016年推进普惠金融发展工作的指导意见，淮海农村商业银行贷款预计损失情况统计、不良资产专业部业务操作流程，辨认笔录，丰县价格认定和监测中心2020年1月6日出具的关于土地及在建工程价格认定情况的说明书，连云港连通管业制造有限公司 8000 万元首贷资料、续贷资料、土地估价报告，江苏丽晶装饰工程有限公司 3000 万元贷款首贷资料、第一次续贷资料、第二次续贷资料、展期贷款资料，八份房地产评估报告，江苏瑞银置地集团有限公司债权人委员会会议纪要、会议记录等，徐州盛特隆物资贸易有限公司 3000 万元贷款首贷、续贷相关资料，徐州盛特隆物资贸易有限公司 3000 万元贷款展期相关资料，证人汪某、刘某甲、孙某、郝某、吴某、刘某乙、李某甲、张某、丁某、袁某、李某乙、项某、林某、陈某、许某、李某丙、王某的证言，被告人张某昇的供述，等等。

原审法院认为，被告人张某昇作为银行工作人员，违反国家规定发放贷款，其行为已构成违法发放贷款罪，且数额特别巨大，应处五年以上有期徒刑，并处二万元以上二十万元以下罚金。被告人张某昇主动到案，并如实供述主要犯罪事实，系自首，依法可以减轻处罚。被告人张某昇庭审期间悔罪态度较好，认罪认罚，依法可以从宽处理。鉴于被告人张某昇犯罪情节较轻，有悔罪表现，没有再犯罪的危险，宣告缓刑对其所居住的社区亦没有重大不良影响，可以宣告缓刑。综上，依照《中华人民共和国刑法》第一百八十六条、第六十七条第一款、第七十二条第一款和第三款、第七十三条第二款和第三款等规定，判决：被告人张某昇犯违法发放贷款罪，判处有期徒刑 3 年，缓刑 3 年 6 个月，并处罚金人民币 5 万元。

上诉人张某昇提出的主要上诉理由是：其在办理涉案贷款时仅是具体执行者，且已经尽职履行审查义务，原判决量刑过重。

经审理查明的事实与原判决认定一致。据以认定上述事实的证据均经一审举证、质证，经查属实，本院予以确认。二审期间，上诉人未提交新的证据。

| 裁判结果 | 驳回上诉，维持原判。

| 裁判理由 | 法院认为，上诉人张某昇违反国家规定发放贷款，其行为构成违法发放贷款罪。针对张某昇提出的上诉理由，经查，法院认为，张某昇身为银行的工作人员，在袁某贷款业务中担任客户经理职责，承担贷前调查、收集审核资料、上报审批、贷后检查等关键性的贷款调查工作。其工作是贷款发放审批程序的第一步，其是否如实撰写调查报告、是否如实汇报贷款存在的问题，极大程度上影响着后续审批流程。

上诉人张某昇的供述，证人郝某、吴某、刘某乙、李某甲、张某、丁某等的证言，以及首贷资料、房地产评估报告、银团贷款借新还旧资料等书证相互印证，证实张某昇明知袁某在相关贷款、续贷和展期过程中存在主体公司经营状况虚假、贷款用途虚假、抵押物评估价格虚高、贷款主体是空壳公司等问题，而未能严格履行调查义务，未能如实撰写调查报告。

原判决结合上诉人的犯罪事实、自首、认罪认罚等量刑情节，对其判处刑罚并非过重。综上，原判决认定事实清楚，证据确实充分，定性准确，量刑适当，审判程序合法。上诉人张某昇提出的上诉理由不能成立，不予采纳。

（二）律师评析

缓刑是我国刑罚制度的重要组成部分之一，正确适用缓刑，不仅能让罪行较轻者避免与其他罪犯"交叉感染"，也能减少对罪行较轻者家庭和社会关系的影响，减少其敌对情绪和敌对行为。在具体的案件中，适用缓刑往往是法官综合各种因素自由裁量的结果。

1. 尽职是否可以免责

在银行的信用审批圈子里流传着一句话："要拒绝一笔贷款，有一百个理由，要同意一笔贷款，只需要一个理由。"其实，不存在瑕疵的贷款是非常少的。银行业务中，即便是正常贷款、到期顺利收回本息的业务，仍然可能在流程、资料等方面存在或多或少的问题，更不用说不良贷款了。那么，就存在一个问题：尽职能否免责？

尽职免责是现代企业结合"尽职""免责"两词的含义所提出的管理概念，具有重要意义。尽职免责是指发生责任事件后，责任人根据相关规定应当承担相应的责任，但由于其已在职责范围内做好了应做的事，可以部分或全部免除其应负的法律责任。

银行工作人员有对客户贷款交易背景开展核查工作的义务，但囿于一般金融机构的权限，其并不具备百分之百确认交易背景客观真实性的能力，只能在一定程度上保证交易在"形式上"具备真实性。因此，应当根据银行及其工作人员的实际能力来判断其审查是否到位。如果审查到位，就应坚持"尽职免责"的原则予以处理。在本案中，由于张某昇明知袁某在相关贷款、续贷和展期过程中存在主体公司经营状况虚假、贷款用途虚假、抵押物评估价格虚高、贷款主体是空壳公司等问题，而未严格履行调查义务，其辩解没有被接受。

2. 认罪认罚量刑从宽制度对被告人而言有利

2016 年 9 月，《全国人民代表大会常务委员会关于授权最高人民法院、最高人民检察院在部分地区开展刑事案件认罪认罚从宽制度试点工作的决定》通过，授权最高人民法院、最高人民检察院在北京、重庆等 18 个城市展开为期 2 年的认罪认罚从宽制度试点工作。因为试点工作成效显著，2018 年新修正的《刑事诉讼法》增设了关于认罪认罚从宽制度的规定。《刑事诉讼法》第十五条规定："犯罪嫌疑人、被告人自愿如实供述自己的罪行，承认指控的犯罪事实，愿意接受处罚的，可以依法从宽处理。"该规定就是关于认罪认罚从宽制度的直接规定。

从字面意思理解，认罪认罚从宽制度包含了"认罪""认罚""从宽"三个要素，如何理解这三个要素是很重要的。"认罪"是指"被追诉人认可公安司法机关指控的犯罪事实，承认自己的行为已构成犯罪"[1]。"认罚"是指"被追诉人在认罪的基础上，自愿接受因认罪而可能招致的不利后果"[2]。"从宽"是指"被追诉人通过认罪认罚所换取来的相对宽缓的处罚结果"[3]。可以说，认罪认罚从宽制度是为满足社会发展需要，平衡国家追诉与诉讼民主的一种协商制度，对于确实实施犯罪行为的被告人而言有利。在认罪认罚从宽制度中，控辩双方本质上是互附条件的相互妥协。

从检察机关办案的实践来看，认罪认罚从宽制度的效果较好。2019 年 1 月至 2020 年 8 月，"在监察机关、人民法院、公安机关和司法行政机关支持配合下，全国检察机关在依法严惩严重刑事犯罪的同时，适用认罪认罚从宽制度办结案件 1416417 件 1855113 人，人数占同期办结刑事犯罪总数的 61.3%"[4]。

在法学理论界，认罪认罚从宽的幅度有较大争议。有些学者主张，认罪认罚从宽的最高幅度可达 50% 甚至更多，这远远超过了公安机关和司法机关可以接受的范围。与犯罪嫌疑人不认罪认罚可能得到的刑罚结果相比，如果从宽比例太低，则无法对犯罪嫌疑人产生足够的吸引力，但是如果从宽比例太高，又无法有效实施刑罚，这是一个两难的选择。从司法实践来看，将认罪认罚从宽

---

[1] 陈鹏飞：《论我国认罪认罚从宽制度若干问题》，载《中国刑警学院学报》2017 年第 5 期，第 10 页。

[2] 陈鹏飞：《论我国认罪认罚从宽制度若干问题》，载《中国刑警学院学报》2017 年第 5 期，第 10 页。

[3] 陈鹏飞：《论我国认罪认罚从宽制度若干问题》，载《中国刑警学院学报》2017 年第 5 期，第 10 页。

[4] 张军：《最高人民检察院关于人民检察院适用认罪认罚从宽制度情况的报告——2020 年 10 月 15 日在第十三届全国人民代表大会常务委员会第二十二次会议上》，载最高人民检察院网 2020 年 10 月 7 日，https://www.spp.gov.cn/zdgz/202010/t20201017_482200.shtml。

的最高幅度定为40%较为合适，既能够表明这是特殊的制度，有特殊的法律效果，又可以与其他量刑情节衔接配套。在本案中，法院就很好地适用了认罪认罚从宽制度，起到了比较好的效果。

（三）相关法条及司法解释

《中华人民共和国刑法》

第一百八十六条 银行或者其他金融机构的工作人员违反国家规定发放贷款，数额巨大或者造成重大损失的，处五年以下有期徒刑或者拘役，并处一万元以上十万元以下罚金；数额特别巨大或者造成特别重大损失的，处五年以上有期徒刑，并处二万元以上二十万元以下罚金。

银行或者其他金融机构的工作人员违反国家规定，向关系人发放贷款的，依照前款的规定从重处罚。

单位犯前两款罪的，对单位判处罚金，并对其直接负责的主管人员和其他直接责任人员，依照前两款的规定处罚。

关系人的范围，依照《中华人民共和国商业银行法》和有关金融法规确定。

《中华人民共和国刑事诉讼法》

第十五条 犯罪嫌疑人、被告人自愿如实供述自己的罪行，承认指控的犯罪事实，愿意接受处罚的，可以依法从宽处理。

《最高人民检察院 公安部关于公安机关管辖的刑事案件立案追诉标准的规定（二）》（2022年修订）

第三十七条 〔违法发放贷款案（刑法第一百八十六条)〕银行或者其他金融机构及其工作人员违反国家规定发放贷款，涉嫌下列情形之一的，应予立案追诉：

（一）违法发放贷款，数额在二百万元以上的；

（二）违法发放贷款，造成直接经济损失数额在五十万元以上的。

四、单位犯罪贯彻双罚制原则

在涉及违法发放贷款罪的案件中，如果单位和自然人同时构成犯罪，往往会进行双罚，"辽宁某农村商业银行股份有限公司、孟某、黄某违法发放贷款罪案"就是这样一个典型案例。

（一）典型案例

☞ **辽宁某农村商业银行股份有限公司、孟某、黄某违法发放贷款罪案**[1]

【关键词】 违反国家规定　单位犯罪

| **基本案情** | 原公诉机关：辽宁省本溪市溪湖区人民检察院。

上诉单位（原审被告单位）：辽宁某农村商业银行股份有限公司，单位地址为辽宁省桓仁满族自治县，法定代表人孟某1。

上诉人（原审被告人）：孟某，男，1965年9月15日出生，汉族，现住桓仁满族自治县。因涉嫌犯违法发放贷款罪，于2019年3月7日被取保候审。

上诉人（原审被告人）：黄某，男，1967年2月22日出生，满族，现住本溪市明山区。因涉嫌犯违法发放贷款罪，于2018年11月8日被取保候审。

辽宁省本溪市溪湖区人民法院审理了辽宁省本溪市溪湖区人民检察院指控被告单位辽宁某农村商业银行股份有限公司、被告人孟某、被告人黄某犯违法发放贷款罪一案，于2020年8月25日作出（2019）辽0503刑初206号刑事判决。宣判后，原审被告单位辽宁某农村商业银行股份有限公司、原审被告人孟某、原审被告人黄某不服，均提出上诉。辽宁省本溪市中级人民法院依法组成合议庭，经过阅卷、讯问上诉人、听取辩护人辩护意见，认为案件事实清楚，决定不开庭审理。现已审理终结。

原判认定：2014年12月，时任辽宁某农村商业银行股份有限公司行长黄某，安排该行信贷员向本溪大星国际建材城办理发放抵押贷款3000万元，向本溪市自然人宋某发放抵押贷款1000万元。其中，宋某个人1000万元贷款经该行副行长杜某、客户营销中心经理孙某1、信贷员柳某等人贷前调查发现，其贷款用途疑似不实，疑为借名贷款，并多次提醒该行主要领导。但时任辽宁某农村商业银行股份有限公司法定代表人及董事长孟某（上诉时法定代表人已更换为孟某1）、行长黄某，在明知任某为实际使用人的情况下，主持召开该行党委会，以完成该行放贷指标任务为由研究通过。后该行违反国家规定，审批通过发放此笔贷款。经公安机关侦查证实，此笔宋某个人的1000万元贷款确为借名贷

----

〔1〕辽宁省本溪市中级人民法院（2020）辽05刑终107号。

款，实际使用人为任某（因骗取贷款犯罪，已被依法判处有期徒刑），任某将1000万元贷款用于偿还个人债务，至立案前上述贷款仍未偿还。

再查明，被告人孟某经电话传唤到案，被告人黄某由公安机关办案人员依法传唤到案。

原判认定上述事实的证据：被告人孟某、黄某的供述，证人杜某、孙某1、孟某1、姜某、王某1、王某2、姚某、柳某、任某、宋某、张某的证言，受案登记表，立案决定书，辽宁某农村商业银行股份有限公司工商档案，孟某、黄某任职材料、人口基本信息表及前科查询，宋某1000万元贷款档案，宋某贷款1000万元去向示意图，辽宁某农村商业银行股份有限公司结算业务申请书、电汇凭证，刘某雨转账电子回单，辽宁某农村商业银行股份有限公司党委文件及会议记录，本溪市明山区人民法院（2016）辽0504刑初103号刑事判决书，《关于黄某、孟某到案经过情况说明》，等等。

原审法院认为：被告单位辽宁某农村商业银行股份有限公司违反国家规定发放贷款，数额巨大，其行为构成违法发放贷款罪；被告人孟某、黄某为被告单位直接负责的主管人员，其行为均构成违法发放贷款罪。公诉机关指控罪名成立。被告人孟某、黄某共同故意犯罪，是共同犯罪。被告人孟某犯罪以后自动投案，如实供述自己的罪行，是自首，可以从轻处罚。被告人黄某到案后能够如实供述自己的罪行，是坦白，对其可以酌情从轻处罚。原审法院依照《中华人民共和国刑法》第一百八十六条、第二十五条第一款、第六十七条第一款和第三款、第七十二条、第七十三条之规定，认定被告单位辽宁某农村商业银行股份有限公司、被告人孟某、被告人黄某均犯违法发放贷款罪：判处被告单位罚金人民币30万元；判处被告人孟某有期徒刑2年6个月，缓刑3年，并处罚金人民币2万元；判处被告人黄某有期徒刑3年，缓刑3年，并处罚金人民币25000元。

上诉单位辽宁某农村商业银行股份有限公司的上诉理由是：1. 一审将辽宁某农村商业银行股份有限公司的党委会议纪要等同于单位集体决定，从而认定辽宁某农村商业银行股份有限公司构成单位犯罪，是犯罪主体认定错误。2. 辽宁某农村商业银行股份有限公司党委作出决议的行为与本案1000万元借名贷款的结果并不存在客观上的因果关系。3. 辽宁某农村商业银行股份有限公司向宋某发放1000万元贷款没有主观上的故意和过失。4. 贷款本金已收回，未造成损失。请撤销原判，改判上诉单位无罪。

上诉单位辩护人的辩护意见是：1. 一审认定单位犯罪的主体证据不充分。

宋某 1000 万元贷款没有经过董事会研究批准，仅有党委会研究记录不能认定该笔贷款体现了单位意志，由单位作出决定。2. 一审认定上诉单位违反国家规定发放贷款，数额巨大，构成违法发放贷款罪，无证据佐证。3. 上诉单位没有直接造成重大损失，不构成违法发放贷款罪的客观要件。

上诉人孟某的上诉理由是：本案事实不清，量刑畸重。贷款按正常程序办理，且贷款有抵押物，符合农村信用社贷款流程的相关规定。请求发回重审或改判免予刑事处罚。

上诉人孟某辩护人的辩护意见是：1. 辽宁某农村商业银行股份有限公司不构成单位犯罪。从犯罪主体上看，辽宁某农村商业银行股份有限公司党委与辽宁某农村商业银行股份有限公司系两个独立主体，辽宁某农村商业银行股份有限公司党委的行为后果不应由辽宁某农村商业银行股份有限公司承担；从犯罪主观方面看，辽宁某农村商业银行股份有限公司发放贷款的行为没有犯罪故意，没有刑法上的期待可能性；从犯罪客观方面看，某农商行党委作出决议的行为不构成犯罪，党委会决议在贷款发放中不起决定性作用。2. 党委书记不构成上诉单位直接负责的主管人员。3. 上诉人孟某、黄某不构成共同犯罪。综上所述，请求改判上诉人孟某无罪或者依法免予刑事处罚。

上诉人黄某的上诉理由是：贷款是党委会研究决定的，其只是严格执行党委会发放贷款的决议；为完成年度贷款指标，其没有意识到犯罪；其在接到侦查机关电话通知后主动到案，如实供述犯罪事实，具有自首情节，应从轻处罚；贷款本金没有损失。原判量刑过重，请改判无罪或免予刑事处罚。

上诉人黄某辩护人的辩护意见是：原判量刑过重，不分清主从犯不利于罪责刑相适应的刑罚处罚原则。黄某系接到办案机关电话通知后主动到案，如实交代犯罪事实，应当认定为自首；原判决适用法律错误，认定违反国家规定缺乏法律依据；上诉人黄某的行为情节轻微且不具有社会危害性；黄某对本案最终结果并未起到主要作用，量刑明显不均衡；黄某不具有违法发放贷款的主观故意，其行为不符合违法发放贷款罪的主观要件；黄某有自首情节，贷款没有损失，主观恶性小，具有法定及酌定从轻、减轻情节，请求免于刑事责任。

二审经审理查明：2014 年 12 月，时任辽宁某农村商业银行股份有限公司行长的黄某，安排该行信贷人员向本溪大星国际建材城办理发放抵押贷款 3000 万元、向本溪市自然人宋某发放抵押贷款 1000 万元。其中，宋某个人 1000 万元贷款经该行副行长杜某、客户营销中心经理孙某 1、信贷员柳某等人贷前调查发现，该笔贷款疑似用途不实，疑为借名贷款，抵押物评估价值过高且不易变现，并多次提醒该行主要领导。但时任辽宁某农村商业银行股份有限公司法定代表人及董事长孟某、行长黄某，在明知任某为实际使用人的情况下，主持召开该行党委会，以完成年度放贷指标、帮助银行盈利为由，研究通过了发放该笔贷款的决定。后该行违反国家规定发放此笔贷款。经公安机关侦查证实，借款人为宋某个人的1000万元贷款确为借名贷款，实际使用人为任某（因骗取贷款犯罪，已被依法判处有期徒刑），任某将1000万元贷款用于偿还个人债务，至本案立案前上述贷款未偿还。

另查明，以上贷款日期从2014年12月28日至2016年12月20日，贷款以任某提供的位于明山区总面积为1180.82平方米的24处商场商铺作抵押，经本溪市华丰房产土地评估有限公司评估，抵押物总价值为2007.39万元。贷款合同约定借款人按月偿还贷款利息，分期还款。因借款人偿还利息39.69万元后于2015年5月21日开始欠息，上诉单位辽宁某农村商业银行股份有限公司于2015年8月向辽宁省桓仁满族自治县人民法院提起诉讼，追索欠款本息。经辽宁省桓仁满族自治县人民法院民事审判庭审理并下达民事判决后，上诉单位辽宁某农村商业银行股份有限公司向桓仁满族自治县人民法院申请执行。2019年9月，经辽宁省桓仁满族自治县人民法院裁定，以抵押商铺抵顶贷款本金1000万元和利息44万元，尚有部分利息未收回。

再查明，上诉人孟某、黄某均经侦查机关电话传唤到案，如实供述了犯罪事实。

认定事实的主要证据如下：

1. 上诉人供述

上诉人孟某供述、上诉人黄某供述，供认了涉案贷款发放经过。

2. 证人证言

（1）时任辽宁某农村商业银行股份有限公司副行长杜某证言及亲笔材料、客户营销中心原经理孙某1证言及亲笔材料、副行长姜某证言、监事长王某1证言、后任客户营销中心经理王某2证言、信贷员姚某证言、信贷员柳某证言，从不同角度证实涉案贷款贷前审查、研究和发放经过情况。以上证言与上诉人孟某、黄某相关供述相印证。

（2）证人孟某1证言，证实了其介绍任某向辽宁某农村商业银行股份有限公司贷款的经过。

（3）证人任某、宋某、张某证言，证实涉案贷款申请和使用经过情况。任某关于贷款发放经过的证言与上诉人孟某、黄某相关供述相印证。

3. 书证材料

（1）公安机关受案登记表、立案决定书、案件来源及归案经过、《关于黄某、孟某到案经过情况说明》，证明本案发破案经过情况，上诉人孟某、黄某系经侦查机关电话传唤到案。

（2）辽宁某农村商业银行股份有限公司工商档案及孟某、黄某任职材料，证明辽宁某农村商业银行股份有限公司工商档案情况、上诉人孟某和黄某任职情况。

（3）公安机关人口基本信息及前科查询，证明上诉人孟某、黄某基本信息，无前科。

（4）宋某1000万元贷款档案、宋某贷款1000万元去向示意图、辽宁某农村商业银行股份有限公司结算业务申请书、电汇凭证、刘某雨转账电子回单，证明该贷款发放、用途情况。

（5）辽宁某农村商业银行股份有限公司党委文件及会议记录，证明该行党委会研究贷款发放情况。

（6）辽宁省本溪市明山区人民法院（2016）辽0504刑初103号刑事判决书，证明涉案贷款实际使用人被追究刑事责任情况。

（7）辽宁省桓仁满族自治县人民法院（2019）辽0522执恢79号执行裁定书、辽宁某农村商业银行股份有限公司业务凭证，佐证经过桓仁满族自治县人民法院执行，以抵押商铺抵顶贷款本金1000万元和利息44万元的情况。

认定事实的以上证据，经一审庭审质证和本院审查，二审期间未发生变化，本院予以确认。

| 裁判结果 | 一、维持辽宁省本溪市溪湖区人民法院（2019）辽0503刑初206号刑事判决第一项、第二项、第三项定性部分，即被告单位辽宁某农村商业银行股份有限公司犯违法发放贷款罪、被告人孟某犯违法发放贷款罪、被告人黄某犯违法发放贷款罪。

二、撤销辽宁省本溪市溪湖区人民法院（2019）辽0503刑初206号刑事判决第一项、第二项、第三项量刑部分：判处被告单位辽宁某农村商业银行股份有限公司罚金人民币30万元；判处被告人孟某有期徒刑2年6个月，缓刑3年，并处罚金人民币2万元；判处被告人黄某有期徒刑3年，缓刑3年，并处罚金人民币25000元。

三、上诉单位辽宁某农村商业银行股份有限公司犯违法发放贷款罪，免予刑事处罚。

四、上诉人孟某犯违法发放贷款罪，免予刑事处罚。

五、上诉人黄某犯违法发放贷款罪，免予刑事处罚。

|裁判理由| 法院认为，上诉单位辽宁某农村商业银行股份有限公司违反国家规定发放贷款，数额巨大，其行为构成违法发放贷款罪；上诉人孟某、黄某为辽宁某农村商业银行股份有限公司直接负责的主管人员，违反国家规定发放贷款，数额巨大，其行为均构成违法发放贷款罪。原公诉机关指控罪名成立。上诉人孟某、黄某共同故意犯罪，是共同犯罪。上诉人孟某、黄某犯罪以后经侦查机关电话传唤到案，如实供述罪行，均系自首。视本案具体情节，上诉单位辽宁某农村商业银行股份有限公司、上诉人孟某及黄某犯罪情节轻微，均应免予刑事处罚。

在案辽宁某农村商业银行股份有限公司党委文件及会议记录，证人孙某1、姜某、王某1、王某2、姚某、柳某证言，上诉人孟某、黄某供述等证据互相印证，可证实辽宁某农村商业银行股份有限公司在经营过程中，由党委会研究决定发放数额巨大的贷款，是上诉单位的惯例和实际决策状况，涉案贷款亦由党委会决策和确定。上诉人孟某、黄某作为上诉单位直接负责的主管人员，在下属工作人员明确提出反对意见后，明知他人借名贷款，对贷款用途不明、抵押物评估价值过高等问题未尽审查义务，违反《中华人民共和国商业银行法》等相关国家规定，决定发放涉案贷款，导致贷款在案发前未能收回，且损失部分贷款利息。上诉单位和上诉人均构成违法发放贷款罪，上诉理由和辩护意见无事实和法律依据，不予采纳。

关于上诉人孟某及其辩护人提出的"原判量刑过重，请改判免予刑事处罚"上诉理由和辩护意见、上诉人黄某及其辩护人提出的"黄某具有自首情节，原判量刑过重，请改判免予刑事处罚"上诉理由和辩护意见，经查，根据本案的犯罪事实、性质、社会危害程度，考虑上诉单位辽宁某农村商业银行股份有限公司贷款本金和少部分利息在案发后已收回，上诉人孟某、黄某犯罪情节轻微，且具有自首情节，原判量刑不当，应予调整，以上上诉理由和辩护意见有事实和法律依据，酌情采纳。

综上，原判认定事实清楚，证据确实、充分，审判程序合法，但量刑不当，予以调整。

（二）律师评析

在涉及金融机构的犯罪中，构成单位犯罪的情形是比较少见的。一旦认定构成单位犯罪，涉案直接责任人员的量刑往往就有从轻的情节。鉴于单位犯罪对单位和直接责任人员的双罚制规定，绝大部分单位犯罪都会对单位处以罚金，对直接责任人员处以自由刑和罚金。

1. 银行可能构成违法发放贷款罪的单位犯罪

单位犯罪历来是个比较重要的话题，有很多因素需要考量。一般认为，"单位犯罪是指公司、企业、事业单位、机关、团体为单位谋取利益或者以单位名义，经单位集体研究决定或者由负责人决定，故意或者过失实施的犯罪"[1]。这是一个概括性的概念。对于违法发放贷款罪而言，由于其犯罪主体可以是单位，因此银行是有可能构成违法发放贷款罪的。

在单位犯罪的司法实践中，有两种现象非常值得关注："现象一：'本案系单位犯罪，而非自然人犯罪'成为常见的辩护理由。""现象二：个案认定中存在逻辑矛盾：单位领导人责任与单位责任的割裂。"[2]这两种现象表明了人们对单位犯罪的认识还是存在较大差别的。根据《刑法》第三十一条的规定，自然人在单位刑事责任认定中总是不会缺席，无论怎样处罚，自然人都需要承担刑事责任。"这也就意味着，自然人犯罪以某种形式被包含进单位犯罪之中，亦即，单位责任以自然人责任为媒介，人的联结点作用不可缺少。"[3]正如有学者所总结的："单位犯罪的认定逻辑，可以归结为两个相反的方向：由人到单位的逆向归责和由单位到人的正向归责。"[4]

在单位犯罪中，对于什么是"集体研究"、什么是"负责人决定"等类似的问题，司法实务中存在不同的观点，往往会结合具体案件进行判断。例如：党委会研究决定属于"集体研究"，董事会研究决定也属于"集体研究"；一个公司的总经理当然可能是"负责人"，但是公司废气处理组的负责人也可能被理解为"负责人"。在本案中，上诉单位辽宁某农村商业银行股份有限公司的上诉理由之一是，一审将其党委会议纪要等同于单位集体决定，从而认定其构成单位犯罪，是犯罪主体认定错误。但是，法院没有认可此种观点。法院认为，辽宁某农村商业银行股份有限公司在经营过程中，由党委会研究决定发放数额巨大的贷款，是上诉单位的惯例和实际决策状况，涉案贷款亦由其党委会决策和

〔1〕 陈兴良：《规范刑法学》（上册 第4版），中国人民大学出版社2017年版，第256页。
〔2〕 李本灿：《单位刑事责任论的反思与重构》，载《环球法律评论》2020年第4期，第40页。
〔3〕 李本灿：《单位刑事责任论的反思与重构》，载《环球法律评论》2020年第4期，第51页。
〔4〕 李本灿：《单位刑事责任论的反思与重构》，载《环球法律评论》2020年第4期，第49页。

确定。法院实际上认为，"党委会研究决定"属于"集体研究"，因此被告单位构成单位犯罪。

2. 上诉不加刑原则是二审程序的重要原则

上诉不加刑原则是指，第二审人民法院审理只有被告一方提出的上诉案件，不得以任何理由加重被告人的刑罚。其目的在于保障被告人上诉权利的行使。《刑事诉讼法》第二百三十七条第一款规定："第二审人民法院审理被告人或者他的法定代理人、辩护人、近亲属上诉的案件，不得加重被告人的刑罚。第二审人民法院发回原审人民法院重新审判的案件，除有新的犯罪事实，人民检察院补充起诉的以外，原审人民法院也不得加重被告人的刑罚。"这是上诉不加刑原则在法律上的具体体现。但是，对于检察机关提出抗诉的刑事案件，则不受上诉不加刑原则的限制。

2020年，因为"余金平案"，上诉不加刑原则变得颇不寻常。从相关文书来看，这是一起交通肇事案，而且是认罪认罚从宽的案件。公诉机关在一审时提出了适用缓刑的量刑意见，但一审法院未予采纳，判决余金平有期徒刑2年。原审被告人余金平提出上诉，公诉机关因原审量刑过重提出抗诉。上诉人请求撤销一审判决，适用缓刑；抗诉机关的意见是请求改判3年有期徒刑，缓期4年执行。然而，本案审判程序的特殊之处在于，二审法院直接改判余金平有期徒刑3年6个月，由此引起了舆论和社会大众的关注。在法律界，从律师等实务人士到法学理论界的学者，支持二审判决的是极少数人，大多数人从"认罪认罚从宽""上诉不加刑"等方面提出了反对意见。[1]这种讨论对"认罪认罚从宽""上诉不加刑"原则进行了普及，是有力的普法宣传，引起了公众的广泛关注。

在本案中，二审法院贯彻了上诉不加刑的原则。法院根据本案的犯罪事实、性质、社会危害程度，考虑上诉单位贷款本金和少部分利息在案发后已收回，上诉人孟某、黄某犯罪情节轻微，且具有自首情节，进行了定罪免罚，很好地贯彻了上诉不加刑的原则。

（三）相关法条及司法解释

《中华人民共和国刑法》

第二十五条　共同犯罪是指二人以上共同故意犯罪。

---

[1] 张进德：《余金平交通肇事案中的"认罪认罚"与"上诉不加刑"》，载澎湃新闻2020年4月20日，https：//www.thepaper.cn/newsDetail_forward_7045444。

二人以上共同过失犯罪，不以共同犯罪论处；应当负刑事责任的，按照他们所犯的罪分别处罚。

第三十一条 单位犯罪的，对单位判处罚金，并对其直接负责的主管人员和其他直接责任人员判处刑罚。本法分则和其他法律另有规定的，依照规定。

第三十七条 对于犯罪情节轻微不需要判处刑罚的，可以免予刑事处罚，但是可以根据案件的不同情况，予以训诫或者责令具结悔过、赔礼道歉、赔偿损失，或者由主管部门予以行政处罚或者行政处分。

第六十七条 犯罪以后自动投案，如实供述自己的罪行的，是自首。对于自首的犯罪分子，可以从轻或者减轻处罚。其中，犯罪较轻的，可以免除处罚。

被采取强制措施的犯罪嫌疑人、被告人和正在服刑的罪犯，如实供述司法机关还未掌握的本人其他罪行的，以自首论。

犯罪嫌疑人虽不具有前两款规定的自首情节，但是如实供述自己罪行的，可以从轻处罚；因其如实供述自己罪行，避免特别严重后果发生的，可以减轻处罚。

第一百八十六条 银行或者其他金融机构的工作人员违反国家规定发放贷款，数额巨大或者造成重大损失的，处五年以下有期徒刑或者拘役，并处一万元以上十万元以下罚金；数额特别巨大或者造成特别重大损失的，处五年以上有期徒刑，并处二万元以上二十万元以下罚金。

银行或者其他金融机构的工作人员违反国家规定，向关系人发放贷款的，依照前款的规定从重处罚。

单位犯前两款罪的，对单位判处罚金，并对其直接负责的主管人员和其他直接责任人员，依照前两款的规定处罚。

关系人的范围，依照《中华人民共和国商业银行法》和有关金融法规确定。

《中华人民共和国刑事诉讼法》

第二百三十六条 第二审人民法院对不服第一审判决的上诉、抗诉案件，经过审理后，应当按照下列情形分别处理：

（一）原判决认定事实和适用法律正确、量刑适当的，应当裁定驳回上诉或者抗诉，维持原判；

（二）原判决认定事实没有错误，但适用法律有错误，或者量刑不当的，应当改判；

（三）原判决事实不清楚或者证据不足的，可以在查清事实后改判；也可以裁定撤销原判，发回原审人民法院重新审判。

原审人民法院对于依照前款第三项规定发回重新审判的案件作出判决后，被告人提出上诉或者人民检察院提出抗诉的，第二审人民法院应当依法作出判决或者裁定，不得再发回原审人民法院重新审判。

第二百三十七条 第二审人民法院审理被告人或者他的法定代理人、辩护人、近亲属上诉的案件，不得加重被告人的刑罚。第二审人民法院发回原审人民法院重新审判的案件，除有新的犯罪事实，人民检察院补充起诉的以外，原审人民法院也不得加重被告人的刑罚。

人民检察院提出抗诉或者自诉人提出上诉的，不受前款规定的限制。

《最高人民检察院 公安部关于公安机关管辖的刑事案件立案追诉标准的规定（二）》（2022 年修订）

第三十七条 〔违法发放贷款案（刑法第一百八十六条）〕银行或者其他金融机构及其工作人员违反国家规定发放贷款，涉嫌下列情形之一的，应予立案追诉：

（一）违法发放贷款，数额在二百万元以上的；

（二）违法发放贷款，造成直接经济损失数额在五十万元以上的。

第三章 骗取贷款、票据承兑、金融票证罪

一、骗取贷款、票据承兑、金融票证罪概述

西方发达国家的经济发展表明，现代经济在要求法律保护金融资产安全的同时，也需要刑法对金融信用安全提供强有力的保护。由于我国处于经济体制深刻变革、社会结构快速变化的时期，经济犯罪的发案数量不断攀升，严重影响了经济秩序。特别是，一些人采用欺骗手段取得银行或者其他金融机构贷款、票据承兑、信用证等行为，严重扰乱金融秩序，还会危及金融资产安全，因此国家对此类行为进行了刑法规制。骗取贷款、票据承兑、金融票证罪是 2006 年《刑法修正案（六）》增设的罪名。该罪名的设立有利于加大打击金融欺诈行为的力度，有利于整顿与规范市场秩序，也有利于防范和化解金融风险。

骗取贷款、票据承兑、金融票证罪"是指以欺骗手段取得银行或者其他金融机构贷款、票据承兑、信用证、保函等，给银行或者其他金融机构造成重大损失或者有其他严重情节的行为"[1]。该罪名弥补了《刑法》第一百九十三条司法适用困难的不足，对金融风险的降低和信用之保护起到了重要作用。但是，从收集的一些相关案例看，骗取贷款罪的司法适用是混乱的，正如有学者总结的："或者不当扩大的处罚范围使该罪成为了任意解释的'口袋罪'，或者不当限缩的入罪范围使该罪实际上形同虚设。此外，骗取贷款与贷款诈骗在实务中界限不明，削弱了对贷款诈骗罪的规制力度。"[2]

对于该罪名的适用，理论界的争议很多，同时司法实践中对该类案件的处理也有很大不同。例如：（2014）粤高法刑二终字第 212 号判决在一审认定被告

---

〔1〕 韩玉胜主编：《刑法学原理与案例教程》（第 4 版），中国人民大学出版社 2018 年版，第 341 页。

〔2〕 孙国祥：《骗取贷款罪司法认定中的三个问题》，载《政治与法律》2012 年第 5 期，第 38 页。

人邓某构成骗取贷款罪后，对被告人作出了无罪判决。理由是，虽然行为人实施了骗取银行贷款行为，但事后由担保公司全额偿还，并未造成任何损失，因此邓某不构成犯罪。但是，（2014）川刑终字第 617 号判决对类似行为作出了有罪认定，认为担保公司代被告人偿还贷款本息，挽回银行损失的情节仅为量刑情节，不影响骗取贷款罪的成立。[1]

（一）骗取贷款、票据承兑、金融票证罪的立法

2006 年 6 月 29 日通过的《刑法修正案（六）》第十条规定："在刑法第一百七十五条后增加一条，作为第一百七十五条之一：'以欺骗手段取得银行或者其他金融机构贷款、票据承兑、信用证、保函等，给银行或者其他金融机构造成重大损失或者有其他严重情节的，处三年以下有期徒刑或者拘役，并处或者单处罚金；给银行或者其他金融机构造成特别重大损失或者有其他特别严重情节的，处三年以上七年以下有期徒刑，并处罚金。单位犯前款罪的，对单位判处罚金，并对其直接负责的主管人员和其他直接责任人员，依照前款的规定处罚。'"这是关于骗取贷款、票据承兑、金融票证罪的正式法律规定。

2007 年 10 月，《最高人民法院 最高人民检察院关于执行〈中华人民共和国刑法〉确定罪名的补充规定（三）》将《刑法》第一百七十五条之一规定为"骗取贷款、票据承兑、金融票证罪"。

（二）骗取贷款、票据承兑、金融票证罪的构成要件

该罪名与金融诈骗犯罪在主客观要件上有很多相似之处，所以造成了司法机关办案人员在处理具体案件时会产生认定上的困惑。该罪名的内容在司法适用中还存在诸多分歧和争议，这些问题包括：如何理解欺骗手段？主观罪过是怎样的？等等。

1. 本罪的主体

本罪的主体属于一般主体，既可以是自然人，也可以是单位。

2. 本罪的主观方面

本罪在主观方面是故意，即行为人明知自己以欺骗手段取得银行或者其他

---

[1] 郝川、欧阳文星：《骗取贷款罪：反思与限定》，载《西南大学学报（社会科学版）》2018 年第 3 期，第 29 页。

金融机构贷款、票据承兑、信用证、保函的行为会造成社会危害，仍希望或者放任这种结果发生。但需要注意的是，本罪主观上不应具有"以非法占有目的"。是否"以非法占有目的"，是区分构成本罪还是构成金融诈骗犯罪的关键性要素。

最高人民法院 2001 年 1 月 21 日发布的《全国法院审理金融犯罪案件工作座谈会纪要》规定："对于行为人通过诈骗的方法非法获取资金，造成数额较大资金不能归还，并具有下列情形之一的，可以认定为具有非法占有的目的：（1）明知没有归还能力而大量骗取资金的；（2）非法获取资金后逃跑的；（3）肆意挥霍骗取资金的；（4）使用骗取的资金进行违法犯罪活动的；（5）抽逃、转移资金、隐匿财产，以逃避返还资金的；（6）隐匿、销毁账目，或者搞假破产、假倒闭，以逃避返还资金的；（7）其他非法占有资金、拒不返还的行为。"如果行为人基于非法占有的目的以欺骗手段非法获取资金，则需要根据具体情况认定是否构成贷款诈骗罪、票据诈骗罪、信用证诈骗罪等金融诈骗犯罪，而不是骗取贷款、票据承兑、金融票证罪。

3. 本罪的客体

本罪的犯罪客体是国家的金融管理秩序及信用。

4. 本罪的客观方面

本罪在客观方面表现为，以欺骗手段取得银行或者其他金融机构贷款、票据承兑、信用证、保函等，给银行或者其他金融机构造成重大损失或有其他严重情节的行为。

（三）骗取贷款、票据承兑、金融票证罪的现状分析

我国司法机关对骗取贷款、票据承兑、金融票证之行为的打击力度是在不断加大的。在中国裁判文书网以骗取贷款、票据承兑、金融票证罪为案由进行检索，共检索到 10957 篇文书。[1] 从审判程序看，涉及管辖 133 件，刑事一审 7407 件，刑事二审 1979 件，刑事审判监督 387 件，刑事复核 1 件，刑罚与执行变更 663 件，执行 340 件，其他 47 件。从这些案件来看，骗取贷款、票据承兑、金融票证的行为在实践中是比较多的，大多涉及金融机构的工作人员。这也在一定程度上能够反映出该罪名适用广泛。2008 年至 2023 年，涉及骗取贷款、票据承兑、金融票证罪裁判文书的制作年份与数量统计见表 3.1。

---

[1] 中国裁判文书网（https://wenshu.court.gov.cn），检索日期 2024 年 5 月 19 日。

表 3.1　2008—2023 年骗取贷款、票据承兑、金融票证罪裁判文书制作年份与数量统计

年　份	文书数量/件	年　份	文书数量/件
2008	1	2016	1675
2009	0	2017	1764
2010	2	2018	1591
2011	3	2019	1553
2012	28	2020	1338
2013	117	2021	518
2014	831	2022	118
2015	1270	2023	133

二、以欺骗手段获得银行贷款后因未能偿还潜逃的需追究刑事责任

骗取贷款、票据承兑、金融票证罪的构成包含"重大损失"和"情节特别严重"两种模式，所以在实践中应当考虑欺骗手段的程度是否满足上述条件之一。以欺骗手段获得银行贷款后因不能偿还而潜逃的，往往属于给银行造成重大损失的情形，会被认定构成犯罪，"覃某某骗取贷款、票据承兑、金融票证罪案"就是一个行为人潜逃后被追究刑事责任的案例。

（一）典型案例

☞ 覃某某骗取贷款、票据承兑、金融票证罪案[1]

【关键词】骗取贷款　抵押　罚金

｜基本案情｜公诉机关：广西壮族自治区柳州市柳江区人民检察院。

被告人：覃某某，男，出生于广西壮族自治区柳江县（现为柳州市柳江区），壮族，大学文化，原系广西万佳粮油厂负责人。

广西壮族自治区柳州市柳江区人民检察院以江检刑诉〔2018〕138 号起诉书指控被告人覃某某犯骗取贷款罪，于 2018 年 4 月 9 日向广西壮族自治区柳州

------

[1]　广西壮族自治区柳州市柳江区人民法院（2018）桂 0221 刑初 172 号。

市柳江区人民法院提起公诉。广西壮族自治区柳州市柳江区人民法院受理后，依法组成合议庭，适用普通程序，于同年 7 月 26 日公开开庭审理了本案。广西壮族自治区柳州市柳江区人民检察院指派检察员张某、刘某出庭支持公诉。被告人覃某某到庭参加诉讼。

广西壮族自治区柳州市柳江区人民检察院指控：

1. 2004 年，被告人覃某某以帮曾某办理龙头企业和绿色食品证为由，获取了曾某的柳江县硕大养殖场（以下简称"硕大养殖场"）土地证。2005 年，覃某某未经曾某同意，私刻硕大养殖场印章并冒签"曾某"的名字制作虚假材料，将硕大养殖场土地抵押，在中国农业发展银行柳江县支行（以下简称"农发行柳江支行"）获取贷款 500 万元。2006 年、2007 年覃某某又以同样的方式在农发行柳江支行办理续贷手续，2008 年覃某某因无力偿还 500 万元贷款而潜逃。

2. 被告人覃某某隐瞒其将广西万佳粮油厂（以下简称"万佳厂"）已承包给柳州市满地宝农产品开发有限公司经营粮棉油生产的事实，要求万佳厂会计谢某制作广西万佳粮油厂虚假财务报表，提供给农发行柳江支行，以其粮油厂做粮油生意需要资金为由，从农发行柳江支行贷取粮油专项款 347 万元后，用于其柳州万佳水泥有限责任公司的资金周转（均没有按照贷款合同约定用于粮油生产经营）。后因无法偿还贷款，覃某某逃至广东省英德市。农发行柳江支行以万佳厂及覃某某未按合同约定还款为由，向柳江县人民法院提起民事诉讼，后经柳江县人民法院依法拍卖万佳厂抵押的房产及所有机械设备获款 2442803 元，尚欠贷款 1027197 元。

2017 年 6 月 26 日，被告人覃某某在广东省英德市被广州铁路公安处民警抓获归案。

为证明上述事实，公诉机关向法庭提供了书证、证人证言、被告人供述和辩解、辨认笔录等证据材料。公诉机关据此认定被告人覃某某的行为已构成骗取贷款罪，提请法院依照《中华人民共和国刑法》第一百七十五条之一规定，以骗取贷款罪判处被告人覃某某有期徒刑 2 年至 2 年 6 个月，并处罚金。

被告人覃某某对公诉机关指控的事实及罪名均无异议，并当庭自愿认罪。

经审理查明：

1. 2004 年，被告人覃某某以帮助曾某为其经营的柳江县硕大养殖场办理龙头企业和绿色食品证为由，获取了硕大养殖场的 11 本土地使用权证。后覃某某在未经曾某同意情况下，私刻硕大养殖场印章和冒签"曾某"的名字制作虚假材料，将硕大养殖场的土地使用权抵押给中国农业发展银行柳江县支行，并以其个人投资经营的广西万佳粮油厂提供担保。2005年12月26日，万佳厂获得农发行柳江支行贷款500万元。2006年、2007年覃某某又以同样的方式在农发行柳江支行办理续贷手续，2008年覃某某因无力偿还该500万元贷款而离开广西壮族自治区柳江县躲避债务。

2. 被告人覃某某隐瞒其个人投资经营的万佳厂已承包给柳州市满地宝农产品开发有限公司经营粮棉油生产的事实，要求万佳厂会计谢某制作万佳厂虚假财务报表，并提供给农发行柳江支行，以其粮油厂做粮油生意需要资金为由，从农发行柳江支行贷取粮油专项款347万元。该笔贷款汇入万佳厂20345022100100000248093账户（以下简称"'8093'账户"），覃某某于汇款当日从该账户转账200万元到万佳厂另一账户中，并将该200万元转到柳州万佳水泥有限责任公司账户，次日又从"8093"账户转账100万元到广西银雪兄弟面粉有限责任公司，于2007年12月4日、5日、6日分别从"8093"账户支取现金19万元、19万元及9万元。该笔贷款均没有按照贷款合同约定用于粮油生产经营，后因无法偿还贷款，覃某某前往广东省英德市躲债。农发行柳江支行以万佳厂及覃某某未按合同约定还款为由，向柳江县人民法院提起民事诉讼，后经柳江县人民法院判决并依法拍卖万佳厂抵押的房产及所有机械设备获款2442803元，尚欠贷款1027197元。

2017年6月26日，被告人覃某某在广东省英德市被广州铁路公安处民警抓获归案。

上述事实，有公诉机关移交并经法庭举证、质证的下列证据证明：

1. 受案登记表、立案决定书、归案情况说明

证明：公安机关根据工作中发现的线索对覃某某涉嫌骗取贷款罪进行立案侦查；2017年6月26日18时许，广州铁路公安处民警根据在逃人员信息将覃某某抓获归案。

2. 书证

（1）人员基本信息，证明覃某某的身份情况。

（2）个体工商户营业执照（注册号：4502213090372）、组织机构代码证、个人独资企业营业执照（注册号：4502212100461），证明柳江县硕大养殖场的负责人是曾某、广西万佳粮油厂的负责人是覃某某。

（3）中国农业发展银行借款凭证、流动资金借款合同、最高额抵押合同、抵押物品登记簿、房屋他项权证、企业动产抵押物登记证，证明：广西万佳粮油厂于2007年12月3日向中国农业发展银行柳江县支行借款347万元，借款用

途为收购稻谷原料，借款期限自2007年12月3日起至2008年9月22日止。覃某某作为广西万佳粮油厂负责人在借款凭证及借款合同上签字。

（4）广西万佳粮油厂账号20345022100100000248093账户历史存款分户账明细、中国农业发展银行电汇凭证（单号分别为：000019、000083）、中国农业发展银行结算业务申请书、中国农业发展银行现金支票（票据号码分别为：00315157、00315158、00315160），证明广西万佳粮油厂"8093"账户获取中国农业发展银行柳江县支行347万元贷款后，覃某某于2007年12月3日转账200万元到该粮油厂另一账户，并于当日将该200万元转到柳州万佳水泥有限责任公司，次日从"8093"账户转账100万元到广西银雪兄弟面粉有限责任公司，于2007年12月4日、5日、6日分别从"8093"账户支取现金19万元、19万元及9万元。

（5）《土地登记申请书审批表》［编号：他项（2004）731号］、《土地使用权抵押申请书审批表》［编号：他项（2005）479号］、最高额抵押合同（合同编号：2062005036）、抵押物品登记簿、借款合同（合同编号：2062005036）、中国农业发展银行借款借据、承诺书、个体工商户营业执照（注册号：4502213090372）、土地他项权利证明书、委托书，证明2004年12月29日、2005年12月26日、2006年12月27日，广西万佳粮油厂（负责人为覃某某）在中国农业发展银行柳江县支行贷款500万元，以柳江县硕大养殖场共计11本土地使用权证所确定的土地使用权作抵押为贷款担保，相关贷款材料上有"柳江县硕大养殖场"字样的印章及"曾某"字样的签名。

（6）（2008）江民初字第1080号民事判决书、（2009）江执字第184-1号民事裁定书、拍卖成交报告、拍卖成交确认书，证明中国农业发展银行柳江县支行以广西万佳粮油厂及覃某某未按合同约定归还347万元贷款及相关利息、罚息、复利等为由，向柳江县人民法院提起民事诉讼，后经柳江县人民法院判决并依法拍卖广西万佳粮油厂抵押的房产及所有机械设备获款2442803元。

（7）中国农业发展银行贷款收回凭证，证明中国农业发展银行柳江县支行分别于2008年12月23日、2009年9月20日、2010年9月17日收到广西万佳粮油厂20000元、2382803元、40000元，用于归还所贷347万元部分，尚欠贷款1027197元。

（8）广西万佳粮油厂会计报告，证明广西万佳粮油厂会计谢某编报广西万佳粮油厂2007年度《资产负债表》《利润及利润分配表》，其中记载2007年主营业务收入24362910.79元，并提供给中国农业发展银行柳江县支行。

（9）柳州市满地宝农产品开发有限公司2007年度销售（营业）收入及其他收入明细表，证明柳州市满地宝农产品开发有限公司2007年度销售（营业）收入193902.46元。

（10）租赁协议书，证明2007年8月17日柳州市满地宝农产品开发有限公司与广西万佳粮油厂签订协议，约定将广西万佳粮油厂（包括柳江县拉堡镇柳东路6号和柳堡路3号两处的厂房、场地、设备及各种许可证等生产经营的有形、无形资产）租赁给柳州市满地宝农产品开发有限公司经营，租赁期自2007年8月15日至2012年8月14日。覃某某作为法人代表在该协议书上签名。

（11）协议，证明：2007年9月26日，广西万佳粮油厂与柳州市满地宝农产品开发有限公司签订协议，约定广西万佳粮油厂将其现有库存的包装物、原材料、产成品转给柳州市满地宝农产品开发有限公司；2007年10月16日，广西万佳粮油厂与柳州市满地宝农产品开发有限公司签订协议，约定广西万佳粮油厂将其存放在厂内的小油黏米一次性处理给柳州市满地宝农产品开发有限公司。

（12）《中国农业发展银行关于开办粮棉油产业化龙头企业贷款业务的通知》（农发银发〔2004〕228号）、《中国银行行业监督管理委员会关于中国农业发展银行开展粮棉油产业化龙头企业贷款业务的批复》（银监复〔2004〕151号）、《中国农业发展银行粮棉油产业化龙头企业贷款管理暂行办法》、《中国农业发展银行广西壮族自治区分行转发总行关于开办粮棉油产业化龙头企业贷款业务的通知》（桂农发行〔2004〕216号），证明中国农业发展银行获得以粮棉油生产、流通及加工为放贷条件的批复。

3. 证人证言

（1）证人曾某的证言；（2）证人谢某的证言；（3）证人李某的证言；（4）证人韦某的证言；（5）证人覃某的证言；（6）证人莫某的证言。

4. 勘查、检验笔录

现场辨认笔录及照片，证明覃某某辨认出其于2007年12月3日谎称以广西万佳粮油厂做粮油生意名义向中国农业发展银行柳江县支行贷款347万元的经营地点是柳州市柳江区拉堡镇柳东路6号。

5. 鉴定意见

（1）桂林市正诚司法鉴定中心司法鉴定意见书，证明：日期为2005年12月23日的《土地使用权抵押申请书审批表》〔编号：他项（2005）479号〕页面上申请人栏中盖印的"柳江县硕大养殖场"印章印文与柳江县硕大养殖场提供的

"柳江县硕大养殖场"印章印文不是同一枚印章所盖印；日期为 2005 年 12 月 23 日的《土地登记申请书审批表》[编号：他项（2004）731 号]页面上申请人栏中盖印的"柳江县硕大养殖场"印章印文与柳江县硕大养殖场提供的"柳江县硕大养殖场"印章印文不是同一枚印章所盖印；日期均为 2005 年 12 月 23 日的《土地使用权抵押申请书审批表》及《土地登记申请书审批表》页面上法人代表栏中"曾某"字迹与曾某本人样本字迹不是同一人所书写。

（2）广西公安厅物证鉴定中心文件检验鉴定书，证明抵押合同（合同编号：2882004001）与最高额抵押合同（合同编号：2062005036）中的"柳江县硕大养殖场"印文不是同一印章所盖印，该二份合同中的"柳江县硕大养殖场"印文与柳江县硕大养殖场提供的"柳江县硕大养殖场"印文样本均不是同一印章所盖印，该二份合同中的"曾某"签名字迹均不是曾某所写。

6. 被告人的供述及辩解

"2005 年我在帮曾某办理柳江县硕大养殖场龙头企业和绿色食品证时得了他的 11 本土地证，未经过曾某同意，我就私刻了曾某的私章和冒签曾某名字，在柳江县国土资源局办理土地抵押登记并在中国农业发展银行柳江县支行办理最高额度抵押贷款手续，后获中国农业发展银行柳江县支行贷款 500 万元。这笔贷款我没有还给银行，跑到外地躲债了。2007 年 12 月 3 日，我隐瞒在 2007 年 8 月 17 日已将广西万佳粮油厂承包给柳州市满地宝农产品开发有限公司经营的事实，以继续经营广西万佳粮油厂做粮油生意需要资金为由，叫会计谢某做虚假报表提供给中国农业发展银行柳江县支行，然后从该行获得专项款 347 万元，并于当天以广西万佳粮油厂的名义转账 200 万元到柳州万佳水泥有限责任公司，还转了 100 万元到广西银雪兄弟面粉有限责任公司，另外我现金支取 47 万元。后来因为无力偿还所借的款，就跑到广东省英德市躲债。"

上述证据来源合法、内容客观、真实，与本案事实相关联，相互印证，形成了完整的证据链条，能证明本案事实，可以作为定案的依据，本院予以确认。

｜裁判结果｜ 一、被告人覃某某犯骗取贷款罪，判处有期徒刑 2 年，并处罚金 500000 元（刑期从判决执行之日起计算，判决执行以前先行羁押的，羁押 1 日折抵刑期 1 日，即自 2017 年 6 月 26 日起至 2019 年 6 月 25 日止；罚金限判决生效后 10 日内交清，逾期不交，强制缴纳）。

二、责令被告人覃某某退赔被害单位中国农业发展银行柳江县支行经济损失 5000000 元。

｜裁判理由｜ 法院认为，被告人覃某某以欺骗手段骗取银行贷款，数额 847

万元，给银行造成重大损失，其行为已构成骗取贷款罪。公诉机关指控的罪名成立。被告人归案后如实供述自己的犯罪事实并当庭认罪，依法予以从轻处罚。

（二）律师评析

在骗取贷款、票据承兑、金融票证罪中，如何理解"欺骗手段"是非常重要的问题，同样重要的还有司法鉴定意见书。

1. 如何理解"欺骗手段"

一般而言，"欺骗手段"是"刑法上欺诈犯罪的行为表现形式，该手段表现为虚构事实、隐瞒真相"[1]。利用欺骗手段的核心内容应当是，被害人基于认识错误处分了财产。在骗取贷款、票据承兑、金融票证罪的客观行为中，对"骗取"并没有手段的限制，只要行为人采取了欺骗手段，都认为可以构成"骗取"。但是，自然人或企业只要提供了虚假的贷款资料就能构成骗取贷款罪吗？对于这个问题的回答涉及对骗取贷款罪的规制范围的认识。

关于骗取贷款、票据承兑、金融票证罪的性质，理论研究者和实务处理者中有两种不同的观点：一种观点认为，该罪是结果犯，"骗贷案件是一种结果犯罪，衡量是否犯罪的标准是，是否造成重大损失，如果达不到这一标准，就不算是骗贷"[2]。另一种观点认为，骗取贷款罪是结果犯和情节犯并存的犯罪。这两种观点中，第一种观点更符合客观情况。从实务中看，骗取贷款、票据承兑、金融票证的案件被刑事立案而追究责任的情况大多数都是建立在欺骗行为给银行造成了实际损失的基础上的，仅仅采取欺骗手段获得贷款但并未给银行造成损失却追究刑事责任的非常少。因此，"如果行为人申请贷款时虽然采取了欺骗手段，但没有形成贷款风险，则行为人不应构成本罪"[3]。

"欺骗手段"通常表现为两个方面，即虚构材料和虚构主体资格。[4]在该类犯罪中，被告人采取的犯罪手段是比较相似的。这些手段主要包括以下几类：

-----

〔1〕 李翔：《论骗取贷款、票据承兑、金融票证罪——兼评〈刑法〉第175条之一》，载《学术论坛》2008年第1期，第118页。

〔2〕 伏昕、陈小莹：《唐骏巨额骗贷案暂不起诉：本人未支付首付和贷款》，载新浪科技2010年8月4日，http://tech.sina.com.cn/it/2010-08-04/00174503360.shtml。

〔3〕 孙国祥：《骗取贷款罪司法认定中的三个问题》，载《政治与法律》2012年第5期，第40页。

〔4〕 李翔：《论骗取贷款、票据承兑、金融票证罪——兼评〈刑法〉第175条之一》，载《学术论坛》2008年第1期，第118页。

一是利用虚假的文件资料骗取贷款。通常情况是，行为人在申请贷款的过程中，使用虚假的资产负债表、虚假的购销合同等来骗取银行贷款。二是提供虚假的产权文件来进行担保，即行为人在申请贷款的过程中，提供伪造的产权证明文件来担保，主要是房屋所有权证书、土地使用权证书等，达到骗取银行贷款的目的。三是行为人虚构主体资质取得银行或其他金融机构的信任，使银行或者其他金融机构作出财产处分。

在本案中，被告人覃某某以私刻硕大养殖场印章和冒签"曾某"的名字制作虚假材料，将硕大养殖场的土地使用权抵押给中国农业发展银行柳江县支行并以其个人投资经营的广西万佳粮油厂提供担保，这属于典型的采取欺骗手段获得贷款。

2. 司法鉴定意见书对于认定行为的性质很重要

鉴定意见是《刑事诉讼法》中规定的八类证据之一，属于法定证据种类。因此，司法鉴定意见书在刑事案件中出现的频率非常高，甚至在有些案件中，司法鉴定意见书成为定罪量刑的核心证据。比如，非法吸收社会公众存款罪、骗取贷款罪、集资诈骗罪等。

由于《刑事诉讼法》并没有对鉴定意见进行明确的定义，因此，不同的学者对于其内涵有不同的意见。按照陈瑞华教授的观点，所谓鉴定意见，"是指鉴定人运用科学技术或者专门知识，对诉讼中涉及的专门问题通过分析、判断形成的一种鉴别意见"[1]。刘静坤教授称，鉴定意见是指鉴定人在诉讼活动中运用科学技术或者专门知识对案件涉及的专门性问题进行鉴别和判断后得出的意见。[2] 从以上解释中可以看出关于鉴定意见的几个关键词：鉴定人、科学技术或专门知识、意见。因此，鉴定意见的本质还是"意见"，应属于"言词证据"的范围。

鉴定意见作为一类证据，往往是间接证据。对于鉴定意见，需要考虑其是否能够与其他证据形成完整的证据链条以证明指控的犯罪事实成立。所以，办案机关工作人员、被告人及辩护律师都需要评判鉴定意见是否与案涉的犯罪相关以及相关性的大小。

在本案中，桂林市正诚司法鉴定中心司法鉴定意见书，证明了被告人伪造"柳江县硕大养殖场"印章和曾某的签字，从而将被告人覃某某制作虚假材料的事实予以呈现，坐实了被告人骗取贷款的事实，成为定罪的重要证据。

---

[1] 陈瑞华：《刑事证据法》（第 3 版），北京大学出版社 2018 年版，第 307 页。

[2] 刘静坤：《证据审查规则与分析方法：原理·规范·实例》，法律出版社 2018 年版，第 161 页。

（三）相关法条及司法解释

《中华人民共和国刑法》

第五十二条 判处罚金，应当根据犯罪情节决定罚金数额。

第六十四条 犯罪分子违法所得的一切财物，应当予以追缴或者责令退赔；对被害人的合法财产，应当及时返还；违禁品和供犯罪所用的本人财物，应当予以没收。没收的财物和罚金，一律上缴国库，不得挪用和自行处理。

第一百七十五条之一 以欺骗手段取得银行或者其他金融机构贷款、票据承兑、信用证、保函等，给银行或者其他金融机构造成重大损失的，处三年以下有期徒刑或者拘役，并处或者单处罚金；给银行或者其他金融机构造成特别重大损失或者有其他特别严重情节的，处三年以上七年以下有期徒刑，并处罚金。

单位犯前款罪的，对单位判处罚金，并对其直接负责的主管人员和其他直接责任人员，依照前款的规定处罚。

《最高人民检察院 公安部关于公安机关管辖的刑事案件立案追诉标准的规定（二）》（2022 年修订）

第二十二条 〔骗取贷款、票据承兑、金融票证案（刑法第一百七十五条之一）〕以欺骗手段取得银行或者其他金融机构贷款、票据承兑、信用证、保函等，给银行或者其他金融机构造成直接经济损失数额在五十万元以上的，应予立案追诉。

三、单位也可以构成骗取贷款、票据承兑、金融票证罪

在企业融资环境不乐观的大背景下，骗取贷款类的案件多发，其中往往存在单位犯罪。单位也可以构成骗取贷款、票据承兑、金融票证罪。在该罪中单位犯罪数量虽少，但涉案金额要比自然人犯罪大得多。"仙桃市亚某公司、杜某某骗取贷款、票据承兑、金融票证罪案"就是被认定构成单位犯罪的一个案例。

（一）典型案例

☞ **仙桃市亚某公司、杜某某骗取贷款、票据承兑、金融票证罪案**[1]

【关键词】骗取贷款 单位犯罪

---

[1] 湖北省仙桃市人民法院（2019）鄂 9004 刑初 361 号。

| **基本案情** | 公诉机关：湖北省仙桃市人民检察院。

被告单位：湖北省仙桃市亚某公司（以下简称"亚某公司"）。法定代表人杜某某，系湖北省仙桃市亚某公司总经理。

被告人：杜某某。因本案于 2018 年 9 月 26 日被山东省乳山市公安局抓获并临时羁押于山东省乳山市看守所；因涉嫌骗取贷款罪，于 2018 年 9 月 30 日被湖北省仙桃市公安局刑事拘留，同年 11 月 2 日被逮捕。

湖北省仙桃市人民检察院以鄂仙检刑诉〔2019〕295 号起诉书指控被告单位湖北省仙桃市亚某公司、被告人杜某某犯骗取贷款罪，于 2019 年 7 月 12 日向湖北省仙桃市人民法院提起公诉。在审理过程中，湖北省仙桃市人民检察院以鄂仙检公诉刑追诉〔2020〕1 号追加起诉决定书指控被告人杜某某犯虚假诉讼罪。湖北省仙桃市人民法院受理后，依法组成合议庭，适用普通程序公开开庭合并进行了审理。湖北省仙桃市人民检察院指派检察员蔡某出庭支持公诉，被告单位诉讼代表人黄某某、被告人杜某某及其辩护人范某到庭参加诉讼。现已审理终结。

公诉机关指控：

一、骗取贷款罪

被告单位湖北省仙桃市亚某公司于 2004 年 3 月注册成立，主要经营服装、鞋帽销售。湖北辉某房地产开发有限公司（以下简称"辉某公司"）于 2011 年 3 月注册成立，负责人为杜某某；2011 年 3 月至 2015 年 1 月辉某公司法定代表人为谢某，2015 年 1 月辉某公司法定代表人变更为杜某某。

2013 年 12 月，辉某公司开发的"仙桃世界城"房地产项目在仙桃市农村商业银行取得销售房地产办理按揭贷款的贷款准入资格，即买房人真实地购买辉某公司"仙桃世界城"住宅或商铺可以向仙桃市农村商业银行申请购房按揭贷款。2014 年 5 月，辉某公司在经营"仙桃世界城"房地产项目上出现资金困难，于是杜某某就想到以虚假商铺销售的方式到仙桃市农村商业银行申请商品房买卖按揭贷款。2014 年 5 月 26 日，杜某某以被告单位亚某公司名义向仙桃市农村商业银行递交贷款申请书，申请书上写明：亚某公司购买辉某公司"仙桃世界城"1085 号、2081 号商铺，总面积 799.45 平方米，总价值 6000 万元，亚某公司支付 3000 万元首付，向仙桃市农村商业银行申请贷款 3000 万元。仙桃市农村商业银行收到贷款申请后，安排仙桃市农村商业银行个贷部阮某具体负责贷款资料的收集整理及初步审核。阮某根据《湖北省农村信用社商业用房按揭贷款管理办法》的规定，要求杜某某提供整套购房按揭贷款的资料，资料中必须有购房合同和购房首付款的支付凭证。杜某某为了取得贷款，于2014年6月3日指使辉某公司销售部的许经理打印了两份商品房买卖合同，合同编号为×××、XT14008094，合同内容是亚某公司购买辉某公司"仙桃世界城"两间商铺1085号和2081号，合同总价约6039万元，合同上约定需支付首付款3039万元，余款办理贷款。杜某某在这两份合同上盖了辉某公司合同章、谢某私章、亚某公司公章，并签了其本人的亲笔签名。2014年6月3日，杜某某指使辉某公司出纳刘某开具两张亚某公司购买辉某公司"仙桃世界城"商铺1085号、2081号的收款收据，总金额为30398255元，收据编号是×××和7507383。刘某说没有收到购房款是不能开收据票的，否则不好做账，但杜某某对她说开这两张收据是拿去向仙桃市农村商业银行证明亚某公司支付了首付款的，是办理贷款必需的资料，给银行看了后再把原件拿回来还给她。过了几天，杜某某把这两张收据的复印件交给银行，把原件拿回来还给刘某，刘某将这两张收据进行了作废处理。

杜某某将整套贷款资料提交仙桃市农村商业银行后，又与其妻子谢某（当时系辉某公司法人代表）一起到仙桃市农村商业银行签订共同还贷承诺书。2014年6月17日，杜某某取得了该银行2800万元的商品房买卖按揭贷款，贷款期为5年，还款方式为每月还款，利率为7.36%，抵押物为辉某公司"仙桃世界城"1085号、2081号商铺。2014年6月18日，根据杜某某与仙桃市农村商业银行签订的受托支付协议，仙桃市农村商业银行先将2800万元打到亚某公司账户82×××34上，后通过该账户将2800万元打到辉某公司账户82×××69上，用于辉某公司的经营。杜某某开始还能每月按时还款，还款账号为33×××90（户名为亚某公司），后因亚某公司资金发生困难，从2015年4月起不再还款，截至案发时有21929241.79元的贷款资金没有偿还。

二、虚假诉讼罪

辉某公司的法定代表人杜某某为将辉某公司被湖北省仙桃市人民法院冻结的资金转移到自己手中，与其侄子杜某4、侄媳妇胡某1（二人均另案处理）合谋，由杜某某捏造辉某公司向胡某1借款105万元、月息2%的借条，并将该借条交给杜某4、胡某1。杜某4、胡某1按照杜某某的指使，于2015年10月15日利用该借条将辉某公司起诉至湖北省仙桃市人民法院。湖北省仙桃市人民法院受理该案后，适用简易程序进行审理，通过民事调解书确认辉某公司偿还胡某1借款本金105万元，支付利息29.4万元。2015年12月7日，因辉某公司未履行调解协议，湖北省仙桃市人民法院出具执行裁定书。2015 年 12 月 17 日，湖北省仙桃市人民法院执行局将该笔 134.4 万元的款项通过银行转账转至胡某 1 的建设银行卡中。

为证实上述指控，公诉机关当庭宣读、出示了证人证言、书证、被告人的供述与辩解等证据。

公诉机关认为，被告单位亚某公司、被告人杜某某以欺骗手段取得银行贷款，给银行造成重大损失，其行为触犯了《中华人民共和国刑法》第一百七十五条之一，应当以骗取贷款罪追究被告单位亚某公司、被告人杜某某的刑事责任；被告人杜某某还以捏造的事实提起民事诉讼，妨害司法秩序，其行为触犯了《中华人民共和国刑法》第三百零七条之规定，应当以虚假诉讼罪追究被告人杜某某的刑事责任；被告单位、被告人均自愿认罪，愿意接受处罚，提请依法判处。

被告单位亚某公司对指控事实、罪名没有异议，在开庭审理过程中亦无异议。其诉讼代表人的辩称意见：本案是以被告单位的房屋抵押申请贷款的，其社会危害性较小，且没有造成被害单位的损失，可以酌情从轻减轻处罚。

被告人杜某某对指控事实、罪名没有异议，在开庭审理过程中亦无异议。其辩护人的辩护意见是：1. 被告人杜某某骗取贷款以实在的抵押物担保，其主观恶意小，且该贷款现已还清，没有给金融机构造成损失，犯罪情节轻微；2. 被告人杜某某虚假诉讼，没有侵害他人合法权益，主观恶意不大。请求对被告人从轻处罚。

经审理查明：

一、骗取贷款罪事实

被告单位亚某公司于 2004 年 3 月注册成立，主要经营服装、鞋帽销售。湖北辉某房地产开发有限公司于 2011 年 3 月注册成立，负责人为杜某某；2011 年 3 月至 2015 年 1 月辉某公司法定代表人为谢某（系杜某某之妻），2015 年 1 月辉某公司法定代表人变更为杜某某。

2013 年 12 月，辉某公司开发的"仙桃世界城"房地产项目在仙桃市农村商业银行取得销售房地产办理按揭贷款的贷款准入资格，即买房人真实地购买辉某公司"仙桃世界城"住宅或商铺可以向仙桃市农村商业银行申请购房按揭贷款。2014 年 5 月，辉某公司在经营"仙桃世界城"房地产项目上出现资金困难，于是杜某某就想到以虚假商铺销售的方式到仙桃市农村商业银行申请商品房买卖按揭贷款。同年 5 月 26 日，杜某某以被告单位亚某公司名义向仙桃市农村商业银行递交贷款申请书，申请书上写明：亚某公司购买辉某公司"仙桃世界城"1085、2081号商铺，总面积799.45平方米，总价值6000万元，亚某公司支付3000万元首付，向仙桃市农村商业银行申请贷款3000万元。仙桃市农村商业银行收到贷款申请后，安排仙桃市农村商业银行个贷部阮某具体负责贷款资料的收集整理及初步审核。阮某根据《湖北省农村信用社商业用房按揭贷款管理办法》的规定，要求杜某某提供整套购房按揭贷款的资料，资料中必须有购房合同和购房首付款的支付凭证。

杜某某为了取得贷款，于2014年6月3日指使辉某公司销售部的许某打印了两份商品房买卖合同，合同内容是亚某公司购买辉某公司"仙桃世界城"两间商铺1085号和2081号，合同总价约6039万元，合同上约定需支付首付款3039万元，余款办理贷款。杜某某在这两份合同上盖了辉某公司合同章、谢某私章、亚某公司公章，并签了其本人的亲笔签名。2014年6月3日，杜某某指使辉某公司出纳刘某开具两张亚某公司购买辉某公司"仙桃世界城"商铺1085号、2081号的收款收据，总金额为30398255元。刘某说没有收到购房款不能开收据票，否则不好做账，但杜某某声称这两张收据是拿去向仙桃市农村商业银行证明亚某公司支付了首付款的，是办理贷款必需的资料，给银行看了后再把原件拿回来还给她。过了几天，杜某某把这两张收据的复印件交给银行，把原件拿回来还给刘某，刘某将这两张收据进行了作废处理。杜某某相继将这笔贷款所需资料交给仙桃市农村商业银行的过程中，被告知贷款资料必须真实有效，必须是真实有商铺的买卖，而且是真实地支付了购房首付款，银行才能贷购房余款。银行审核支付购房首付款真实性的主要依据是必须开具《销售不动产统一网络发票》，因为这种发票一旦开出，当月就必须向税务机关申报纳税，税率是开票金额的13.75%。

得知在这些贷款资料都能通过审核的情况下，最多只能取得2800万元的贷款后，2014年6月16日，杜某某又指使张某1按照编号为×××和XT14008094的两份合同内容开具了七张《销售不动产统一网络发票》，开具总金额为32398255元。杜某某把这七张发票复印件的第一联原件拿走，并于当天交给仙桃市农村商业银行贷款经办人阮某，证明其真实支付了购房首付款。阮某把这七张发票复印后将原件还给杜某某，杜某某又将这七张发票交给张某1，并指使其作废，这样就可以不向税务部门申报纳税。张某1按照杜某某的指示将这七张发票在辉某公司发票系统上当月作废处理。2014年9月，张某1去仙桃市原地税局换领发票时将作废的这七张发票一式四联都交给了税务局。

杜某某将整套贷款资料提交仙桃市农村商业银行后，又与其妻子谢某（时任辉某公司法人代表）一起到仙桃市农村商业银行签订共同还贷承诺书。2014年6月17日，杜某某取得了该银行2800万元的商品房买卖按揭贷款，贷款期为5年，还款方式为每月还款，利率为7.36%，抵押物为辉某公司"仙桃世界城"1085号、2081号商铺。

2014年6月18日，根据杜某某与仙桃市农村商业银行签订的受托支付协议，仙桃市农村商业银行先将2800万元打到亚某公司账户上，后通过该账户将2800万元打到辉某公司账户上，用于该公司的经营。杜某某开始还能每月按时还款，后因亚某公司资金发生困难，从2015年4月起不再还款，截至案发时有2192.9万元的贷款本息没有偿还。

另查明，仙桃市农村商业银行于2015年9月30日向湖北省仙桃市人民法院起诉，要求被告亚某公司、辉某公司、杜某某、谢某共同偿还借款本息共计25826362.27元，经法院调解后达成协议，但四被告仍未按协议履行义务。后经法院强制执行，于2019年5月22日依法将仙桃市龙华山办事处大新路1幢（仙桃世界城）1层1085号房屋、2层2081号房屋及相应的土地使用权作价3908.3万元抵偿给仙桃市农村商业银行。

上述事实有经庭审质证和确认的证人谢某、阮某、刘某、张某1、万某、陈某1的证言，接处警工作登记表，受案登记表，立案决定书，抓获经过，临时羁押证明，办案说明，情况说明，报案材料及报案人的询问笔录，亚某公司贷款资料复印件，辉某公司向仙桃市农村商业银行提供的项目准入资料，调取的亚某公司账户为82××34的开户资料及银行流水，调取的七张作废的《销售不动产统一网络发票》，合同编号为×××的执行裁定书，收条复印件，承诺书复印件，被告人杜某某的供述与辩解，被告单位亚某公司的基本信息，被告人杜某某的户籍信息等证据证实，足以认定。

二、虚假诉讼罪事实

被告人杜某某为将辉某公司因与江某等人借款合同纠纷一案被湖北省仙桃市人民法院冻结的资金转移到自己手中，与其侄子杜某4、侄媳妇胡某1（二人均另案处理）合谋，由杜某某捏造辉某公司向胡某1借款105万元、月息2%的借条，并将该借条交给杜某4、胡某1。杜某4、胡某1按照杜某某的指使，于2015年10月15日利用该借条将辉某公司起诉至湖北省仙桃市人民法院。湖北省仙桃市人民法院受理该案后，当日下达民事裁定书，对辉某公司的银行存款135万元予以冻结，于同年11月6日通过民事调解书确认辉某公司应于当月底前偿还胡某1借款本金105万元，支付利息29.4万元。同年12月7日，因辉某公司未履行调解协议，湖北省仙桃市人民法院出具执行裁定书，将辉某公司的银行存款1373315元予以划拨。2015年12月17日，湖北省仙桃市人民法院将该笔134.4万元的执行款项通过银行转账转至胡某1的建设银行卡中。当天，杜某4、胡某1在杜某某的授意下，又将该笔款项全部转账至何某（系杜某某司机陈某1的姐夫）的银行卡内（该银行卡的实际持有人为杜某某），该笔款项后经杨某（系杜某某的表侄子）取现后存入杜某1（系杜某某父亲）的银行卡内。后又在杜某某授意下，陈某1（系杜某某司机）将该笔款项及杜某1银行卡内其他资金存入杜某3（系杜某某侄女）银行卡内。后杜某3在杜某某授意下将该笔款项及其他款项用于购买理财产品等。

另查明，2016年1月19日，法院冻结辉某公司账户92万元后，于同月21日将该笔款加上辉某公司在银行的其他存款共95万元支付给江某（另案起诉辉某公司的原告）。同月29日，江某等人向法院出具收条及承诺书，表示已收到法院的执行款共195万元，江某、丁某与刑某某等人借款合同纠纷由辉某公司承担连带清偿责任一案已结案。

上述事实有经庭审质证、确认的证人胡某2、黄某某、陈某2、张某2、陈某1、何某、杨某、刘某、杜某1、杜某2、杜某3、杜某4、胡某1的证言，虚假借条，民事案件审理法律文书，诉讼财产保全书、民事裁定书、协助冻结存款通知书，调解笔录、（2015）鄂仙桃民二初字第01424号民事调解书、（2015）鄂仙桃民二初字第01424号民事裁定书、（2015）鄂仙桃法执字第01084号执行裁定书、个人业务凭证、银行流水、转账凭证，（2015）鄂仙桃民二初字第01388号民事调解书、（2016）鄂9004执352-1号执行裁定书、（2019）鄂9004执恢32号执行裁定书，收条、承诺书，被告人杜某某的户籍信息等证据证实，足以认定。

｜裁判结果｜ 一、被告单位湖北省仙桃市亚某公司犯骗取贷款罪，判处罚金人民币20万元（罚金自判决发生法律效力的第二日起3个月内向本院缴纳）。

二、被告人杜某某犯骗取贷款罪，判处有期徒刑1年6个月，并处罚金人民币5万元；犯虚假诉讼罪，判处有期徒刑1年，并处罚金人民币2万元。决定执行有期徒刑2年，并处罚金人民币7万元（刑期从判决执行之日起计算，判决执行以前先行羁押的，羁押1日折抵刑期1日，即自2018年9月26日起至2020年9月25日止；罚金自判决发生法律效力的第二日起3个月内向本院缴纳）。

三、对扣押在案的现金人民币 102270 元予以没收，上缴国库。

|裁判理由| 法院认为，被告单位湖北省仙桃市亚某公司、被告人杜某某以欺骗手段取得银行贷款，造成社会危害，被告人杜某某还以捏造的事实提起民事诉讼，妨害司法秩序，应当以骗取贷款罪追究被告单位湖北省仙桃市亚某公司刑事责任，以骗取贷款罪、虚假诉讼罪追究被告人杜某某刑事责任。公诉机关的指控成立。

被告单位诉讼代表人提出的辩护意见与庭审查明的一致，法院予以采纳。

被告人杜某某辩护人提出的"被告人用实在的抵押物申请贷款，且已还清贷款，其主观恶性小"辩护意见，经查，被告人杜某某系虚构抵押物的事实取得贷款，虽已还清贷款，但具有社会危害性，故不能认定其主观恶性小，辩护人的此辩护意见，法院不予采纳；辩护人还提出"被告人虚假诉讼，没有给他人造成损失，其主观恶性小"的辩护意见，经查，被告人杜某某的行为妨害了正常的司法秩序，不能认定其主观恶性小，辩护人的此辩护意见，法院不予采纳。

被告人杜某某骗取贷款后，金融机构已通过法律途径挽回损失，可对被告人杜某某酌情从轻处罚。被告人杜某某虚假诉讼，没有造成他人权益受损，可酌情从轻处罚。被告人杜某某如实供述自己的犯罪事实，自愿接受处罚，依法可从轻处罚。

（二）律师评析

社会生活中，有一些不符合贷款条件的企业为了获得银行的贷款，往往采用编造虚假材料、提供虚假担保等手段骗取银行资金，但是，由于企业在经营过程中出现亏损，偿还贷款出现困难。这种情况可能引发刑事案件。

1. 如何理解"造成重大损失"或者"其他特别严重情节"

骗取贷款、票据承兑、金融票证罪的法律条文中有"造成重大损失""其他特别严重情节"的表述，这是入罪的标准。从本罪的立法模式看，该罪包含了两种犯罪构成模式，即数额犯和情节犯。这种立法模式在经济类犯罪中出现得比较多。由于法律没有明确规定"重大损失""其他特别严重情节"的内涵，所以，对"重大损失""其他特别严重情节"如何认定会产生一些争议。

从字面意思看，重大损失是指行为人骗取贷款后因为各种因素一定数额的贷款无法归还的情形。在司法实践中，需要参照《立案追诉标准（二）》中的相关规定进行适用。《立案追诉标准（二）》第二十二条规定："以欺骗手段取得银行或者其他金融机构贷款、票据承兑、信用证、保函等，给银行或者其他金融机构造成直接经济损失数额在五十万元以上的，应予立案追诉。"

2. "重大损失"计算的时间点

"重大损失"是骗取贷款、票据承兑、金融票证罪的追诉标准之一，对于犯罪的构成是关键性的。但是，骗取贷款、票据承兑、金融票证罪中"重大损失"形成的时间点是较为模糊的。而且，由于被告人有时有还款能力，银行贷款的损失数额会处于动态变化之中，对于法院裁判时应以什么时间点为依据确定损失数额是存在不同理解的。

关于"重大损失"计算的时间点，当前存在四种观点："第一种观点，以借款人与金融机构协议的还款日期为限计算造成损失数额；第二种观点，以公安机关立案时点计算造成损失数额；第三种观点，损失数额的起算以公诉时点为宜；第四种观点，以法院一审宣判前借款人无法挽回的损失为最终的损失数额。"[1]就这些观点来看，第二种观点值得赞同。案件进入审判阶段后，对于重大损失的认定应当以立案时为时间节点，这种做法符合《刑事诉讼法》关于立案须以犯罪事实存在的要求，也符合相关金融监管规则。中国人民银行《贷款风险分类指导原则》（银发〔2001〕416号，已失效）对贷款"损失"明确定义为："在采取所有可能的措施或一切必要的法律程序之后，本息仍然无法收回，或只能收回极少部分。"由此可见，金融机构通过民事追索手段不能实现债权的情况下，才能认定为贷款损失。

（三）相关法条及司法解释

《中华人民共和国刑法》

第一百七十五条之一 以欺骗手段取得银行或者其他金融机构贷款、票据承兑、信用证、保函等，给银行或者其他金融机构造成重大损失的，处三年以下有期徒刑或者拘役，并处或者单处罚金；给银行或者其他金融机构造成特别重大损失或者有其他特别严重情节的，处三年以上七年以下有期徒刑，并处罚金。

---

[1] 刘环宇：《骗取贷款罪司法认定疑难问题探究——以对100份刑事判决书的实证考察为视角》，华东政法大学2016年硕士学位论文，第20页。

单位犯前款罪的，对单位判处罚金，并对其直接负责的主管人员和其他直接责任人员，依照前款的规定处罚。

《中华人民共和国刑事诉讼法》

第十五条　犯罪嫌疑人、被告人自愿如实供述自己的罪行，承认指控的犯罪事实，愿意接受处罚的，可以依法从宽处理。

《最高人民检察院 公安部关于公安机关管辖的刑事案件立案追诉标准的规定（二）》（2022 年修订）

第二十二条　〔骗取贷款、票据承兑、金融票证案（刑法第一百七十五条之一）〕以欺骗手段取得银行或者其他金融机构贷款、票据承兑、信用证、保函等，给银行或者其他金融机构造成直接经济损失数额在五十万元以上的，应予立案追诉。

四、共同犯罪也可以适用认罪认罚从宽制度

在骗取贷款、票据承兑、金融票证罪案件中，经常会出现共同犯罪的情形，在共同犯罪发生的情况下，仍然可以适用认罪认罚从宽制度。在形成共同犯罪的情况下，量刑情节对定罪量刑具有重要作用。"戴某华、郭某华骗取贷款、票据承兑、金融票证罪案"就是一个共同犯罪的典型案例。

（一）典型案例

　　☞ **戴某华、郭某华骗取贷款、票据承兑、金融票证罪案**[1]

【关键词】违反国家规定　单位犯罪

│ **基本案情** │公诉机关：浙江省温岭市人民检察院。

被告人：戴某华。因本案于 2021 年 3 月 25 日被浙江省温岭市公安局刑事拘留。

被告人：郭某华。因本案于 2021 年 3 月 28 日被浙江省温岭市公安局刑事拘留，2021 年 4 月 23 日被取保候审。

浙江省温岭市人民检察院以台温检刑诉〔2021〕20023 号起诉书指控被告

----

〔1〕浙江省温岭市人民法院（2021）浙 1081 刑初 362 号。

人戴某华、郭某华犯骗取贷款罪，于 2021 年 4 月 14 日向浙江省温岭市人民法院提起公诉。浙江省温岭市人民法院受理后，依法转换为适用简易程序，公开开庭审理了本案。浙江省温岭市人民检察院指派检察员徐某怡出庭支持公诉，被告人戴某华、郭某华到庭参加诉讼。现已审理终结。

经审理查明：

2016 年至 2018 年，王某德、郭某亮、陈某勇（均已判决）结伙利用郭某亮、陈某勇作为浙江温岭联合村镇银行股份有限公司（以下简称"村镇银行"）工作人员职务上的便利，通过张某泳（另案处理）等介绍，以支付好处费等方式让被告人戴某华、郭某华等人借名贷款，使用虚假的船舶登记证书、房产证等资料，虚构借款用途，向村镇银行申请短期借款等，贷款到期后无法归还，造成村镇银行巨额经济损失。具体事实如下：

2017 年 8 月 14 日，被告人戴某华作为申请人、杨某福作为保证人，利用伪造的房产证、船舶登记证书等资料，虚构购买材料借款用途，向村镇银行申请短期借款。2017 年 8 月 30 日，村镇银行与被告人戴某华、杨某福签订借款合同和最高额保证合同，约定借款金额为人民币 50 万元，到期还款日为 2018 年 2 月 20 日，并于同日向被告人戴某华发放贷款人民币 50 万元。该笔贷款至今未归还，造成村镇银行直接经济损失人民币 499999.98 元。被告人戴某华从中分得好处费人民币 1 万元。

2017 年 4 月 11 日，被告人郭某华作为申请人、王某作为保证人，利用伪造的船舶登记证书等资料，虚构经营消费借款用途，向村镇银行申请联合小贷卡业务。2017 年 4 月 24 日，村镇银行与被告人郭某华、王某签订个人循环保证借款合同，约定借款额度为人民币 30 万元，每笔个人自助循环借款的期限自动为 12 个月，并于同日向被告人郭某华发放贷款人民币 30 万元。该笔贷款至今未归还，造成村镇银行直接经济损失人民币 30 万元。被告人郭某华从中分得好处费人民币 1 万元。2021 年 4 月 22 日，被告人郭某华与村镇银行达成还款协议，并归还村镇银行人民币 1 万元。

2021 年 3 月 25 日 18 时许，浙江省温岭市公安局经济犯罪侦查大队民警在温岭市松门镇百仟客快餐店抓获被告人戴某华。2021 年 3 月 28 日，福建省东山县公安局铜陵派出所民警在东山县铜陵镇铜亭街 180 号悦宾宾馆 301 室抓获被告人郭某华。被告人戴某华、郭某华到案后，均如实供述其涉案事实。

被告人戴某华、郭某华自愿签署认罪认罚具结书，认可公诉机关提出的量刑建议，并在开庭审理过程中表示自愿认罪认罚。

上述事实，被告人戴某华、郭某华在开庭审理过程中亦无异议，并有同案犯王某德、郭某亮、张某泳的供述与辩解，村镇银行提供的借款合同、交易明细，同案犯刑事判决书，行政处罚决定书，强制隔离戒毒决定书，情况说明，还款协议，被告人的人口信息以及归案经过等证据证实，足以认定。

┃裁判结果┃ 一、被告人戴某华犯骗取贷款罪，判处有期徒刑1年，并处罚金人民币6000元（刑期从判决执行之日起计算，判决执行以前先行羁押的，羁押1日折抵刑期1日，即自2021年3月25日起至2022年3月24日止；罚金款限在本判决发生法律效力之日起1个月内缴纳）。

二、被告人郭某华犯骗取贷款罪，判处有期徒刑8个月，缓刑1年，并处罚金人民币4000元（缓刑考验期限从判决确定之日起计算，罚金款已缴纳）。

三、责令被告人戴某华与同案犯共同退赔给被害单位浙江温岭联合村镇银行股份有限公司人民币499999.98元。

┃裁判理由┃ 法院认为，被告人戴某华、郭某华与人结伙，虚构事实、编造贷款用途骗取银行贷款，给银行造成重大损失，其行为均已构成骗取贷款罪，均系共同犯罪。公诉机关指控罪名成立。被告人戴某华有吸毒劣迹，可酌情从重处罚。被告人戴某华、郭某华到案后如实供述其犯罪事实，可依法从轻处罚。被告人戴某华、郭某华均自愿认罪认罚，可依法从宽处理。被告人郭某华与村镇银行达成还款协议，可酌情从轻处罚。

综合全案犯罪事实及量刑情节，决定对被告人戴某华、郭某华依法予以从轻处罚并对被告人郭某华适用缓刑，公诉机关提出的量刑建议适当，予以采纳。

（二）律师评析

在涉及金融的一些经济犯罪中，共同犯罪的情形比较多见，这些案件中被告人认罪认罚的也可以从宽处理。

1. 在共同犯罪案件中，认罪认罚也可以从宽处理

共同犯罪在《刑法》中是有特别规定的。有学者提出："相较于单独犯罪，共同犯罪往往案情复杂，社会危害性更大，为各国刑事法治理之重点。"[1]在一些共同犯罪的案件中，作出认罪认罚的被告人相对于其他同案犯而言，降低了案

----

[1] 汪海燕：《共同犯罪案件认罪认罚从宽程序问题研究》，载《法学》2021年第8期，第71页。

件的证明难度，也影响了其他同案犯是继续对抗还是认罪认罚的选择，因此对他们可以适用认罪认罚从宽制度。在实践中，认罪认罚从宽制度已成为共同犯罪案件中分化同案人、获取证据的重要策略，并且已经取得了可观的成效。[1]

在共同犯罪案件中，每个被告人都有签署认罪认罚具结书从而获得从宽处理的权利，这项权利的行使是独立的，不以其他被告人认罪认罚为条件。换句话说，即使其他被告人不认罪认罚，对选择认罪认罚的被告人也需要从宽处理。

在本案中，被告人戴某华、郭某华都自愿签署认罪认罚具结书，认可公诉机关提出的量刑建议，从而获得了从宽处理。其量刑的幅度是较为宽松的。

2. 如何把握宽严相济的刑事政策

就刑事政策的概念来看，还有不同的理解。通说认为，刑事政策是由社会，实际上也就是立法者在制定法律、法官在认定法律、司法官员在执行法律过程中惩罚犯罪和保护公民所作的选择。[2]2006年10月召开的党的十六届六中全会通过了《中共中央关于构建社会主义和谐社会若干重大问题的决定》，其中明确要求："实施宽严相济的刑事司法政策，改革未成年人司法制度，积极推行社区矫正。"这标志着"宽严相济的刑事司法政策"正式提出。

"宽严相济"的精神是："对待违法犯罪行为，宽与严不是对立的，而是相互结合、寻求平衡的，要力求做到严中有宽、宽以济严，宽中有严、严以济宽。"[3]在一些案件中，宽严相济的刑事司法政策得到了很好的实施。在社会生活中，有的企业融资渠道短缺、融资成本高昂，为缓解资金困难而骗取贷款，其所获得之款项也绝大多数用于经营。如果只是简单地进行刑事司法打击，那么对于企业而言就是灭顶之灾，同时，其员工如何安置也往往成为问题，成为社会不稳定因素。这既不利于经济发展，也不利于信贷资金的追回。在法院的审判中，如何避免唯数额论，如何限制适用"其他特别严重情节"，贯彻宽严相济的刑事司法政策，实现保障金融秩序和利于企业发展的效果，都需要高度重视。

（三）相关法条及司法解释

《中华人民共和国刑法》

第二十五条　共同犯罪是指二人以上共同故意犯罪。

---

[1] 龙宗智：《完善认罪认罚从宽制度的关键是控辩平衡》，载《环球法律评论》2020年第2期，第21页。
[2] 杨春洗主编：《刑事政策论》，北京大学出版社1994年版，第4—5页。
[3] 刘志刚、凌婧文：《宽严相济一词的由来与发展》，载《中国纪检监察》2019年第17期，第49页。

二人以上共同过失犯罪，不以共同犯罪论处；应当负刑事责任的，按照他们所犯的罪分别处罚。

第六十四条 犯罪分子违法所得的一切财物，应当予以追缴或者责令退赔；对被害人的合法财产，应当及时返还；违禁品和供犯罪所用的本人财物，应当予以没收。没收的财物和罚金，一律上缴国库，不得挪用和自行处理。

第七十二条 对于被判处拘役、三年以下有期徒刑的犯罪分子，同时符合下列条件的，可以宣告缓刑，对其中不满十八周岁的人、怀孕的妇女和已满七十五周岁的人，应当宣告缓刑：

（一）犯罪情节较轻；

（二）有悔罪表现；

（三）没有再犯罪的危险；

（四）宣告缓刑对所居住社区没有重大不良影响。

宣告缓刑，可以根据犯罪情况，同时禁止犯罪分子在缓刑考验期限内从事特定活动，进入特定区域、场所，接触特定的人。

被宣告缓刑的犯罪分子，如果被判处附加刑，附加刑仍须执行。

第一百七十五条之一 以欺骗手段取得银行或者其他金融机构贷款、票据承兑、信用证、保函等，给银行或者其他金融机构造成重大损失的，处三年以下有期徒刑或者拘役，并处或者单处罚金；给银行或者其他金融机构造成特别重大损失或者有其他特别严重情节的，处三年以上七年以下有期徒刑，并处罚金。

单位犯前款罪的，对单位判处罚金，并对其直接负责的主管人员和其他直接责任人员，依照前款的规定处罚。

《中华人民共和国刑事诉讼法》

第十五条 犯罪嫌疑人、被告人自愿如实供述自己的罪行，承认指控的犯罪事实，愿意接受处罚的，可以依法从宽处理。

《最高人民检察院 公安部关于公安机关管辖的刑事案件立案追诉标准的规定（二）》（2022 年修订）

第二十二条 〔骗取贷款、票据承兑、金融票证案（刑法第一百七十五条之一）〕以欺骗手段取得银行或者其他金融机构贷款、票据承兑、信用证、保函等，给银行或者其他金融机构造成直接经济损失数额在五十万元以上的，应予立案追诉。

第四章　贪污罪

一、贪污罪概述

当代中国的腐败犯罪立法，是我国《刑法》针对滥用公权力行为设置的一系列犯罪及其惩罚规范，是反腐败治理体系的重要组成部分。腐败犯罪几乎会发生于各个行业领域，从政府机关到事业单位再到企业，对腐败的治理和制度建设都在不断完善中。从历史发展来看，我国一贯重视对贪污腐败类犯罪的惩治，贪污罪的刑事立法也逐渐走向成熟和完善，成为打击贪污犯罪的有力武器。

（一）贪污罪的立法沿革

我国关于贪污罪的刑事立法大致可分为四个阶段：第一阶段是从 1949 年至 1978 年，标志性法律是 1952 年颁行的《惩治贪污条例》；第二阶段是从 1979 年至 1981 年，标志性法律是 1979 年《刑法》；第三阶段是从 1982 年至 1996 年，标志性规范文件是全国人大常委会关于贪污贿赂犯罪出台的两个立法解释，即 1982 年 3 月《全国人民代表大会常务委员会关于严惩严重破坏经济的罪犯的决定》、1988 年 1 月《全国人民代表大会常务委员会关于惩治贪污罪贿赂罪的补充规定》；第四阶段是 1997 年至今，标志性法律是 1997 年《刑法》。

1952 年的《惩治贪污条例》是我国第一部有关反腐败犯罪的规范性法律文件，主要围绕贪污罪的构成、共同犯罪、刑罚等内容作了开创性规定。1979 年《刑法》是新中国成立后颁布的第一部刑法，该法出台后，贪污罪被定型化而不再作为一类犯罪的总称出现。[1]鉴于 1979 年《刑法》对国家工作人员的解释过

---

[1]　杨方泉、周菊：《贪污罪立法的历史渊源》，载《中山大学学报论丛》2002 年第 6 期，第 64 页。

于笼统，1982 年《全国人民代表大会常务委员会关于严惩严重破坏经济的罪犯的决定》作出新的解释："本决定所称国家工作人员，包括在国家各级权力机关、各级行政机关、各级司法机关、军队、国营企业、国家事业机构中工作的人员，以及其他各种依照法律从事公务的人员。"集体经济组织中的工作人员首次被排除在贪污罪主体范围之外，不再被认定为贪污罪主体。

1988 年，我国出台了《全国人民代表大会常务委员会关于惩治贪污罪贿赂罪的补充规定》，围绕贪污罪的构成要件与刑罚设置等予以完善。1997 年《刑法》通过在分则专设"贪污贿赂罪"一章，增设对单位行贿罪、私分国有资产罪等腐败个罪，设置多种徇私型犯罪，并调整了贪污受贿犯罪起刑数额标准，使腐败犯罪立法的体系性显著增强，且扩大了规制范围、丰富了惩治手段。

党的十八大召开后，为了配合反腐败斗争，全国人大常委会 2015 年 8 月 29 日通过的《刑法修正案（九）》对贪污罪作了较大修改，不仅改变了其定罪量刑标准，将"概括数额或情节"确立为贪污受贿犯罪的定罪量刑标准，将法定刑最高档调整为相对确定的死刑；而且修改了有关特别宽宥制度，为解决贪污罪生刑与死刑差距过大的问题增设了对贪污罪死缓犯适用的终身监禁制度。[1]

此外，2010 年《最高人民法院 最高人民检察院关于办理国家出资企业中职务犯罪案件具体应用法律若干问题的意见》、2016 年《最高人民法院 最高人民检察院关于办理贪污贿赂刑事案件适用法律若干问题的解释》等司法解释先后出台，也对处罚贪污罪起到了重要作用。

（二）贪污罪的构成要件

1. 本罪的主体

我国关于腐败犯罪的立法积极适应时代需求，总体呈现"规制范围比较周全和广泛""刑事制裁相对完备且严厉"两大特点。从我国对贪污罪的立法过程来看，随着社会背景和经济体制的变化，贪污罪主体范围也经历了从大到小、从粗到细的演变。

贪污罪的主体从国家公共事业中的所有工作人员逐渐缩减到"从事公务"的国家工作人员，包括国家机关工作人员、准国家工作人员（即国有公司、企事业单位及人民团体中从事公务的人员，或者上述单位委派到其他单位从事公

---

[1] 詹奇玮、赵秉志：《当代中国腐败犯罪立法的检视与完善》，载《河南师范大学学报（哲学社会科学版）》2021 年第 4 期，第 54—55 页。

务的人员）和其他依照法律从事公务的人员，保证了贪污犯罪、挪用犯罪和贿赂犯罪适用主体范围的协调性。最高人民法院《全国法院审理金融犯罪案件工作座谈会纪要》规定："以单位名义实施犯罪，违法所得归单位所有的，是单位犯罪。"根据相关规定，对于单位犯罪中的直接负责的主管人员和其他直接责任人员，应根据其在单位犯罪中的地位、作用和犯罪情节分别处以相应的刑罚。

2003 年，最高人民法院发布的《全国法院审理经济犯罪案件工作座谈会纪要》第一条为"关于贪污贿赂犯罪和渎职犯罪的主体"，其中明确了实践中关于"国家机关工作人员""国家机关、国有公司、企业、事业单位委派到非国有公司、企业、事业单位、社会团体从事公务的人员""其他依照法律从事公务的人员"的认定。

（1）国家机关工作人员的认定。刑法中所称的国家机关工作人员，是指在国家机关中从事公务的人员，包括在各级国家权力机关、行政机关、司法机关和军事机关中从事公务的人员。

根据有关立法解释的规定，在依照法律、法规规定行使国家行政管理职权的组织中从事公务的人员，或者在受国家机关委托代表国家行使职权的组织中从事公务的人员，或者虽未列入国家机关人员编制但在国家机关中从事公务的人员，视为国家机关工作人员。在乡（镇）以上中国共产党机关、人民政协机关中从事公务的人员，司法实践中也应当视为国家机关工作人员。

（2）国家机关、国有公司、企业、事业单位委派到非国有公司、企业、事业单位、社会团体从事公务的人员的认定。委派，即委任、派遣，其形式多种多样，如任命、指派、提名、批准等。不论被委派的人身份如何，只要是接受国家机关、国有公司、企业、事业单位委派，代表国家机关、国有公司、企业、事业单位在非国有公司、企业、事业单位、社会团体中从事组织、领导、监督、管理等工作，都可以认定为国家机关、国有公司、企业、事业单位委派到非国有公司、企业、事业单位、社会团体从事公务的人员。需要注意的是，国有公司、企业改制为股份有限公司后，原国有公司、企业的工作人员和股份有限公司新任命的人员中，除代表国有投资主体行使监督、管理职权的人外，不以国家工作人员论。

（3）其他依照法律从事公务的人员的认定。《刑法》第九十三条第二款规定的"其他依照法律从事公务的人员"应当具有两个特征：一是在特定条件下行使国家管理职能；二是依照法律规定从事公务。具体包括：①依法履行职责的各级人民代表大会代表；②依法履行审判职责的人民陪审员；③协助乡镇人民政府、街道办事处从事行政管理工作的村民委员会、居民委员会等农村和城市基层组织人员；④其他由法律授权从事公务的人员。

（4）关于"从事公务"的理解。从事公务，是指代表国家机关、国有公司、企业、事业单位、人民团体等履行组织、领导、监督、管理等职责。公务主要表现为与职权相联系的公共事务以及监督、管理国有财产的职务活动。如国家机关工作人员依法履行职责，国有公司的董事、经理、监事、会计、出纳人员等管理、监督国有财产等活动，属于从事公务。那些不具备职权内容的劳务活动、技术服务工作，如售货员、售票员等所从事的工作，一般不认为是公务。

2. 本罪的主观方面

本罪在主观方面必须出自直接故意，并具有非法占有公共财物的目的。故意具体表现为，行为人明知自己利用职务之便所实施的行为会发生非法占有公共（国有）财物或非国有单位财物的结果，并且希望这种结果发生。另外，贪污罪不以特定的犯罪动机为其主观方面的必备要素。

3. 本罪的客体

本罪侵犯的客体是复杂的，既侵犯了公共财物的所有权，又侵犯了国家机关、国有企事业单位的正常活动以及国家工作人员职务行为的廉洁性，但主要侵犯了国家工作人员职务行为的廉洁性。

在国有公司、企业中，具有国家工作人员身份的人，侵吞本公司、企业的财物，属于侵犯了公共财物的所有权。具有国家工作人员身份的人，利用职务便利，侵吞具有国企背景的企业的财物，仍属于侵犯公共财物的所有权。

4. 本罪的客观方面

本罪的客观方面表现为，利用职务之便，侵吞、窃取、骗取或者以其他手段非法占有公共财物的行为。这是贪污罪区别于盗窃、诈骗、抢夺等侵犯财产罪的重要特征。

（三）贪污罪的现状分析

案发数量大是贪污罪的基本特征，国家对于贪污罪的刑事打击力度在加大。2010 年以来，面对贪污罪的高发态势，司法机关对于这种行为的打击也是不遗余力的。

在中国裁判文书网以贪污罪为案由进行检索，共检索到 80053 篇文书。[1]从审判程序来看，涉及管辖 1158 件，刑事一审 34558 件，刑事二审 11884 件，刑事审判监督 4402 件，刑事复核 7 件，申请没收违法所得 7 件，刑罚与执行变更 18545 件，执行 8917 件，其他 575 件。这些案例当中，有很多涉及金融监管部门及国有金融机构的工作人员。2010 年至 2023 年，涉及贪污罪裁判文书的制作年份与数量统计如表 4.1 所示。

表 4.1　2010—2023 年贪污罪裁判文书制作年份与数量统计

年　份	文书数量/件	年　份	文书数量/件
2010	98	2017	15576
2011	218	2018	11105
2012	697	2019	8845
2013	1948	2020	5710
2014	9313	2021	2335
2015	9793	2022	676
2016	13246	2023	335

二、对贪污罪的定性应坚持相应的标准

贪污罪是比较常见的，在实践中表现形态也多种多样，在定性的时候应当坚持实质性的标准。在我国某些罪名下，身份属性对应着犯罪构成以及相应的刑罚后果。同样的犯罪行为，对具有特殊身份的犯罪行为人来说，身份决定着其犯罪的性质及刑罚后果，而对不具有特殊身份者而言，其行为则往往是另一种犯罪性质，甚至不构成犯罪。

（一）典型案例

☞ 白某贪污违法所得没收案[2]

【关键词】违法所得没收　证明标准　鉴定人出庭

---

〔1〕 中国裁判文书网（https：//wenshu. court. gov. cn），检索日期 2024 年 5 月 19 日。

〔2〕 最高人民检察院第三十二批指导性案例（检例第 127 号）。

| 基本案情 | 被告人：白某，男，A 国有银行金融市场部投资中心本币投资处原处长。

利害关系人：邢某某，白某亲属。

诉讼代理人：牛某，邢某某儿子。

2008 年至 2010 年，白某伙同樊某某（曾任某国有控股的 B 证券公司投资银行事业部固定收益证券总部总经理助理、固定收益证券总部销售交易部总经理等职务，另案处理）等人先后成立了甲公司及乙公司，并在 C 银行股份有限公司为上述两公司开设了资金一般账户和进行银行间债券交易的丙类账户。白某、樊某某利用各自在 A 国有银行、B 证券公司负责债券买卖业务的职务便利，在 A 国有银行购入或卖出债券，或者利用 B 证券公司的资质、信用委托其他银行代为购入、经营银行债券过程中，增加交易环节，将白某实际控制的甲公司和乙公司引入交易流程，使上述两公司与 A 国有银行、B 证券公司进行关联交易，套取 A 国有银行、B 证券公司的应得利益。通过上述方式对 73 只债券交易进行操纵，甲公司和乙公司在未投入任何资金的情况下，套取国有资金共计人民币 2.06 亿余元。其中，400 余万元由樊某某占有使用，其他大部分资金由白某占有使用。白某使用 1.45 亿余元以全额付款方式购买 9 套房产，登记在其妻子及其他亲属名下。该 9 套房产被办案机关依法查封。

| 诉讼过程 | 2013 年 9 月 9 日，内蒙古自治区公安厅以涉嫌职务侵占罪对白某立案侦查，查明白某已于 2013 年 7 月 31 日逃匿境外。2013 年 12 月 7 日，内蒙古自治区人民检察院对白某批准逮捕，同年 12 月 17 日国际刑警组织对白某发布红色通报。2019 年 2 月 2 日，内蒙古自治区公安厅将白某涉嫌贪污罪线索移送内蒙古自治区监察委员会。同年 2 月 28 日，内蒙古自治区监察委员会对白某立案调查。2019 年 5 月 20 日，内蒙古自治区监察委员会向内蒙古自治区人民检察院移送没收违法所得意见书。同年 5 月 24 日，内蒙古自治区人民检察院将案件交由呼和浩特市人民检察院办理。同年 6 月 6 日，呼和浩特市人民检察院向呼和浩特市中级人民法院提出没收违法所得申请。利害关系人及其诉讼代理人在法院公告期间申请参加诉讼，对检察机关没收违法所得申请没有提出异议。2020 年 11 月 13 日，呼和浩特市中级人民法院作出违法所得没收裁定，依法没收白某使用贪污违法所得购买的 9 套房产。

（二）律师评析

本案中，内蒙古自治区检察机关在提前介入白某案时，审查发现证明白某构成贪污罪主体身份的证据不足，而共同犯罪人樊某某已经被呼和浩特市赛罕区人民检察院以职务侵占罪提起公诉。呼和浩特市赛罕区检察机关依法将白某案和樊某某案一并审查，建议内蒙古自治区监察委员会针对二人主体身份进一步补充调取证据。

内蒙古自治区监察机关根据呼和浩特市赛罕区检察机关列出的补充完善证据清单，补充调取了A国有银行党委会议纪要、B证券公司党政联席会议纪要、任命文件等证据，证明白某与樊某某均系国家工作人员，二人利用职务上的便利侵吞国有资产的共同犯罪行为应当被定性为贪污罪。

呼和浩特市赛罕区检察机关在与内蒙古自治区监察机关、呼和浩特市赛罕区公安机关、呼和浩特市赛罕区人民法院就案件新证据和适用程序等问题充分沟通后，依法适用违法所得没收程序申请没收白某贪污犯罪所得，依法对樊某某案变更起诉指控罪名。由此可见，对于犯罪嫌疑人主体身份的认定，是确定犯罪性质的首要步骤。

1. 贪污罪共同犯罪混合主体的表现形式

第一，国家工作人员之间的贪污罪共同犯罪。这类贪污罪共同犯罪之所以容易认定在于他们拥有特殊身份。其特点表现为，共同犯罪行为人在身份属性、犯罪行为方式、职务上都是相同或相近的，他们共同实施贪污行为的特征十分明显，在定性方面不存在任何困难。在具体的犯罪情节上：一方面，可以是都实施了具体的贪污行为，也可以是某一主体单独实施了具体贪污行为，他们之间存在着主犯、从犯之分或者不存在主从犯之分；另一方面，在具体实施犯罪行为方面没有利用他人的职务便利而是利用了自己的职务便利，在主观方面则具有共同的犯罪故意并相互勾结，因此在定性方面不存在困难。

第二，具有特定身份者与国家工作人员相互勾结的贪污罪共同犯罪。特定身份者与特殊身份者唯一的区别在于是否从事公务，除此在职责职权上有很大的相似性。对于他们来说，在共同利用了国家工作人员职务便利实施犯罪行为的情况下，按照整体性犯罪理论二者均构成贪污罪的共同犯罪；在只利用了特定身份者职务便利实施共同犯罪行为时，则构成职务侵占罪的共同犯罪。

第三，国家工作人员与非国家工作人员相互勾结的贪污罪共同犯罪。国家工作人员与非国家工作人员的贪污罪共同犯罪，包括以下几种情况：（1）不具有身份者和特殊主体内外勾结实施贪污罪共同犯罪。（2）不具有身份者和特殊主体共同实施贪污行为，前者利用后者的职务便利非法占有了公共财物。（3）特殊主体教唆、帮助不具有身份者实施侵占、窃取、骗取公共财物的行为。

2. 贪污罪共同犯罪混合主体的认定原则

对于非特殊身份主体能否构成贪污罪这一问题，我国刑法学界的通说是持肯定态度的，国外立法对此也持肯定态度。非特殊身份主体被认定为贪污罪的前提是非国家工作人员与国家工作人员相勾结共同实施贪污行为。离开了这一前提，谈论非特殊身份主体的贪污罪是没有意义的，在单独行为之下非特殊身份主体根本不可能实施只能由特殊身份者实施的贪污罪。

（三）相关法条及司法解释

《中华人民共和国监察法》

第四十八条　监察机关在调查贪污贿赂、失职渎职等职务犯罪案件过程中，被调查人逃匿或者死亡，有必要继续调查的，经省级以上监察机关批准，应当继续调查并作出结论。被调查人逃匿，在通缉一年后不能到案，或者死亡的，由监察机关提请人民检察院依照法定程序，向人民法院提出没收违法所得的申请。

《中华人民共和国刑法》

第三百八十二条　国家工作人员利用职务上的便利，侵吞、窃取、骗取或者以其他手段非法占有公共财物的，是贪污罪。

受国家机关、国有公司、企业、事业单位、人民团体委托管理、经营国有财产的人员，利用职务上的便利，侵吞、窃取、骗取或者以其他手段非法占有国有财物的，以贪污论。

与前两款所列人员勾结，伙同贪污的，以共犯论处。

三、在国家出资的企业中从事公务的人员属于国家工作人员

在司法实践中，如何正确理解和认定贪污罪仍是经常存在争议的问题，尤其是涉及的相关人员有多重身份且前后有较大时间跨度的时候。

（一）典型案例

☞ 马某萍等贪污案[1]

【关键词】特殊主体　国家工作人员　共同犯罪

| **基本案情** | 原公诉机关：北京市西城区人民检察院。

上诉人（原审被告人）：马某萍，女，1971年6月15日出生于新疆维吾尔自治区乌鲁木齐市，×族，大专文化，昆仑银行股份有限公司国际业务结算中心原总经理助理，住北京市西城区。因涉嫌犯贪污罪，于2015年7月21日被羁押，同年8月6日被逮捕。

原审被告人：杨某，女，1984年4月16日出生于北京市，×族，大专文化，中油阳光国际旅行社有限责任公司原销售经理，住北京市海淀区。因涉嫌犯贪污罪，于2015年9月22日被取保候审，2016年5月26日被北京市西城区人民法院决定取保候审。

北京市西城区人民检察院指控称：2014年至2015年，被告人马某萍利用担任昆仑银行股份有限公司总行营业部国际业务部（以下简称"昆仑银行国际业务部"）总经理、国际业务结算中心总经理助理的职务便利，让中油阳光国际旅行社有限责任公司（以下简称"中油阳光国旅"）销售经理被告人杨某以虚列会议费开支的手段套取公款25万余元，用于支付其及家人的旅游费用。2013年至2015年，被告人马某萍利用上述职务便利，通过虚报部门营销费用的手段多次套取公款后侵吞，合计人民币139.9万元。

被告人马某萍辩称：其用营销费用发奖金是昆仑银行认可的，该种行为在银行内部是公开的，亦是合法的。

被告人杨某对指控的事实未提出异议。

北京市西城区人民法院经审理查明：被告人马某萍于2014年，利用担任昆仑银行国际业务部总经理的职务便利，在委托中油阳光国际旅行社有限责任公司为举办义乌小商品市场研讨会提供会务服务过程中，让中油阳光国旅销售经理被告人杨某以虚列会议费开支的手段套取公款，用于支付被告人马某萍及其家属赴欧洲旅游的费用合计人民币8万元。

被告人马某萍于 2014 年至 2015 年，利用担任昆仑银行股份有限公司国际业务结算中心总经理助理的职务便利，在委托中油阳光国旅为举办客户座谈会提供会务服务过程中，让被告人杨某以虚列会议费开支的手段套取公款，用于支付被告人马某萍及其家属赴海南旅游的费用合计人民币 14 万余元。

被告人马某萍于 2013 年至 2015 年，利用担任昆仑银行国际业务部负责人、总经理及昆仑银行国际业务结算中心总经理助理的职务便利，通过虚报部门营销费用的手段多次套取公款后予以侵吞，合计人民币 139.9 万余元。

被告人马某萍于 2015 年 7 月 21 日到案，被告人杨某于 2015 年 9 月 22 日到案。

北京市西城区人民法院认定上述事实的证据有：

（一）被告人马某萍、杨某主体身份的证据

1. 营业执照、组织机构代码证、昆仑银行 2009—2014 年注册资本及前 10 大股东一览表、关于昆仑银行股份有限公司国际业务结算中心开业的请示、北京银监局关于昆仑银行股份有限公司国际业务结算中心开业的批复、昆仑银行情况说明，证明：昆仑银行股份有限公司系全民所有制企业中国石油天然气集团公司的控股公司，昆仑银行股份有限公司国际业务结算中心是北京银监局于 2014 年 9 月 29 日批准设立的昆仑银行的分行级专营机构。

2. 个人基本情况表、员工内部调动函、关于安某等同志任职的通知、关于总行营业部内设机构负责人选聘情况的报告呈批件、昆仑银行股份有限公司党政联席会会议纪要、关于马某萍同志任职的通知、关于明确国际业务结算中心领导班子成员内部分工的通知、昆仑银行国际业务结算中心各部门职责、劳动合同书、金融机构高级管理人员任职资格申请核准表、任职情况说明等，证明：2012 年 4 月，马某萍由昆仑银行克拉玛依分行调入昆仑银行总行营业部，承担国际业务部临时负责人的职责；2014 年 4 月 11 日，经昆仑银行人力资源部（党委组织部）会签同意被任命为昆仑银行总行营业部国际业务部总经理；2014 年 8 月 11 日，经昆仑银行股份有限公司党政联席会同意，被聘任为昆仑银行国际业务结算中心（筹）总经理助理；2014 年 10 月 20 日，被正式任命为昆仑银行国际业务结算中心总经理助理。

3. 营业执照、经营许可证、组织机构代码证、章程、关于成立中油阳光国际旅行社有限责任公司有关情况的说明、劳动合同书、员工简历表等，证明：杨某于 2011 年 5 月至 2014 年 12 月担任中油阳光国旅销售业务员，2015 年 1 月起任销售组长。

（二）昆仑银行关于营销费用应专款专用、实报实销的证据

1. 证人董某（昆仑银行国际业务结算中心总经理）的证言：为了更好地开展对伊朗的结算业务，昆仑银行总行决定把国际业务部从总行营业部里分离出来成立国际业务结算中心，实际上人都是原来总行营业部国际业务部的人，就是换了套牌子。2013年1月至2014年2月，其担任总行营业部总经理期间，都会对营销费用的配置情况进行审批。2014年2月后，总行营业部由张某1负责。国际业务部营销费用是由负责人马某萍把各个客户经理业绩进行汇总，上报给考核办公室，考核办公室和计财部门一起复核审查通过后，报给王某1审核，最后报给其审批，确定国际业务部的营销费用额度。审批通过后由马某萍负责具体分配和使用。具体报销时，各个部门的前台客户经理提供相关单据，由业务部门汇总给财务部审核，符合报销规定的，由王某1和其签字，以各个部门的报销额度为限进行报销。马某萍曾向其账户汇入14.024万元，说感谢其对他们工作的支持，这钱是她从国际业务部营销费用中报销的。其明确告知马某萍营销费用是营销客户的，不是营销领导的，要专款专用，并告诉她钱都交到了办公室，让她拿回去用于客户营销。公司关于营销费用报销有严格的规定，国际业务结算中心执行昆仑银行总行的营销费用制度，营销费用只能用于营销客户和开拓市场份额，而且实报实销，进行个人发放奖金、个人消费或报销个人费用都是不行的。营销费用和绩效挂钩，是指营销费用的限额和绩效挂钩，但是不可以薪酬化。马某萍没有说过虚报营销费的事情，其不知道马某萍用营销费用报销个人房租，也不知道马某萍有邮政储蓄卡专门用来存放部门的营销费用，其也没有奖励过部门的员工去旅行。

2. 证人王某1（昆仑银行国际业务结算中心副总经理）的证言：2013年3月前后，在昆仑银行总行营销费用指导意见的基础上，营业部制定了本部门营销费用的实施细则，主要是规范营销费用的管理和报销标准。昆仑银行公司业务部每月按国际业务、公司业务具体的指标进行计算，明确每个客户经理可以报销的营销费用额度。由于国际业务部的客户群体都是马某萍带过来的，由她一手维护，所以将该部门的营销费用都配置到马某萍一个人身上，再由马某萍在部门内部分配。在总行营销费用指导意见及营业部的营销费用实施细则中均有明确规定，营销费用必须用于客户，实报实销，禁止营销费用收入化。其不知道马某萍用营销费用发奖金，昆仑银行没有用营销费用给员工交房租的规定，马某萍也没有向其请示过用公款进行个人及家人旅游的事情。

3. 证人敬某（昆仑银行总行副行长）、何某（昆仑银行总行行长助理）、张

某 2（昆仑银行总行营业部副总经理）的证言：2013 年上半年，昆仑银行总行营业部国际业务部成立，马某萍从昆仑银行克拉玛依分行被调到国际业务部任负责人。2014 年 10 月，昆仑银行国际业务结算中心成立，国际业务部划归国际业务结算中心，马某萍任总经理助理。昆仑银行总行营业部有关于营销费用的规定，营销费用的分配和使用都要按规定进行管理，营销费用必须用于客户营销，不允许用于发放奖金、进行个人消费、报销个人费用、个人旅游。马某萍没有请示过将营销费用用于个人旅游的事情。三人均不知道马某萍虚报营销费用用于发放奖金，也没有审批过马某萍租房报销的事。

4. 证人张某 1 的证言：其接替董某任昆仑银行总行营业部的总经理。昆仑银行总行营业部有关于营销费用的规定，营销费用只能用于营销客户，而且要实报实销，不能用于发放奖金、进行个人消费、报销个人费用、个人旅游等。2014 年昆仑银行国际业务结算中心成立后，需要把国际业务部的客户迁移到国际业务结算中心，举行了客户迁移会，因为整个财政年度还没结束，所以 2014 年 10 月至 12 月国际业务结算中心的费用支出还是从总行营业部国际业务部列支，报销费用还需要其签字。马某萍提交了一个会议费申请表，其批给了财务部门，让他们按照具体的财务标准和相关规定进行审核，审核通过后配置相关费用。其不清楚会议的具体开展以及费用的使用和结余情况。其不知道马某萍带家人到海南旅游的事，不知道马某萍虚报营销费用用于发放奖金，不知道马某萍用营销费用报销个人房租。

5. 证人郭某 1 的证言：2014 年 2 月，其到昆仑银行总行营业部接替王某 1 任副总经理。昆仑银行总行营业部规定营销费用支出必须跟客户相关，实报实销，不能用于发放奖金、进行个人消费、报销个人费用、个人旅游等。昆仑银行国际业务结算中心刚成立时，有关花费还需要从总行营业部走账，报销的时候需要其和张某 1 签字走流程，具体费用的支出使用和结余情况其不清楚。其不知道马某萍带家人到海南三亚旅游的事，不知道马某萍用营销费用报销个人房租的情况。

6. 证人张某 2（昆仑银行公司业务部、产融部负责人）的证言：营销费用只能用于营销客户，必须专款专用。在昆仑银行给每个部门规定的额度范围内，根据实际的支出情况，凭发票按照单位的报销程序进行审核报销。根据报销制度，绝对不允许用营销费用发放奖金。

7.《昆仑银行股份有限公司总行营业部费用报销实施细则》《总行营业部2013 年营销费用配备实施细则》《2014 年度昆仑银行股份有限公司总行营业部

营销费用配置实施细则》《总行营业部 2014 年营销费用配置实施细则调整方案》《中石油天然气集团公司差旅和会议费用管理办法》《昆仑银行股份有限公司会议及庆典活动管理办法（试行）》等，证明：昆仑银行规定，要根据核定的业绩配置营销费用，营销费用为核定可以报销的上限，坚持实报实销原则，营销活动应基于真实合法有效的交易背景，不得虚列支出、套取资金，应专款专用，严禁费用收入化。

（三）马某萍套取公款支付欧洲旅游费用的证据

1. 证人林某（马某萍丈夫）的证言：2014 年夏天，其和马某萍、孩子去欧洲旅游，一共 10 天左右，一家三口没有掏钱，都是旅行社安排的。

2. 昆仑银行记账凭证、主办会议费申请单、报销单、发票、委托服务框架协议书、义乌小商品市场研讨会费用明细、银行电子回单，证明：2014 年 3 月，昆仑银行委托中油阳光国旅为举办义乌小商品市场研讨会提供会务服务，后向中油阳光国旅支付会务费 23.4008 万元。

3. 中油阳光国旅出具的关于昆仑银行汇入中油阳光国旅会务费的使用情况说明、记账凭证、科目明细表、航空运输电子客票行程单、发票等，证明：2014 年 5 月 9 日，中油阳光国旅收到昆仑银行支付的义乌小商品市场研讨会会务费 23.4008 万元，实际花费 15.4008 万元，剩余 8 万元作为昆仑银行在中油阳光国旅的预存款。

4. 记账凭证、中国工商银行电子回单、港中旅国际新疆旅行社有限责任公司账单、财务说明、签证申请材料、汇款凭证、记账凭证、客户确认付款通知书等，证明：2014 年 7 月 29 日，港中旅国际新疆旅行社有限责任公司组织马某萍、林某、林某淇到欧洲 4 国游旅，联系人为中油阳光国旅杨某。2014 年 8 月，中油阳光国旅支付林某三人德、法、瑞、意 12 天游费用，由杨某从昆仑银行义乌小商品市场研讨会预存款中核销 8 万元。

（四）马某萍套取公款支付海南旅游费用的证据

1. 证人董某的证言：举办的国际业务客户迁移会发生的费用主要是支付迁移客户的住宿费和餐费，具体工作由马某萍负责，费用从昆仑银行总行营业部营销费用中支出。其没有提预留费用，不知道马某萍将剩余的会议费转到中油阳光国旅。

2. 证人林某的证言：2015 年春节之前，马某萍说要带一家三口和她父母到海南三亚旅游，旅行社安排好了行程。其和家人都没有出过钱，是马某萍单位出的。

3. 证人张某3（中油阳光国旅结算员）的证言：杨某是中油阳光国旅的销售人员，其在 2015 年 4 月 16 日给杨某转了 5 万余元团款。

4. 《昆仑银行股份有限公司员工奖励休假制度》，证明：2011 年起，昆仑银行员工奖励休假由总行人力资源部管理、负责组织实施，并实行分级审批制度，审批结果由各级人事部门留存备查。

5. 记账凭证、主办会议费报销单、申请单、原始发票统计表、关于举办国际业务客户座谈会的请示、预算、中油阳光国际旅行社有限责任公司发票、昆仑银行总行营业部国际业务部邀请函、委托服务框架协议书、银行业务回单等，证明：昆仑银行国际业务部于 2014 年 11 月至 12 月举行 6 期客户座谈会，委托中油阳光国旅提供会务服务。昆仑银行总行营业部于 2014 年 12 月支付中油阳光国旅会务费合计 269.6726 万元，均由国际业务部马某萍申请报销。

6. 关于昆仑银行汇入中油阳光国旅会务费的使用情况说明、记账凭证、团队总收入明细、现金借款单、领用支票审批单、中国工商银行业务回单、发票等，证明：2014 年 12 月，中油阳光国旅收到昆仑银行汇入的会务费 269.6726 万元，中油阳光国旅分两次核销国宾酒店会议费用合计 83.6117 万元。

7. 记账凭证、团队操作明细表、阳光出行三亚八日游览行程、航空运输电子客票行程单、银行业务回单、发票、住宿登记表、领用支票审批单、付款凭证、入住记录、消费账单、银行收款凭证和退款凭证等，证明：2015 年 2 月，马某萍及其家人去三亚旅游，住宿费用合计 95157.5 元，机票合计 30760 元。2015 年 4 月，杨某将上述款项从昆仑银行国际业务结算中心预存在中油阳光国旅的营销费用中核销，上述款项对应核销 140282.42 元。

8. 中国工商银行业务回单、中油阳光国旅现金借款单、浙商银行客户收款通知、浙商银行交易明细、工商银行卡账户交易明细等，证明：2015 年 4 月 14 日，中油阳光国旅向张某3 工商银行卡账户汇款 56818 元，借款人为杨某，后张某3 将此款转给杨某。

（五）马某萍虚报营销费用予以侵吞的证据

1. 证人张某4（昆仑银行国际业务结算中心业务经办员）的证言：其在昆仑银行国际业务部和国际业务结算中心都做过报销工作。2013 年 11 月，马某萍让其联系几家公司虚开发票，在年底封账前把昆仑银行国际业务部的营销费用虚报出来给客户和部门发奖金。其按她的意思联系了北京×××文化传播中心和北京×××文化有限公司分别套现 35.4 万元、15 万元、18.9 万余元和 7 万元，两个公司扣除手续费后陆续返现 68.72 万元左右，钱都给了马某萍。2014 年三四月，马某萍说部门还有一部分去年的营销费用可以用，让其和任某1想办法把营销费用虚报套现出来，后任某1联系北京×××投资咨询有限公司虚开发票报销了30万元，返现27万余元，其中11万元存到了马某萍邮政储蓄卡上，剩余的给马某萍现金。任某1还联系锦元×××公司虚开发票报销了41.5万元，都是其走的报销流程，返现38.18万元，钱存到了马某萍的邮政储蓄卡上。这两笔钱也被马某萍给部门发放奖金了。2014年6月，其和任某1又帮马某萍虚报三次营销费用：一次是任某1找发票，其走报销流程，虚报了23.4万余元，给马某萍邮政储蓄卡上转了19万余元；一次是其和任某1一块儿找发票虚报了6.8万余元，给马某萍邮政储蓄卡上转了6.4866万元；一次是其买了一些交通票，虚报了4800元，给马某萍邮政储蓄卡上转了4180元。马某萍要求把买发票的成本留下，还要求把一些钱转给其他同事，所以扣除了一部分。2014年8月，马某萍又让其和任某1报销部门的营销费用，二人就找发票虚报了37万元左右，给马某萍邮政储蓄卡上转了30万余元。在虚报营销费用的时候，还使用了部门其他同事的报销账号，马某萍也说过让部门的同事帮着走报销手续。邮政储蓄卡是马某萍自己办的，虚报下来的大部分营销费用，马某萍都让转到这张邮政储蓄卡上。马某萍给其发过奖金。2014年4月，马某萍给其昆仑银行卡转了32.29万元，要求给大家发奖金，其给马某萍转了6.9816万元，金额都是马某萍说的。昆仑银行领导曾经在会上说过，不允许用营销费用发放奖金，也不允许用于个人消费、报销个人费用、个人旅游等。

2. 证人陈某2（北京×××投资咨询有限公司法定代表人）的证言：2014年3月底，昆仑银行的任某1要求帮忙走账套现一部分费用，把扣除税费后剩下的钱返给他。之后昆仑银行和其公司签订了培训费为30万元的培训合同，过了几天昆仑银行把30万元汇入其公司账户，后任某1让提现，其和任某1将11万元存到一个姓马的邮政储蓄银行账号里，16万余元根据任某1的要求转给了张某4。双方没有发生实际的业务往来。

3. 证人夏某（×××公司法定代表人）的证言：2014年年初，马某萍说他们部门有一些办公费用还没有用完，让帮忙走账把钱套出来给下面的员工发福利，让任某1具体操作。其联系了朱某1，朱某1给昆仑银行开具了发票并收到昆仑银行转账41.5万元。朱某1扣除税费后退了40万元现金，其扣除买进项票时花费的1.82万元，让王某2把38.18万元给了任某1和昆仑银行的另外一个客户经理。

4. 证人朱某1（锦元×××公司法定代表人）的证言：2014年，其从锦元

×××公司给昆仑银行开出41.5万元的发票，并收到昆仑银行的41.5万元转账，扣除税后提现40万元给了夏某。双方没有发生实际的业务往来。

5. 邮政储蓄卡交易明细、建设银行卡交易明细、房屋租赁合同，证明：林某于2014年11月与曹某2签订合同，租赁位于西城区×××北楼×××号房屋。2014年11月20日至12月1日，马某萍的邮政储蓄卡分多次取现共计7.9万元，曹某2的建设银行卡于2014年11月16日存入现金6.34万元。

6. 民生银行信用卡交易明细、邮政储蓄卡交易明细，证明：2013年12月至2014年1月，马某萍分三次从其邮政储蓄卡账户转入其民生银行信用卡97515元。

7. 昆仑银行卡、邮政储蓄卡、建设银行卡交易明细，证明：2013年7月2日，马某萍的昆仑银行卡收到报销款75809元，其当日给李某、石某等9人转款合计44816.28元，余款为30992.72元；2013年9月18日，马某萍收到报销款135500元，当日转给董某、潘某等6人合计86646元，余48854元；2013年12月20日，马某萍从其邮政储蓄卡转入昆仑银行卡7250元；2013年12月25日，马某萍从其邮政储蓄卡转出216600元至林某建设银行卡，2013年12月27日又转出44万元，2014年4月25日转出12.9万元；2014年4月25日，马某萍从其邮政储蓄卡转入张某4昆仑银行卡322900元，同日，张某4转入马某萍昆仑银行卡69816元；2014年12月15日，郭某2转入马某萍昆仑银行卡18万元。

8. 报销及资金去向汇总表、记账凭证、通用报销单、原始发票统计表、发票、报销审批单、昆仑银行卡交易明细、邮政储蓄卡交易明细等，证明：马某萍让张某4、任某1通过向北京×××文化传播中心、北京×××文化有限公司、北京×××投资咨询有限公司、锦元×××公司购买发票等方式虚报、套现营销费用共计222万余元，其中174万余元转入马某萍邮政储蓄卡，7万余元转入马某萍昆仑银行卡。

9. 报销项目及资金去向汇总表、记账凭证、通用报销单、发票、银行账户汇款单、银行交易明细等，证明：马某萍让郭某2虚报、套现营销费用189万余元，报销的营销费用进入郭某2的银行账户，其中24.5万元转入马某萍昆仑银行卡；以及郭某2取现的情况。

10. 报销及资金去向汇总表、记账凭证、通用报销单、原始发票统计表、发票、报销审批表、昆仑银行卡明细，证明：马某萍让陈某1虚报、套现营销费用45万余元，报销钱款部分转入陈某1昆仑银行卡账户，后陈某1向马某萍昆仑银行卡账户转款10万元；以及陈某1取现的情况。

（六）其他综合性证据

1. 关于移交昆仑银行国际业务结算中心总经理助理马某萍私分公款等问题线索的函、北京市西城区人民检察院线索登记表、线索转办决定、中国石油天然气集团公司第一纪检监察中心出具的关于杨某有关情况的说明等，证明：2015年6月，昆仑银行纪委将马某萍套取营销费用等问题的线索移交中国石油天然气集团公司第一纪检监察中心。2015年6月15日，调查组找到杨某核实马某萍让杨某垫付红酒款的有关情况，杨某主动交代了马某萍在中油阳光国旅套取会务费的问题及协助马某萍和其家人公款到三亚、欧洲旅游的事实，并将马某萍套取资金、结算费用的证据提供给调查组。2015年6月24日，中国石油天然气集团公司举报马某萍利用职务便利通过报销营销费用等形式套取资金的情况。

2. 抓获经过材料，证明：2015年7月21日，西城区人民检察院反贪局职务犯罪侦查局通过中国石油天然气集团公司纪委将马某萍约至中油宾馆并将其带回接受调查；同年9月22日，通过中国石油天然气集团公司纪委将杨某约至检察院。

3. 关于马某萍上交违纪款至中国石油天然气集团公司纪检监察专用账户的情况说明、主动上交款物登记表、账户明细查询结果、北京市人民法院案款收据，证明：马某萍于2015年6月16日将其在昆仑银行通过报销营销费用所得的违纪款152.9832万元上交中国石油天然气集团公司纪检监察专用账户。一审法院审理期间，马某萍家属代为退赔9万元。

4. 户籍材料，证明：马某萍、杨某的户籍登记情况。

5. 被告人马某萍的供述：其在昆仑银行国际业务部工作期间，担任国际业务部的部门负责人，在国际业务结算中心成立后担任国际业务结算中心的总经理助理。2015年1月底，其让杨某安排了其和家人去三亚旅游的行程，费用是从昆仑银行国际业务部在中油阳光国旅预存的营销费用中支出的，费用的具体核销是杨某操办的。其还找杨某安排了一家三口去欧洲旅游，也是用预存在中油阳光国旅的钱核销的。2013年7月，潘某找发票报销了7万余元的营销费用，直接打到了其昆仑银行卡上，除了给员工发放奖金，其个人领取了3万余元的奖金。2013年9月，也是潘某找来一些发票报销营销费用，其领取了4.8万余元。2013年12月，潘某、张某4、任某1等人找发票把营销费用报销出来，钱打到了其邮政储蓄卡上，这张邮政储蓄卡里面的钱都是从单位报销出来的营销费用，不是实际发生的，其领取了0.725万元、21.66万元和44万元。2014年4月，张某4找了一些发票把营销费用报销出来，其留下了奖金12.9万元后转给张某4让他给大家发奖金，后张某4又给其打款6.9816万元。2014年12月，员工郭某 2 通过找发票的方式报出营销费用给大家发奖金，其领取了 18 万元。2015 年 2 月，其让中油阳光国旅的杨某帮着从预存的营销费用中提取部分现金，郭某 2 和张某 4 也经手报销了一部分，员工都是在办公室单独领取奖金的，其拿了 10 万元。2014 年年底，因为需要缴纳房租，其将邮政储蓄卡给丈夫林某，让他从卡上取了 7.9 万元。在使用民生银行信用卡的时候，其个人消费和客户营销费混在了一起，因为无法区分，所以从邮政储蓄卡上直接转钱还了民生银行信用卡的欠款，一共是 9.7515 万元。

6. 被告人杨某的供述：2014 年 9 月的一天，马某萍说要举办客户迁移的座谈会，让做个会务预算，还说她们部门的营销费用还没有用完，想在中油阳光国旅预存一部分营销费用以便日后使用。客户迁移的座谈会实际发生费用 83 万余元，2014 年 12 月，其根据马某萍的要求陆续开了金额为 269 万余元的会务费发票和明细，相当于多报销了 180 余万元。马某萍同意后，要求用她的报销账号进行报销，报销后钱汇到了中油阳光国旅的账户上。2015 年 2 月，马某萍说想带家人在三亚过年，做份行程给她，所有旅游费用从预存的钱里出。后马某萍及其家属五人就到海南三亚旅游了。2014 年 3 月，马某萍说要在义乌举办一个国际业务结算座谈会，让中油阳光国旅帮助承办。其给马某萍看了活动费用账单，她说想预存一些费用作为日后招待客户的营销费用，问根据报销标准核算能多报多少，其核算后说可以多报 8 万元左右。后来，此笔活动费用核销掉实际发生的费用后，剩余的 8 万元预存在中油阳光国旅的账上。2014 年 6 月，马某萍说想带孩子去欧洲，并最终选中了欧洲 4 国 12 天的行程，让帮着办理，费用就是从这 8 万元里出的。2014 年 12 月至 2015 年 3 月，其按照马某萍的要求，编造云南八日游、北京四日游旅行团的名义，通过×××金色旅行社套现等方式，从昆仑银行预存营销费用中套现了 68 万余元，给了马某萍 60 万元现金。

| 裁判结果 | 一、维持北京市西城区人民法院（2016）京 0102 刑初 282 号刑事判决主文第二项、第三项：被告人杨某犯贪污罪，判处有期徒刑 1 年，缓刑 1 年，并处罚金人民币 10 万元；被告人马某萍家属退赔的人民币 9 万元，其中人民币 89478.14 元发还昆仑银行，余款冲抵罚金。

二、撤销北京市西城区人民法院（2016）京 0102 刑初 282 号刑事判决主文第一项，即被告人马某萍犯贪污罪，判处有期徒刑 4 年，并处罚金人民币 40 万元。

三、被告人马某萍犯贪污罪，判处有期徒刑 3 年，并处罚金人民币 20 万元（刑期自判决执行之日起计算，判决执行前先行羁押的，羁押 1 日折抵刑期 1 日，即自 2015 年 7 月 21 日起至 2018 年 7 月 20 日止；罚金于判决生效后 1 个月内缴纳)。

｜裁判理由｜ 北京市第二中级人民法院经审理认为：关于马某萍所提其不是国家工作人员，其在担任昆仑银行国际业务结算中心总经理助理之前没有职务的上诉理由，以及其辩护人所提一审判决错误认定了马某萍具有国家工作人员的身份，马某萍不是被国有企业、公司等委派到昆仑银行去的，马某萍是昆仑银行的聘用人员，是部门的中层管理人员的辩护意见，经查，根据昆仑银行提供的书证，马某萍于2012年4月从昆仑银行克拉玛依支行调入昆仑银行总行营业部工作，虽然签订的是劳动合同，但2014年4月11日，经昆仑银行党委组织部研究，任命马某萍为昆仑银行总行营业部总经理，2014年8月14日，经昆仑银行总行党政联席会决议，任命马某萍为国际业务结算中心总经理助理，马某萍属于在国有出资企业中从事公务的人员。一审法院认定马某萍伙同杨某贪污公款用于旅游的事实均发生在上述任命之后，应认定马某萍具有国家工作人员的身份。故此节上诉理由及辩护意见，与查明的事实及在案证据不符，法院不予采纳。

关于马某萍所提用营销费用发奖金是昆仑银行认可的，在昆仑银行内部是公开的，其按流程发放钱款且经过领导同意的上诉理由，以及其辩护人所提"指控马某萍贪污的公款不是马某萍盗窃、骗取的，是以马某萍为主要贡献者的经营团队以自己的真实经营业绩，按照昆仑银行规定的分配比例，用真实的发票，通过审批程序合法报销出来的资金，即银行界通称的'营销费'。银行作为商业企业，为创造利润都会拿出一定比例的提成给银行员工"的辩护意见，经查，根据昆仑银行提供的关于营销费用的规定，已明确营销费用应专款专用、实报实销，不能费用收入化。银行未规定营销费用可用于奖金发放。在案的证人证言不能确实证实昆仑银行允许用营销费用给员工发奖金。马某萍及其辩护人亦未提供证据证实营销费用可用于给员工发放奖金。故此节上诉理由及辩护意见，与查明的事实及在案证据不符，法院不予采纳。

关于指控马某萍贪污营销费用139.9万余元的事实，经查，根据庭审举证、质证的证据，马某萍身为昆仑银行国际业务部的总经理和国际业务结算中心的总经理助理，指使部门员工虚报营销费用或通过其他公司套取营销费用，骗取昆仑银行公款，用于本人及部门员工分配，以公开的形式集体侵占昆仑银行公款。其行为具有以单位名义，集体私分公共财产的特征。其行为就决定主体、实施主体、公开程度、受益者范围而言，与贪污罪系自然人犯罪、一般具有隐秘性不同，故马某萍的行为不符合贪污罪的构成要件。但又鉴于私分国有资产罪的犯罪主体为特殊主体，即"国家机关、国有公司、企业、事业单位、人民团体"，而昆仑银行系国家出资并控股的企业，不属于私分国有资产罪的犯罪主体，故其行为又不符合私分国有资产罪的构成要件。

关于马某萍及其辩护人所提贪污营销费用不成立的结论，本院予以采纳，但其理由与查明的事实及在案证据不符，本院不予采纳。北京市人民检察院第二分院关于一审判决认定马某萍贪污营销费用的事实成立，建议驳回上诉，维持原判的出庭意见，本院不予采纳。关于北京市人民检察院第二分院所提一审判决认定马某萍、杨某贪污公款用于支付马某萍及其家属旅游费用，构成贪污罪的出庭意见，本院予以采纳。

（二）律师评析

本案例主要涉及对两个问题的理解：一是当仅以贪污罪不足以全面涵盖行为人整个行为期间的主体身份特征（前期不具有国家工作人员身份，后期具有国家工作人员身份）时，二审法院增加罪名（职务侵占罪）是否违反上诉不加刑原则？二是当以贪污罪不足以准确评价行为人的行为，而符合该行为客观特征的私分国有资产罪又因主体不适格而无法适用时，应当如何评价该行为？通过对以上两个问题的探寻，可得知刑事司法的目的应为"惩罚犯罪、保护人民"并重，刑事司法的适用和对相关条文的理解、解释亦应被上述刑法目的所指引和约束。

1. 有争议凸显身份问题的重要性

《刑法》第三百八十二条规定："国家工作人员利用职务上的便利，侵吞、窃取、骗取或者以其他手段非法占有公共财物的，是贪污罪。"该条以叙明罪状的方式较为详细地阐明了贪污罪的构成特征，但在司法实践中，如何正确理解和认定贪污罪仍是经常存在争议的问题。就本案来看，争议很明显。

首先，马某萍于2014年4月11日经昆仑银行人力资源部（党委组织部）会签同意后方具有国家工作人员身份，而马某萍被指控侵占昆仑银行营销费用的犯罪期间则为2013年至2015年，跨越了马某萍两个不同的身份阶段。明确上述前提后，随之而来的便是对于2013年至2014年4月马某萍实施的行为应如何评价及二审法院增加罪名是否违反上诉不加刑原则的问题。依据上诉不加刑的刑罚原则及相关的司法解释，可以推知在二审期间法院不得增加上诉人的罪名，否则便是变相加重了行为人的刑罚，违反了上诉不加刑原则。故二审法院不能通过增加罪名（职务侵占罪）的方式惩处马某萍在不具有国家工作人员身份期间实施的侵占银行营销费用的行为。

其次，贪污罪具有行为手段隐秘性的特征，而本案中行为人侵占昆仑银行营销费用并将之分配给本部门人员的行为不能准确地与贪污罪对接。较之贪污罪，该行为更为符合私分国有资产罪的客观特征，但本案不符合私分国有资产罪的主体要件，不能以私分国有资产罪对该行为予以评价。故二审法院亦不能将该行为套用不准确的罪名法外施罪。

二审法院最终对马某萍侵占昆仑银行营销费用的行为未予定罪处罚，在整体的审判思路中充分体现出刑事司法的目的应为惩罚犯罪和保护人民并重。应摒弃过分倚重社会危害性观念评价行为的立场和做法，即先评价行为有无社会危害性，再从应惩罚具有社会危害性的起点出发套用法条，从而得出不准确的结论，应该从刑法目的出发，贯彻罪刑法定原则，以刑法规范为依托，以刑法谦抑性为原则，定罪处罚始终围绕构成要件该当性。对于不具有刑事违法性的行为，即便其具有一定的社会危害性，也不能以违法定罪，在适用法律解释方法理解和诠释刑事法律规范时应始终被刑法目的指引和约束。

2. 当一审罪名无法全面评价行为人实施的具有社会危害性的行为时，二审法院增加罪名是否违反上诉不加刑原则

《刑事诉讼法解释》第四百零一条第一款第二项规定："原判认定的罪名不当的，可以改变罪名，但不得加重刑罚或者对刑罚执行产生不利影响。"《刑事诉讼法解释》在不得加重上诉人刑罚的前提下赋予了二审法院变更罪名权。但是，如果一审法院定罪部分不当，需要由一罪增加为数罪方能准确评价上诉人的整个犯罪行为时，二审法院能否在不加重上诉人刑罚的前提下，由一罪变更为数罪？

我们认为，二审法院在不加重上诉人刑罚的前提下，由一罪变更为数罪也是违反上诉不加刑原则的。

首先，从文义解释出发，《刑事诉讼法解释》第四百零一条第一款第三项规定："原判认定的罪数不当的，可以改变罪数，并调整刑罚，但不得加重决定执行的刑罚或者对刑罚执行产生不利影响。"根据上述规定，我们可以进行如下推理：数罪并罚的上诉案件，二审法院不仅不得加重总刑罚，也不得加重某个罪名的刑罚，即总刑罚和其中每个罪名的刑罚都只能维持或减轻。那么，在原判只认定一个罪名的上诉案件中，对于原判没有认定的罪名，如果二审法院予以

增加，等于在原判基础上增加了某个罪名的刑罚，无疑是违反上述规定的。

其次，从目的解释出发，罪名不是简单的某种犯罪的符号。从刑罚关系上来讲，不论是在立法上还是在司法上，罪名都是刑罚的前提和基础，没有罪名就没有刑罚。罪名和刑罚的关系密切，正确确定罪名是正确适用刑罚的前提，罪名的增加必然带来刑罚的变化。即便法院表面上没有加重刑罚，但罪名是对某种犯罪的本质特征或者主要特征的高度概括，是对主客观危险性的提炼，将一罪变更为数罪就意味着对被告人作出了更加不利的评价。这实际就是对上诉人的一种变相加刑。

综上，二审法院在原判基础上增加罪名是违反上诉不加刑原则的。

3. 现有刑事法律规范均无法准确评价行为人实施的具有社会危害性的行为时，应当如何评价该行为？

根据我国《刑法》规定，贪污罪的行为方式除侵吞外，还包括窃取、骗取。此外，还有一条兜底性条款，即以其他手段非法占有公共财物。

尽管《刑法》条文并未明确规定，但通常情况下，我们认为不论行为人运用何种手段实施贪污犯罪行为，该手段都应极具隐蔽性，只有行为人才知晓自身行为的违法性，单位的其他员工对此均不知情。我们可以得出该结论的主要理由在于，针对公开侵占单位财产的行为，《刑法》专门规定了私分国有资产罪这一罪名。虽然私分国有资产亦是对公共财产的侵吞，但其手段不具有隐秘性，该行为在本单位员工中处于公开状态，大多数单位员工均知晓自己能够分到"福利"的事实和方式。

此外，贪污罪共同犯罪与私分国有资产罪之间存在着一定的相似性，即在一定范围内侵占行为是公开的。但贪污罪共同犯罪中各行为人均积极主动地参与犯罪，利用自身职务便利加以配合，具有很强的行为主动性；他们在知晓自身行为违法性的情形下，主动利用职权为集体贪污提供便利，推动了整个犯罪行为的进展，对非法占有公共财物均具有积极追求的主观目的。反之，私分国有资产罪中大多数员工仅是被动地获利，并未主动地实施行为帮助侵占犯罪。

（三）相关法条及司法解释

《中华人民共和国刑法》

第三百八十二条 国家工作人员利用职务上的便利，侵吞、窃取、骗取或者以其他手段非法占有公共财物的，是贪污罪。

受国家机关、国有公司、企业、事业单位、人民团体委托管理、经营国有财产的人员，利用职务上的便利，侵吞、窃取、骗取或者以其他手段非法占有国有财物的，以贪污论。

与前两款所列人员勾结，伙同贪污的，以共犯论处。

第三百八十三条 对犯贪污罪的，根据情节轻重，分别依照下列规定处罚：

（一）贪污数额较大或者有其他较重情节的，处三年以下有期徒刑或者拘役，并处罚金。

（二）贪污数额巨大或者有其他严重情节的，处三年以上十年以下有期徒刑，并处罚金或者没收财产。

（三）贪污数额特别巨大或者有其他特别严重情节的，处十年以上有期徒刑或者无期徒刑，并处罚金或者没收财产；数额特别巨大，并使国家和人民利益遭受特别重大损失的，处无期徒刑或者死刑，并处没收财产。

对多次贪污未经处理的，按照累计贪污数额处罚。

犯第一款罪，在提起公诉前如实供述自己罪行、真诚悔罪、积极退赃，避免、减少损害结果的发生，有第一项规定情形的，可以从轻、减轻或者免除处罚；有第二项、第三项规定情形的，可以从轻处罚。

犯第一款罪，有第三项规定情形被判处死刑缓期执行的，人民法院根据犯罪情节等情况可以同时决定在其死刑缓期执行二年期满依法减为无期徒刑后，终身监禁，不得减刑、假释。

《中华人民共和国刑事诉讼法》

第二百三十六条 第二审人民法院对不服第一审判决的上诉、抗诉案件，经过审理后，应当按照下列情形分别处理：

（一）原判决认定事实和适用法律正确、量刑适当的，应当裁定驳回上诉或者抗诉，维持原判；

（二）原判决认定事实没有错误，但适用法律有错误，或者量刑不当的，应当改判；

（三）原判决事实不清楚或者证据不足的，可以在查清事实后改判；也可以裁定撤销原判，发回原审人民法院重新审判。

原审人民法院对于依照前款第三项规定发回重新审判的案件作出判决后，被告人提出上诉或者人民检察院提出抗诉的，第二审人民法院应当依法作出判决或者裁定，不得再发回原审人民法院重新审判。

四、携带挪用的部分公款潜逃的应当数罪并罚

在现实社会中，有的人会将挪用的公款据为己有，典型的表现是携带公款潜逃。对于这种行为，司法实践中一般会数罪并罚。

(一) 典型案例

☞ 何某坚挪用公款、贪污案[1]

【关键词】挪用公款　职务便利　潜逃

| **基本案情** | 公诉机关：广东省中山市第一市区人民检察院。

上诉人（原审被告人）：何某坚，男，1973年11月14日出生，汉族，中专文化，中国建设银行中山市分行板芙办事处原副主任（正股级），户籍所在地为广东省中山市东区。因本案于2017年5月25日被羁押，次日被刑事拘留，同年6月9日被逮捕。

广东省中山市第一市区人民检察院以中检一区刑诉〔2017〕2048号起诉书及中检一区刑变诉〔2017〕19号变更起诉决定书指控被告人何某坚犯挪用公款罪、贪污罪，于2017年9月8日向广东省中山市中级人民法院提起公诉，后于同年12月5日变更起诉部分犯罪事实。

经审理查明：1996年下半年至1997年4月，被告人何某坚在担任中国建设银行中山市分行板芙办事处副主任期间，利用职务上的便利，通过许诺高息，吸收储户在中国建设银行中山市分行板芙办事处存款后，要求保管储户的存折或私下将储户资金转入其控制的账户后陆续转账或取出，用于其个人经营的典押行的高息抵押放贷等业务。现已查明，被告人何某坚先后挪用了板芙镇劳动管理所的人民币28万元、板芙镇居民林某3人民币20万元及林某4人民币36万元、兰州储户房某和姬某人民币500万元，用于个人经营活动。1997年4月10日，被告人何某坚得知其挪用公款的行为败露后，携带其中的人民币60万元潜逃。

2017年5月25日，被告人何某坚在广东省广州市白云区被抓获，归案后如实供述了其罪行。破案后，赃款未能缴回。

----

[1]　广东省中山市中级人民法院（2018）粤20刑终83号。

上述基本事实，被告人何某坚在庭审中亦无异议，并有中国建设银行中山市分行提供的关于对何某坚立案侦查的请示（报案材料），广东省中山市人民检察院反贪局侦查二科的抓获经过及破案报告，证人刘某1、吴某1、周某、梁某、叶某1、林某1、林某2、肖某、房某1、蔡某、卢某、吴某2、黄某的证言，中国建设银行中山市分行提供的情况说明及资料，中山市工商行政管理局提供的企业机读档案登记资料等材料，证人叶某2、林某1提供的账户存折、现金交款单，经卢某确认从建材厂获取的取款支票，何某坚确认的所挪用款项的进出账单据及凭证，何某坚书写的承诺书，（1997）中法刑初字第380号刑事判决书及案件材料，被告人何某坚的供述及户籍证明等证据证实，足以认定。

一审法院判决如下：

一、被告人何某坚犯挪用公款罪，判处有期徒刑10年；犯贪污罪，判处有期徒刑4年，并处罚金人民币60万元。总和刑期有期徒刑14年，并处罚金人民币60万元，决定执行有期徒刑13年，并处罚金人民币60万元（刑期从判决执行之日起计算，判决执行以前先行羁押的，羁押1日折抵刑期1日，即自2017年5月25日起至2030年5月24日止；罚金在判决生效后30日内向本院一次缴纳，期满不缴纳的，强制缴纳）。

二、责令被告人何某坚向中国建设银行中山市分行退赔赃款人民币584万元。

被告人何某坚不服一审判决，提起上诉。

| **二审裁判结果** | 驳回上诉，维持原判。

| **裁判理由** | 二审法院认为，被告人何某坚无视国家法律，身为国家工作人员，利用职务上的便利，挪用公款归个人使用，数额巨大不退还；还以携带挪用的部分公款潜逃的方式非法占有公共财物，数额巨大，其行为已分别构成挪用公款罪、贪污罪，均应依法惩处。被告人何某坚在判决宣告以前犯挪用公款罪、贪污罪，依法应当数罪并罚。被告人何某坚有坦白情节，依法可以从轻处罚。公诉机关指控被告人何某坚犯挪用公款罪、贪污罪的事实清楚，证据确实、充分，罪名成立，法院予以支持。被告人何某坚所提辩护意见属于对行为性质的辩解，依法不影响其坦白情节的认定。

（二）律师评析

1. 关于挪用公款罪和贪污罪的法益

本案中，行为人实施的挪用公款和贪污的行为都既侵犯了职务行为的廉洁性，也侵犯了财产法益。对于挪用公款罪，从立法的角度来看，主要为财产法益；从解释论的角度来看，主要是职务行为的廉洁性。贪污罪、挪用公款罪对廉洁性的破坏主要体现在对公共财产法益的侵害上。

2. 债权（储户存入银行的款项）可以被认定为挪用公款罪和贪污罪的对象

本案中，行为人将储户存入银行的钱挪用并占为己有，从民法角度看，储户与银行形成债权债务关系，行为人挪用该债权即处分了单位的债权。该债权是否可以被认定属于"公款"？实际上，现行立法和司法解释都在更为广义的程度上界定"公款"的范围。根据我国《刑法》第三百八十四条第二款的规定，特定公物也包含在挪用公款罪的范围内。根据2010年《最高人民法院 最高人民检察院关于办理国家出资企业中职务犯罪案件具体应用法律若干问题的意见》第三条，金融凭证、有价证券等都属于挪用公款罪的对象。而且，现实中公款一般存在银行，单位并没有支配现金，只是享有债权，这类债权的特点是可以即时支配、流通性高。因此，对于单位的一般债权，如果达到了单位及其委托人可以支配的程度，就应当被视为公款。

行为人将单位对第三人的债权予以"兑现"来实现自己的利益，实现了对债权的支配，因此构成挪用公款罪和贪污罪。在财产类犯罪中，不论是破坏他人占有并建立自己占有，还是占有了他人的财物后不予返还，都是立法者认为需要打击的典型违法行为类型。

3. 挪用公款罪和贪污罪的区分

如何区分挪用公款罪和贪污罪在有些案件中是比较重要的。1998年，《最高人民法院关于审理挪用公款案件具体应用法律若干问题的解释》第二条规定：挪用公款存入银行及用于集资、购买股票、国债等，都属于挪用公款进行营利活动；赌博、走私等属于"非法活动"。这容易引起司法人员的误解，即凡是实施了这些行为且表示自己想归还公款的，都应认定为挪用公款罪。2003年，最高人民法院《全国法院审理经济犯罪案件工作座谈会纪要》就挪用公款罪向贪污罪的转化形态仅规定了四种情形。这导致司法部门都倾向于扩大挪用公款罪的涵射范围，而缩小贪污罪的适用。

其实，上述规定只起到了列举的作用，仅具有经验事实的意义，并不能代替非法占有目的的规范判断。使用方式本身应当被视为非法占有目的的重要推定材料。只要行为人以个人的存款没有能力归还该款项，那么在其使用公款进行风险极大的活动时，就应当认为行为人对于是否归还公款并不在意。行为人使用公款时即使事实上有"想还"的意思，也应当被规范地评价为存在"非法占有目的"。大体而言，挪取公款用于其他活动、营利活动以及非法活动这三种用途，公款的灭失风险逐步升高。但是，也需要具体分析。例如，行为人将公款用于购买风险极低的理财产品，这种营利活动导致公款灭失的风险较低，那么就不宜根据使用公款这一情形推定行为人具有非法占有目的。

本案中，行为人携带挪用的部分公款潜逃，从犯罪行为发生至被抓获时间长达 20 年。显然，行为人从潜逃的那一刻就无偿还的打算，具有明显的非法占有目的，其行为符合《最高人民法院关于审理挪用公款案件具体应用法律若干问题的解释》第六条规定的行为人"携带挪用的公款潜逃"，对其携带挪用的公款部分，应以贪污罪定罪处罚。

（三）相关法条及司法解释

《中华人民共和国刑法》

第三百八十二条　国家工作人员利用职务上的便利，侵吞、窃取、骗取或者以其他手段非法占有公共财物的，是贪污罪。

受国家机关、国有公司、企业、事业单位、人民团体委托管理、经营国有财产的人员，利用职务上的便利，侵吞、窃取、骗取或者以其他手段非法占有国有财物的，以贪污论。

与前两款所列人员勾结，伙同贪污的，以共犯论处。

第五章　受贿罪

一、受贿罪概述

受贿罪是指国家工作人员利用职务上的便利，索取他人财物或者非法收受他人财物，并为他人谋取利益的行为。我国《刑法》第一百八十四条第二款、第三百八十五条以及第三百八十八条都对受贿罪作了规定。其中，第一百八十四条第二款系专门针对国有金融机构工作人员和国有金融机构委派到非国有金融机构从事公务的人员进行规制。

就目前关于受贿罪的立法而言，"利用职务上的便利"是受贿罪成立的法定要件，但学界就是否应该保留该要件及如何理解该要件都存在争论。就是否保留该要件而言，学界存在不必要说和必要说的争论。[1]不必要说在理论上认为，只要无正当理由收受他人财物或财产性利益，或者违反国家规定收受他人财物或财产性利益的，就应当构成受贿罪。[2]必要说在理论上认为，受贿罪的成立必须具备"利用职务上的便利"这一要件。该学说是刑法学界的通说。

最高人民检察院的相关数据显示：2021 年全年共"受理各级监委移送职务犯罪 20754 人，已起诉 16693 人，同比分别上升 5% 和 8.8%。与国家监委等共同推进受贿行贿一起查，起诉受贿犯罪 9083 人、行贿犯罪 2689 人，同比分别上升 21.5% 和 16.6%"[3]。可见，我国正在不断加大对职务犯罪的查处力度，同

---

〔1〕 曾粤兴、孙本雄：《论我国受贿罪的立法完善》，载《学术探索》2015 年第 9 期，第 33 页。

〔2〕 李希慧主编：《贪污贿赂罪研究》，知识产权出版社 2004 年版，第 225 页。

〔3〕《最高人民检察院工作报告——2022 年 3 月 8 日在第十三届全国人民代表大会第五次会议上》，载最高人民检察院网 2022 年 3 月 15 日，https：//www. 12309. gov. cn/llzw/gzbg/202203/t20220315_549266. shtml。

时对受贿罪的辩护需求也在增加。

（一）受贿罪的构成要件

受贿罪在本质上属于一种权钱交易的行为，在实践中容易与职务侵占罪、非国家工作人员受贿罪等混淆，因此需要明确其构成要件。

1. 本罪的主体

受贿罪的主体为国家工作人员，其范围是非常广泛的。根据《全国法院审理经济犯罪案件工作座谈会纪要》中关于国家机关工作人员的认定，"刑法中所称的国家机关工作人员，是指在国家机关中从事公务的人员，包括在各级国家权力机关、行政机关、司法机关和军事机关中从事公务的人员。根据有关立法解释的规定，在依照法律、法规规定行使国家行政管理职权的组织中从事公务的人员，或者在受国家机关委托代表国家行使职权的组织中从事公务的人员，或者虽未列入国家机关人员编制但在国家机关中从事公务的人员，视为国家机关工作人员。在乡（镇）以上中国共产党机关、人民政协机关中从事公务的人员，司法实践中也应当视为国家机关工作人员"。

2. 本罪的主观方面

本罪只能是故意，不存在过失受贿的情形。

3. 本罪的客体

本罪侵犯的客体是复杂客体，包括国家机关、国有公司、企事业单位、人民团体的正常管理秩序，以及国家工作人员职务行为的廉洁性。

4. 本罪的客观方面

本罪在客观方面表现为，行为人利用职务上的便利，向他人索取财物，或者收受他人财物，并为他人谋取利益的行为。利用职务之便既包括利用本人职务上主管、负责、承办某项公共事务的职权，也包括利用职务上的隶属、制约关系的其他工作人员的职权。本罪的具体行为表现包括但不限于"收受型受贿""索取型受贿""斡旋型受贿"等。

（二）受贿罪的现状分析

案发数量大是受贿罪的基本特征，国家对于受贿罪的刑事打击力度也在不断加大。2010 年至 2021 年，面对受贿罪的高发态势，司法机关也采取了"零容忍"的态度。

在中国裁判文书网以受贿罪为案由进行检索，共检索到 107857 篇文书。[1]从审判程序来看，涉及管辖 4081 件，刑事一审 41546 件，刑事二审 14769 件，刑事审判监督 4475 件，刑事复核 7 件，申请没收违法所得 11 件，刑罚与执行变更 28558 件，执行 13150 件，其他 1260 件。这些案件中，很多涉及金融监管机构的工作人员，也有很多涉及国有金融机构的工作人员。2010 年至 2021 年，涉及受贿罪裁判文书的制作年份与数量统计如表 5.1 所示。

表 5.1　2010—2021 年受贿罪裁判文书制作年份与数量统计

年　份	文书数量/件	年　份	文书数量/件
2010	269	2016	16610
2011	406	2017	20731
2012	997	2018	13907
2013	2586	2019	12603
2014	11623	2020	9598
2015	12864	2021	3638

二、关于"利用职务上的便利"的理解

就文义而言，"利用职务上的便利"指的是利用职务所形成的方便条件。但"利用职务上的便利"的司法认定有很多争议之处。认定"利用职务上的便利"首先要分析行为人是否有职务可以被利用。"职务"通常是指公职人员的职权和职责。如果国家工作人员基于自己法定的具体职权索贿受贿，其构成受贿罪应无异议。

在实践中，国家工作人员所实际享有的职权、承担的责任在相关规范性文件中并未进行详细的规定或并未进行规定，这导致具体案件中对认定国家工作人员是否"利用职务上的便利"存在异议。一部分人认为，是否"利用职务上的便利"应以行为人的法定职责为依据。"从事公务活动的人员拥有什么权力，负有什么义务，一般由法律、法规和规章加以规定，不具有随意性。"[2]另一部分人认为，由于我国的现实情况复杂，部分国家工作人员实际上掌握的权力要

---

[1]　中国裁判文书网（https：//wenshu.court.gov.cn），检索日期 2024 年 5 月 19 日。

[2]　肖扬主编：《贿赂犯罪研究》，法律出版社 1994 年版，第 182 页。

比法律法规赋予他们直接主管、经营的权力大得多。

根据《全国法院审理经济犯罪案件工作座谈会纪要》的规定，关于从事公务应理解为："代表国家机关、国有公司、企业、事业单位、人民团体等履行组织、领导、监督、管理等职责。公务主要表现为与职权相联系的公共事务以及监督、管理国有财产的职务活动。如国家机关工作人员依法履行职责，国有公司的董事、经理、监事、会计、出纳人员等管理、监督国有财产等活动，属于从事公务。那些不具备职权内容的劳务活动、技术服务工作，如售货员、售票员等所从事的工作，一般不认为是公务。"因此，在认定金融行业的工作人员是否构成受贿罪的时候，需要结合涉案工作人员具体负责的职务认定。

（一）典型案例

☞ 王某受贿、非国家工作人员受贿案[1]

【关键词】 利用职务之便　认罪认罚

｜基本案情｜ 王某 2003 年 6 月任中国工商银行股份有限公司（以下简称"工商银行"）南通分行个人业务处副处长；2006 年 11 月至 2009 年 11 月任工商银行如皋支行党委委员、副行长；2009 年 11 月任工商银行南通分行个人金融业务部副总经理，并兼任工商银行南通分行住房及信贷业务部总经理；2011 年 8 月任广发银行股份有限公司（以下简称"广发银行"）办公室主任；2013 年 3 月任广发银行启东支行筹建负责人；2014 年 4 月任广发银行南通分行通州拓展部负责人；2015 年 5 月至同年 8 月任广发银行南通通州支行行长；2015 年 10 月任广州银行股份有限公司（以下简称"广州银行"）南京分行市场拓展二部总经理；2018 年 1 月任广州银行南京分行市场拓展二部副总经理（主持工作）；2019 年 1 月至同年 8 月任广州银行南京分行公司业务二部副总经理（主持工作）。

被告人王某在担任工商银行南通分行个人业务处副处长、工商银行如皋支行党委委员兼副行长、广州银行南京分行市场拓展二部及公司业务二部副总经理期间，利用职务之便，在为相关企业办理贷款、抵押物保险过程中，为他人谋取利益，于 2006 年 6 月至 2019 年 3 月，先后 5 次收受吴某甲等人所送人民币

----

[1] 江苏省如皋市人民法院（2019）苏 0682 刑初 774 号。

78000 元和马自达牌轿车 1 辆 (价值人民币 102100 元), 款物合计人民币 180100 元。

被告人王某在担任广发银行启东支行筹建负责人、广发银行南通分行通州拓展部负责人、广发银行南通通州支行行长期间, 利用职务之便, 在为相关企业办理贷款、票据贴现过程中, 为他人谋取利益, 于 2014 年春节前至 2015 年 5 月, 先后收受吴某乙、薛某等人所送贿赂 7 次, 共计人民币 241000 元。

被告人王某在接受江苏省如皋市监察委员会调查时, 主动如实供述该委尚未掌握的受贿及非国家工作人员受贿事实。案发后, 其退出赃款人民币 421100 元。

| 裁判结果 | 2020 年 1 月 15 日, 江苏省如皋市人民法院作出裁判: 王某犯受贿罪, 判处有期徒刑 2 年, 并处罚金人民币 10 万元; 犯非国家工作人员受贿罪, 判处有期徒刑 1 年 4 个月。合并执行有期徒刑 2 年 9 个月, 并处罚金人民币 10 万元。退出的赃款人民币 421100 元 (暂存于江苏省如皋市监察委员会) 予以没收, 上缴国库。

| 裁判理由 | 法院生效裁判认为: 本案事实清楚, 定罪准确。被告人王某一人犯数罪, 应当实行数罪并罚。被告人王某主动供述了侦查机关尚未掌握的罪行, 系自首, 可以从轻或者减轻处罚。被告人王某自愿如实供述自己的罪行, 承认指控的犯罪事实, 愿意接受处罚, 可以依法从宽处理。辩护人认为被告人王某收受吴某乙、吴某甲财物, 不应作为犯罪处理。经查, 被告人王某在为客户贷款过程中, 利用自己的工作便利, 主动向贷款客户推荐吴某乙做银行承兑汇票的贴现业务、吴某甲做贷款的抵押物财产保险业务, 为吴某乙、吴某甲谋取利益, 收受吴某乙、吴某甲所送财物, 符合受贿罪、非国家工作人员受贿罪的特征, 应当作为犯罪数额处理。对辩护人的该点辩护意见, 法院不予采信。

(二) 律师评析

1. 被告人在不同时间所拥有的不同身份会导致定罪的差异

对于受贿罪而言, 被告人原先属于国家工作人员的范围, 后来职务有变动, 不再具有国家工作人员的身份, 那么, 对其相关行为的认定需要根据其身份进行区分。在本案中, 被告人王某分别被判处受贿罪和非国家工作人员受贿罪, 系因其分别在工商银行、广州银行和广发银行有不同的身份。被告人王某在工商银行及广州银行工作期间，职位均由银行党委进行任免，派驻至分行岗位履行相应职责。被告人王某在广发银行工作期间，双方签订了正式的劳动合同。从性质上来说，被告人王某在前者单位工作时，身份为国家工作人员，符合受贿罪的主体构成要件；在后者单位工作时，身份为普通的银行工作人员，不符合受贿罪的主体构成要件，因此以非国家工作人员受贿罪论处。

2. 虚假的借贷关系不能掩盖真实的行贿受贿目的

在本案中，被告人及其辩护人以与行贿方有民间借贷关系为由主张所谓行贿款系借款利息未被法院采纳，主要有两个理由：第一，根据证人证言，虽然行贿人与被告人确有经济往来，但双方在借款时并未约定利息，所谓的"还款"行为也并非偿还利息，而是为了获得银行承兑汇票。第二，行贿人的行贿时间与获得银行承兑汇票的时间，可以与证人证言相互印证，每一次还款行为都与获得银行承兑汇票的时间相对应，证明被告人确实存在收钱办事的犯罪行为，而不是单纯地接收还款这一民事法律行为。

对于行贿受贿这一犯罪行为，通常情况下有多种合法的外观作为掩饰，意图将犯罪事实掩盖为一般的民事行为。在司法实践中，除本案中通过综合所谓"借贷"或者"市场"行为发生的时间点和证人证言判断之外，还会考察该交易是否真实符合市场规律。一般的市场行为，例如买卖交易，可以考察交易对价是否合理、涉嫌行贿的一方是否刻意违约以支付高额违约金、合同签订双方权利义务是否对等等情形进行认定。

3. 受贿行为的表现多种多样

受贿罪存在许多看似合理的犯罪外观，最典型的莫过于将受贿行为解释为正常的人情馈赠。《最高人民法院 最高人民检察院关于办理商业贿赂刑事案件适用法律若干问题的意见》第十条规定："办理商业贿赂犯罪案件，要注意区分贿赂与馈赠的界限。主要应当结合以下因素全面分析、综合判断：（1）发生财物往来的背景，如双方是否存在亲友关系及历史上交往的情形和程度；（2）往来财物的价值；（3）财物往来的缘由、时机和方式，提供财物方对于接受方有无职务上的请托；（4）接受方是否利用职务上的便利为提供方谋取利益。"

部分行贿者会利用部分国家工作人员好赌的特点，与其进行赌博活动，通过故意赌输或者免除赌债的方式，变相进行行贿。根据《最高人民法院 最高人民检察院关于办理赌博刑事案件具体应用法律若干问题的解释》第七条之规定，国家工作人员利用职务上的便利为请托人谋取利益，通过赌博方式收受请托人财物的，构成受贿。其他的例如挂职领取"工资"的方式，以开办公司等合作"投资"或收取干股的方式，未实际出资而直接获取证券、期货等委托理财投资"收益"，或获得的"投资收益"明显高于出资应得收益的，均可以受贿论处。

（三）相关法条及司法解释

《中华人民共和国刑法》

第六十九条 判决宣告以前一人犯数罪的，除判处死刑和无期徒刑的以外，应当在总和刑期以下、数刑中最高刑期以上，酌情决定执行的刑期，但是管制最高不能超过三年，拘役最高不能超过一年，有期徒刑总和刑期不满三十五年的，最高不能超过二十年，总和刑期在三十五年以上的，最高不能超过二十五年。

数罪中有判处有期徒刑和拘役的，执行有期徒刑。数罪中有判处有期徒刑和管制，或者拘役和管制的，有期徒刑、拘役执行完毕后，管制仍须执行。

数罪中有判处附加刑的，附加刑仍须执行，其中附加刑种类相同的，合并执行，种类不同的，分别执行。

第一百六十三条 公司、企业或者其他单位的工作人员，利用职务上的便利，索取他人财物或者非法收受他人财物，为他人谋取利益，数额较大的，处三年以下有期徒刑或者拘役，并处罚金；数额巨大或者有其他严重情节的，处三年以上十年以下有期徒刑，并处罚金；数额特别巨大或者有其他特别严重情节的，处十年以上有期徒刑或者无期徒刑，并处罚金。

公司、企业或者其他单位的工作人员在经济往来中，利用职务上的便利，违反国家规定，收受各种名义的回扣、手续费，归个人所有的，依照前款的规定处罚。

国有公司、企业或者其他国有单位中从事公务的人员和国有公司、企业或者其他国有单位委派到非国有公司、企业以及其他单位从事公务的人员有前两款行为的，依照本法第三百八十五条、第三百八十六条的规定定罪处罚。

第一百八十四条 银行或者其他金融机构的工作人员在金融业务活动中索取他人财物或者非法收受他人财物，为他人谋取利益的，或者违反国家规定，收受各种名义的回扣、手续费，归个人所有的，依照本法第一百六十三条的规定定罪处罚。

国有金融机构工作人员和国有金融机构委派到非国有金融机构从事公务的

人员有前款行为的，依照本法第三百八十五条、第三百八十六条的规定定罪处罚。

第三百八十五条　国家工作人员利用职务上的便利，索取他人财物的，或者非法收受他人财物，为他人谋取利益的，是受贿罪。

国家工作人员在经济往来中，违反国家规定，收受各种名义的回扣、手续费，归个人所有的，以受贿论处。

三、国家工作人员的范围认定

我国《刑法》第九十三条对"国家工作人员"的范围作了立法上的规定。实际上，"如果承认犯罪所保护的法益会决定构成要件的解释方向与尺度，则包括受贿罪在内的特定个罪，其中的国家工作人员，无疑不应简单套用总则第九十三条的定义"[1]。毕竟，"刑法规范的主要目的在于法益保护，因此从个别犯罪规定所保护之法益出发，才能有效界定合乎规范目的的公务员概念"[2]。由于必须考虑所保护法益不同，对国家工作人员的范围需要作出不同的解释。

受贿罪属于典型的身份犯，行为人必须具备国家工作人员的主体要件。故而在适用受贿罪的相关法条时，会涉及对其中的"国家工作人员"如何解释的问题。"受贿罪中的国家工作人员，若要成立的话，不仅需要符合一般意义上的国家工作人员的成立条件，而且需要结合其保护法益与构成要件。""对'从事公务'的解读，不能采取概念性思维，而应在尊重概念逻辑的基础上，合理运用目的性思维。"[3]也就是说，符合受贿罪构成要件的国家工作人员在从事公务时，从事的是体现国家意志性的事务，而非一切不涉及国家意志的公共性社会事务。

我国《刑法》对很多职务犯罪都规定以具备国家工作人员的身份为必要，但不同类型的犯罪中，由于必须考虑其保护法益与构成要件的制约，对国家工作人员可能需要作出不同的解释。[4]从《刑法》第九十三条的立法表述来看，国家工作人员并不以是否具有编制或公务员身份为要件，而是根据其从

〔1〕　劳东燕：《论受贿罪中的国家工作人员》，载《东方法学》2020年第2期，第20页。
〔2〕　黄荣坚：《刑法上的公务员概念》，载《台大法学论丛》2009年总第38期。转引自劳东燕：《论受贿罪中的国家工作人员》，载《东方法学》2020年第2期，第20页。
〔3〕　劳东燕：《论受贿罪中的国家工作人员》，载《东方法学》2020年第2期，第23页。
〔4〕　劳东燕：《论受贿罪中的国家工作人员》，载《东方法学》2020年第2期，第21页。

事的业务或内容进行认定。由此可以推断出，立法采取的是以实质性的功能来定义何为国家工作人员；亦可推断出，凡是代表国家从事公务（无论是公权力行为还是私经济行为）的人员，均可以成为受贿罪规范意义上的国家工作人员。[1]

（一）典型案例

☞ 蒋某强受贿案[2]

【关键词】国有金融机构工作人员　非法收受他人财物　受贿罪

| 基本案情 | 蒋某强自 1995 年 9 月起，历任中国建设银行台州分行营业部主任、中山支行行长、台州分行副行长，中国建设银行股份有限公司台州分行副行长、行长等职。1997 年至 2008 年，蒋某强利用职务上的便利，为陈某、吴某桥、梁某群、汪某敏在承建中国建设银行台州分行营业部装修工程、贷款审批等方面谋取利益，非法收受上述人员所送人民币 453 万元。

2004 年 9 月以前，中国建设银行系国有独资商业银行，在中国建设银行任职的蒋某强属于国有金融机构工作人员；2004 年 9 月以后，中国建设银行改制成为股份有限公司，蒋某强担任中国建设银行股份有限公司台州分行副行长、行长职务，系由中国建设银行股份有限公司浙江省分行党委研究决定聘任。

蒋某强在因涉嫌受贿被司法机关审查期间，主动供述司法机关未掌握的同种罪行，可酌情予以从轻处罚，但依法不能认定为自首。蒋某强在看守所羁押期间检举同监舍关押的抢劫犯罪嫌疑人邹某某伙同他人盗窃的事实，虽经公安机关在二审期间查证属实，但其检举的线索来源于被检举人邹某某，邹某某将其本人的盗窃犯罪线索提供给蒋某强检举，导致对自己的处罚加重，明显不正常，故蒋某强该检举线索来源明显可疑，无法排除非法获取的可能，不予认定立功。蒋某强在看守所羁押期间揭发张某故意伤害他人致死的犯罪行为，经公安机关在二审期间查证属实，依法可认定构成一般立功。但是，根据公安机关查证的事实，该故意伤害案的四个主要犯罪嫌疑人在蒋某强检举前已被抓获羁押，且均已交代尚有一未归案的同案犯"鸡蛋壳"。蒋某强根据同监舍关押的犯

---

〔1〕 姜涛：《刑法中国家工作人员定义的个别化解释》，载《清华法学》2019 年第 1 期，第 91 页。
〔2〕 浙江省高级人民法院（2010）浙刑二终字第 37 号。

罪嫌疑人提供的线索检举，使公安机关查明了张某即为该"鸡蛋壳"，该犯罪嫌疑人在共同伤害中不属于可能被判处无期徒刑以上刑罚的重大犯罪嫌疑人，辩护人关于蒋某强构成重大立功的意见不能成立。

2010年1月14日，浙江省台州市中级人民法院（2009）浙台刑二初字第48号刑事判决书以受贿罪判处蒋某强有期徒刑15年，并处没收个人财产人民币30万元，判决对扣押在案的赃款人民币259万元予以没收，不足部分人民币194万元继续予以追缴。

宣判后，被告人蒋某强提起上诉。蒋某强辩护人认为：蒋某强既非国有金融机构工作人员，也不是国家机关或国有企业委派至非国有企业从事公务的人员，不属于受贿罪主体；其收受梁某群的200万元系佣金，从汪某敏处取得的199万元系借款，均不属受贿，要求改判。二审辩护人还提出：蒋某强主动交代司法机关未掌握的罪行，应认定自首；检举他人犯罪已查实，构成重大立功；积极退赔，建议从轻或减轻处罚。

｜裁判结果｜ 浙江省高级人民法院（2010）浙刑二终字第37号刑事判决书认为，蒋某强及其二审辩护人要求改判的上诉、辩护理由不足，不予采纳，判决：驳回上诉，维持原判。

｜裁判理由｜ 法院生效裁判认为，本案事实清楚，定罪准确。争议的焦点在于被告人蒋某强是否为国家工作人员、收受款项的性质以及是否构成重大立功。

1. 国家工作人员的认定

浙江省高级人民法院认为，蒋某强属于国家工作人员。具体理由如下：

2004年9月以前，中国建设银行系国有独资商业银行，在中国建设银行任职的蒋某强属于国有金融机构工作人员；2004年9月以后，中国建设银行改制成为股份有限公司，蒋某强担任中国建设银行股份有限公司台州分行副行长、行长职务，系由中国建设银行股份有限公司浙江省分行党委研究决定聘任，属于国有单位委派到非国有企业从事公务的人员，应以国家工作人员论。

2. 收受款项的性质

辩护人提出，被告人收受梁某群的200万元系佣金，从汪某敏处取得的199万元系借款，均不属受贿。浙江省高级人民法院对此不予认可，具体理由如下：

梁某群证言证实，其送给蒋某强200万元，一方面是因为蒋某强给其介绍土地开发项目赚了钱，另一方面是为了感谢蒋某强在贷款方面对其所在公司的支持以及今后继续得到蒋某强的支持。蒋某强在侦查阶段的供述与梁某群的证言相印证。据此，足以认定蒋某强利用职务便利收受梁某群的贿赂，并为梁某群所在公司在贷款方面谋取利益。

3. 是否构成重大立功

蒋某强在看守所羁押期间检举同监舍关押的抢劫犯罪嫌疑人邹某某伙同他人盗窃的事实，虽经公安机关在二审期间查证属实，但其检举的线索来源于被检举人邹某某，邹某某将其本人的盗窃犯罪线索提供给蒋某强检举，导致对自己的处罚加重，明显不正常，故蒋某强该检举线索来源明显可疑，无法排除非法获取的可能，不予认定立功。

被告人在看守所羁押期间揭发张某故意伤害他人致死的犯罪行为，经公安机关在二审期间查证属实，依法可认定构成一般立功。但是，根据公安机关查证的事实，该故意伤害案的四个主要犯罪嫌疑人在蒋某强检举前已被抓获羁押，且均已交代尚有一未归案的同案犯"鸡蛋壳"。被告人根据同监舍关押的犯罪嫌疑人提供的线索检举，使公安机关查明了张某即为该"鸡蛋壳"，该犯罪嫌疑人在共同伤害中不属于可能被判处无期徒刑以上刑罚的重大犯罪嫌疑人，辩护人关于被告人蒋某强构成重大立功的意见不能成立。

（二）律师评析

1. 在非国有企业工作的人员并不当然不属于国家工作人员

本案中，被告人自 1995 年起就在中国建设银行工作，经历了中国建设银行从国有独资商业银行到股份有限公司的转变，但这并不代表中国建设银行自 2004 年 9 月性质变更后，其内部工作人员均从国家工作人员变成一般银行工作人员。

在本案中，中国建设银行改制后，被告人担任的各项职务均由中国建设银行股份有限公司浙江省分行党委研究决定，并正式聘任，其属于国有单位委派到非国有企业从事公务的人员，应以国家工作人员论。

2. 以"佣金""回扣"等方式行贿不影响罪名的认定

本案被告人及其辩护人认为，行贿人梁某群支付的 200 万元人民币系介绍土地项目的中介费，不属于行贿。但即使抛开银行工作人员不得兼职的规定来看，根据梁某群的证人证言可以看出，土地项目的中介费只是送出这笔款项的一个目的，其根本目的是希望能利用被告人职务上的便利，在开发土地项目的过程中获得贷款审批。被告人收受该笔款项符合《刑法》规定的利用职务之便，非法收受他人财物，属于受贿行为。

3. 立功的前提是获取线索的途径不能是非法的

根据法律和司法解释的相关规定，犯罪分子到案后有检举、揭发他人犯罪行为，经查证属实，应当认定为有立功表现。据以立功的线索、材料来源有下列情形之一的，不能认定为立功：本人通过非法手段或者非法途径获取的；本人因原担任的查禁犯罪等职务获取的；他人违反监管规定向当事人提供的；负有查禁犯罪活动职责的国家机关工作人员或者其他国家工作人员利用职务便利提供的。

本案中，被告人的立功线索来自被检举人，与事实和常理不符。在被告人无法作出合理解释的时候，法院有合理理由怀疑被告人通过非法手段获取，因此不认定其构成立功是符合法律规定的。

（三）相关法条及司法解释

《中华人民共和国刑法》

第六十八条 犯罪分子有揭发他人犯罪行为，查证属实的，或者提供重要线索，从而得以侦破其他案件等立功表现的，可以从轻或者减轻处罚；有重大立功表现的，可以减轻或者免除处罚。

第三百八十五条 国家工作人员利用职务上的便利，索取他人财物的，或者非法收受他人财物，为他人谋取利益的，是受贿罪。

国家工作人员在经济往来中，违反国家规定，收受各种名义的回扣、手续费，归个人所有的，以受贿论处。

四、以交易等特定方式收受贿赂的认定

在司法实践中，很多人以买卖古董、瓷器、字画、茶叶等方式实施受贿行为，披上了看似合法的外衣。对于这类行为，相关的司法解释明确进行了规定。《最高人民法院 最高人民检察院关于办理受贿刑事案件适用法律若干问题的意见》中规定："国家工作人员利用职务上的便利为请托人谋取利益，以下列交易形式收受请托人财物的，以受贿论处：（1）以明显低于市场的价格向请托人购买房屋、汽车等物品的；（2）以明显高于市场的价格向请托人出售房屋、汽车

等物品的；（3）以其他交易形式非法收受请托人财物的。受贿数额按照交易时当地市场价格与实际支付价格的差额计算。前款所列市场价格包括商品经营者事先设定的不针对特定人的最低优惠价格。根据商品经营者事先设定的各种优惠交易条件，以优惠价格购买商品的，不属于受贿。"

根据上述规定，对于以交易形式受贿的，需要排除面向大众的商品优惠促销导致的明显低于市场价的交易行为。同时，实践中会出现大量的古董、瓷器、字画、茶叶等真假难辨、价值难明的物品。这类特殊物品的价值很容易因为对真假或者年份的误判而价格差异极大，因此需要综合交易的时间点、是否存在行贿受贿的故意、是否实际谋取非法利益等来辅助进行判断。

（一）典型案例

☞ 李某玲受贿案[1]

【关键词】国有事业单位工作人员　索贿

|基本案情| 2003 年至 2015 年，被告人李某玲单独或伙同其特定关系人乔某方（另案处理），利用其担任中国证券监督管理委员会（以下简称"证监会"）发行监管部审核二处主任科员，审核四处主任科员、助理调研员、副处长、处长，监管六处处长，负责公司首次公开发行股票、再融资申请的财务审核的职务便利，为有关公司取得证监会的融资核准批复提供帮助，共计收受或索取上市公司、保荐机构负责人给予的人民币 4205.07 万元、奔驰牌汽车 1 辆、浪琴牌手表 2 块、面值 5000 元的资和信商通卡 11 张。

2015 年 6 月 19 日，被告人李某玲被查获归案。案发后，除人民币外，其余赃物均已被查封、扣押在案。

具体犯罪事实如下：

1. 2004 年至 2009 年，被告人李某玲利用担任证监会发行监管部审核二处主任科员、审核四处助理调研员的职务便利，为浙江某公司首次公开发行股票和再融资提供帮助。2009 年 11 月，李某玲伙同乔某方共同收受时任该公司法定代表人过某给予的 800 万元。

2. 2007 年至 2014 年，被告人李某玲利用担任证监会发行监管部审核四处

----

[1] 北京市高级人民法院（2017）京刑终 244 号。

助理调研员、副处长、处长以及监管六处处长的职务便利，为某集团下属公司再融资提供帮助，收受时任某集团首席执行官李某1给予的奔驰牌汽车1辆，并向李某1索要540万元。

3. 2014年，被告人李某玲利用担任证监会发行监管部监管六处处长的职务便利，为某公司再融资提供帮助，收受某公司通过某资产公司业务总监郑某给予的浪琴牌手表2块。

4. 2015年，被告人李某玲利用担任证监会发行监管部监管六处处长的职务便利，明知上海某公司希望取得其对该公司再融资申请的支持，仍收受该公司副董事长庞某给予的面值5000元的资和信商通卡10张。

5. 2009年至2014年，被告人李某玲利用担任证监会发行监管部审核四处副处长、处长的职务便利，为某证券公司保荐的公司再融资提供帮助，后收受时任某证券公司投资银行总部收购兼并部董事总经理冯某给予的面值5000元的资和信商通卡1张。

6. 2007年至2014年，被告人李某玲利用担任证监会发行监管部审核四处助理调研员、副处长、处长的职务便利，为某集团的下属公司再融资提供帮助，其间伙同其特定关系人乔某方，采用以明显高于市场价向某集团出售国画、油画、瓷器等物品的方式，收受某集团给予的贿赂共计2865.07万元。

一审法院经审理认为，被告人李某玲身为国有事业单位的工作人员，利用职务上的便利，为他人谋取利益，单独或伙同其特定关系人，索取或非法收受他人财物，其行为已构成受贿罪，且受贿数额特别巨大，依法应予惩处。故判决如下：

一、被告人李某玲犯受贿罪，判处无期徒刑，剥夺政治权利终身，并处没收个人全部财产；

二、继续追缴被告人李某玲的违法所得人民币4205.07万元予以没收，上缴国库，其中3665.07万元并入该院（2016）京02刑初149号刑事判决书主文第二项执行，与乔某方承担连带责任；

三、扣押物品分别予以没收，上缴国库或退回北京市人民检察院第二分院。

李某玲不服一审判决提起上诉。

李某玲的上诉理由：1. 无证据证明其与乔某方有共同受贿的故意，证人过某、叶某的证言均不可信。2. 其与李某1系情人关系，双方之间的经济往来系民间借贷并非索贿，涉案奔驰车并非某集团所有，不应认定为贿赂。3. 涉案艺术品的鉴定意见不具有合法性，不能证明艺术品售价明显高于市场价格。4. 其对于庞某给予的 5 万元购物卡和郑某给予的 2 块手表均没有受贿故意，冯某给予的 5000 元购物卡系人情往来。

李某玲的辩护人提出以下辩护意见：1. 证人过某关于行贿的证言系孤证，李某玲并未利用职务之便为浙江某公司谋利，也未占有涉案的 800 万元，不能证明李某玲伙同乔某方共同受贿；即便认定事后收受财物，该行为发生时依据当时的司法解释也不应认定为事后受贿。2. 李某玲与李某 1 系情人关系，涉案车辆不能排除为李某 1 个人财产，李某玲代李某 1 保管车辆合情合理，且二人之间的 540 万元属正当民事借款，李某玲亦未利用职务之便为某集团谋利，不能认定李某玲索贿。3. 证人叶某的证言系孤证不可信，乔某方与某集团之间系合法的艺术品交易，李某玲与乔某方不存在受贿的共谋，也未占有涉案交易款，更未利用职务之便为某集团谋利，涉案艺术品的鉴定意见不能作为定案依据，且 2014 年 6 月 25 日转款的 1000 万元发生于乔某方与李某玲离婚后，不应算作受贿数额。4. 郑某关于李某玲收受浪琴表的证据系孤证，李某玲未利用职权为某公司谋利，不能认定李某玲受贿。5. 2015 年 6 月 16 日李某玲收到庞某递交的物品时不知道物品的内容，后于 6 月 19 日飞往珠海过端午节前才发现商通卡，本案案发导致无法及时退还或上交，李某玲既没有受贿故意，也没有为上海某公司谋利的行为。6. 冯某邮寄给李某玲的商通卡属老友之间的节日问候，也未向李某玲提出请托事项，李某玲未利用职权为某证券公司谋利。

李某玲的辩护人在开庭时宣读、出示了证人刘某、李某 2、薛某、杨某、王某、钱某、李某 3、胡某的证言，酒店入住记录，课程销售协议，活动报名表，艺术品拍卖网页等，以支持辩方的无罪意见。另，李某玲及其辩护人在开庭时申请对涉案艺术品的价格进行重新鉴定，或者申请原鉴定人出庭。

| 二审裁判结果 | 驳回李某玲的上诉，维持原判。

| 裁判理由 | 二审法院认为：上诉人李某玲身为国有事业单位中从事公务的人员，利用职务上的便利，单独或伙同其特定关系人，索取或者非法收受他人财物，为他人谋取利益，其行为已构成受贿罪，依法应予惩处。李某玲所犯受贿罪，数额特别巨大，且具有部分索贿情节，无悔罪、退赃表现，应依法从重处罚，具体理由如下：

关于李某玲及其辩护人针对其收受浙江某公司过某贿赂款的辩解及辩护意见，经查：李某玲作为证监会负责上市公司融资申请的财务审核员，负责对浙江某公司融资申请进行财务审核。李某玲对浙江某公司融资财务审核的通过，是该公司顺利取得证监会融资核准批复的重要环节。据此，可以认定李某玲利用职务便利为浙江某公司谋取了利益，李某玲是否正常履职不影响该要件的认定。证人过某明确指证涉案800万元是浙江某公司给李某玲的贿赂款，其安排林某负责汇款，李某玲通过他人收取了该笔钱款。尽管李某玲与乔某方均不供认犯罪事实，但在案直接证据和间接证据相互印证，足以得出李某玲伙同乔某方共同收受浙江某公司800万元贿赂款的唯一结论。故上述辩解及辩护意见均不能成立，法院不予支持。

关于李某玲及其辩护人针对其收受某集团首席执行官李某1贿赂款及汽车的辩解及辩护意见，经查：在案书证证实，李某玲曾负责某集团下属某科技集团再融资申请的财务审核，李某玲在财务审核环节的通过，对某科技集团顺利取得证监会融资核准批复具有重要作用，故可以认定李某玲利用职务便利为某集团谋取了利益。证人李某1证明涉案车辆是某集团下属公司出资购买，并对公司将所购车辆登记在员工家属名下作出说明，侦查机关虽未调取相关财务凭证，但李某1所证该节有证人宋某、李某4的证言与之印证，况且车辆是否为李某1个人财产不影响行受贿犯罪的认定。现李某1明确指证李某玲收受某集团给予的奔驰牌汽车；乔某方证实其与李某玲结婚前，李某玲就占有涉案车辆，李某玲向其说过该车系借用而非朋友暂存，结合在案其他证据，足以认定2007年至2015年案发时，涉案车辆由李某玲长期实际控制。李某玲长期控制、支配涉案车辆，足以证明其具有收受该车的主观故意和客观行为。李某玲明知其职权能够制约李某1任职的某集团下属公司再融资，向李某1借款后拒不归还，应认定为以借为名索贿。故上述辩解及辩护意见均不能成立，法院不予支持。

关于李某玲及其辩护人针对其收受某公司手表的辩解及辩护意见，经查：在案书证证实，2014年某公司向证监会申请再融资，李某玲任处长的证监会发行监管部监管六处负责某公司本次融资的财务审核。证人郑某、范某、夏某1的证言证实，某公司本次再融资过程中，郑某等人先后两次与李某玲进行过面对面沟通，李某玲对某公司业绩区分方案的认可，对某公司本次融资顺利通过起到重要作用。综上，在案证据足以认定李某玲利用职务之便为某公司谋取了利益。在案直接证据和间接证据相互印证，足以认定李某玲收受手表的事实。故上述辩解及辩护意见均不能成立，法院不予支持。

关于李某玲及其辩护人针对其收受上海某公司庞某资和信商通卡的辩解及辩护意见，经查：庞某、夏某的证言均证实，庞某参与了夏某与李某玲的饭局，庞某在饭后将装有涉案资和信商通卡的纸袋交给了李某玲。庞某通过夏某约见李某玲的目的就是取得李某玲对上海某公司再融资的支持，庞某在饭局上向李某玲提出支持上海某公司再融资的请托。李某玲明知庞某希望取得其对上海某公司再融资的支持，仍收受庞某给予的财物，根据司法解释的规定，李某玲的行为具备为他人谋取利益的要件。结合李某玲的供述，其并无将资和信商通卡退还行贿人或向办案机关如实交代的意思，进一步体现出其受贿的犯罪故意。故上述辩解及辩护意见均不能成立，法院不予支持。

关于李某玲及其辩护人针对其收受某证券公司冯某资和信商通卡的辩解及辩护意见，经查：在案书证显示，2009 年至 2012 年，李某玲先后负责福建某公司、厦门某公司再融资的财务审核并给予通过，某证券公司为以上两个再融资项目的保荐机构，冯某为项目负责人。据此，可以认定李某玲为某证券公司谋取了利益。证人冯某证明，2014 年中秋节前，其通过快递形式送给李某玲一张面值 5000 元的资和信商通卡，其将资和信商通卡放在某证券公司专用信封内，并附纸条载明其某证券公司工作人员的身份。冯某与李某玲虽原系同事，但二人之间的该笔经济往来与李某玲的职权密切相关，不属于正常人情往来，应认定为行受贿。故上述辩解及辩护意见均不能成立，法院不予支持。

关于李某玲及其辩护人针对其收受某集团叶某贿赂款的辩解及辩护意见，法院综合分析评判如下：首先，在案书证显示，2007 年至 2014 年，某集团下属公司先后四次向证监会申请再融资，李某玲作为审核员具体负责其中一次再融资的财务审核，另外三次作为财务审核处室的处长在有关审核文件上进行签批，某集团下属公司再融资申请均通过财务审核，最终取得证监会再融资核准批复。据此，应认定李某玲为某集团谋取了利益。其次，李某玲身为证监会负责某集团下属公司再融资财务审核的工作人员，在其与乔某方居住地、乔某方经营画廊私下接触上市公司再融资负责人叶某，之后发生乔某方成批量向某集团出售国画、油画等物品的事实。证人叶某明确指证李某玲、乔某方共同向其推销涉案物品并催要钱款。证人应某也证实李某玲、乔某方给其打电话要求叶某回电话，催促叶某付款。在案书证显示，李某玲和乔某方等人前往杭州接受了某集团的招待。侦查人员从李某玲的手机中恢复提取到已被删除的应某的手机号，又从乔某方手机中恢复提取到某集团通过乔某方向李某玲提出请托的短信记录。据此，本案直接证据和间接证据相互印证，足以认定乔某方和某集团的交易与李某玲负责某集团下属公司再融资申请财务审核的职务便利密切相关。再次，乔某方、李某玲向某集团推销的油画、国画等物品，由乔某方安排高某、金某等人负责运送，叶某安排应某等人负责接收。在大量物品交付中，乔某方既不向某集团提供详细规范的清单，也无须某集团出具收货凭证，双方之间没有书面合同，不要求进行作品真伪鉴定，亦不进行有签名的交付确认。因此，乔某方伙同李某玲在违背对方真实意愿的情况下，利用李某玲在证监会的职权，强行推销大批量的艺术品后不断追索货款的行为应认定为索贿，不适用《最高人民法院 最高人民检察院关于办理受贿刑事案件适用法律若干问题的意见》第一条第一款之规定，无须按照交易时当地市场价格与实际支付价格的差额计算受贿数额。最后，某集团于2014年6月支付最后一笔1000万元的货款时，虽然乔某方与李某玲已办理离婚手续，但二人之间的特定关系仍存在。某集团该笔款项的支出，是基于存在特定关系的李某玲、乔某方二人共同推销物品的行为，故不影响该笔钱款性质的认定。除2011年1月某集团第一次汇款的190万元，无充分证据认定为索贿外，之后自2011年6月至2014年6月某集团汇款给二人指定账户的3244万元，均应认定为索贿金额。相关辩解及辩护意见均不能成立，法院不予支持。

（二）律师评析

1. 对于通过特定关系人受贿的认定

《最高人民法院 最高人民检察院关于办理受贿刑事案件适用法律若干问题的意见》第七条"关于由特定关系人收受贿赂问题"规定："国家工作人员利用职务上的便利为请托人谋取利益，授意请托人以本意见所列形式，将有关财物给予特定关系人的，以受贿论处。特定关系人与国家工作人员通谋，共同实施前款行为的，对特定关系人以受贿罪的共犯论处。特定关系人以外的其他人与国家工作人员通谋，由国家工作人员利用职务上的便利为请托人谋取利益，收受请托人财物后双方共同占有的，以受贿罪的共犯论处。"第十一条规定："本意见所称'特定关系人'，是指与国家工作人员有近亲属、情妇（夫）以及其他共同利益关系的人。"由该规定可以看出，认定是否属于特定关系人，不能仅仅机械地从亲属关系和情妇（夫）关系进行认定，主要考察的还是是否存在共同利益关系。

在本案中，虽然特定关系人乔某方与被告人李某玲已经办理离婚手续，且2008年就已经分居，在2014年6月收到行贿款时，双方既不具备亲属关系，也不是情妇（夫）关系，但法院综合被告人与特定关系人离婚的事件，被告人被举报巨额财产来源不明被组织约谈的时间，认定二人虽然分居，但是领取离婚证的原因系证监会约谈而引起的反侦查行为。而且被告人系在与特定关系人度假时被抓获，因此可以认定乔某方系被告人的特定关系人。

2. 合法的行为外观需要匹配合理的市场交易行为和交易动机

本案中，被告人李某玲辩称其收受的李某1的汽车并不属于收受财物，而是代情人李某1保管，且该汽车并非李某1所在的某集团下属公司财产，而是该集团公司员工亲属的财产，不能认定系李某1进行贿赂。李某1给予被告人的540万元系借款而非行贿款。

被告人实际控制汽车的时间是从2007年直至2015年案发，不符合一般托管汽车的特征，且李某1即使想栽赃陷害，也不会提前这么久将车辆作为陷害的工具一直放在被告人处。因此，被告人的辩解无法获得认可。

二人的借贷关系并不具备合法借贷关系应当具备的"按期付息，到期还本"本质特征，且双方应当以借款合同或其他形式确认双方之间的借款关系。本案中，被告人一直拒绝承认存在借款关系，且利用自己负责再融资审核的职权，一直有能力还款而拒不还款，所以虽然有合法的行为外观，但实质上仍然是利用借款的名义进行索贿的违法行为。

3. 关于古董、字画等文物、艺术品价格认定的问题直接影响该部分行贿是否成立

受限于收藏爱好者鉴定水平等多种原因，古玩市场的交易一直存在巨大的价格波动。因此，想要认定通过艺术品买卖行贿受贿一直存在较大的难度。因此，对于是否属于行贿或者索贿的考察，应当结合鉴定机构意见以及双方交易是否符合市场要求进行认定。本案中，被告人主动向某集团推销油画等艺术品，但是某集团收购字画既不要求进行真伪鉴定，亦不签订买卖合同，甚至在货物的交付过程中不清点、不核实、不签字，显然证明某集团并没有买卖古董字画的意愿。

同时，侦查机关已经委托了北京市价格认证中心对李某玲、乔某方出售及附带赠送给某集团的物品进行价格认定，另查证了部分物品的来源及乔某方的购入价。两相对比，存在鉴定价格高于、等于或低于乔某方购入价的不同情形。按照有利于被告人的原则，法院对于购入价的金额认定择高进行，据此确认李某玲、乔某方向某集团出售及附带赠送物品的价格共计568.93万元是合理的，也符合存疑有利于被告人的刑事审判原则。

（三）相关法条及司法解释

《中华人民共和国刑法》

第二十五条 共同犯罪是指二人以上共同故意犯罪。

二人以上共同过失犯罪，不以共同犯罪论处；应当负刑事责任的，按照他们所犯的罪分别处罚。

第三百八十三条 对犯贪污罪的，根据情节轻重，分别依照下列规定处罚：

（一）贪污数额较大或者有其他较重情节的，处三年以下有期徒刑或者拘役，并处罚金。

（二）贪污数额巨大或者有其他严重情节的，处三年以上十年以下有期徒刑，并处罚金或者没收财产。

（三）贪污数额特别巨大或者有其他特别严重情节的，处十年以上有期徒刑或者无期徒刑，并处罚金或者没收财产；数额特别巨大，并使国家和人民利益遭受特别重大损失的，处无期徒刑或者死刑，并处没收财产。

对多次贪污未经处理的，按照累计贪污数额处罚。

犯第一款罪，在提起公诉前如实供述自己罪行、真诚悔罪、积极退赃，避免、减少损害结果的发生，有第一项规定情形的，可以从轻、减轻或者免除处罚；有第二项、第三项规定情形的，可以从轻处罚。

犯第一款罪，有第三项规定情形被判处死刑缓期执行的，人民法院根据犯罪情节等情况可以同时决定在其死刑缓期执行二年期满依法减为无期徒刑后，终身监禁，不得减刑、假释。

第三百八十五条 国家工作人员利用职务上的便利，索取他人财物的，或者非法收受他人财物，为他人谋取利益的，是受贿罪。

国家工作人员在经济往来中，违反国家规定，收受各种名义的回扣、手续费，归个人所有的，以受贿论处。

第三百八十六条 对犯受贿罪的，根据受贿所得数额及情节，依照本法第三百八十三条的规定处罚。索贿的从重处罚。

《中华人民共和国刑事诉讼法》

第二百三十六条 第二审人民法院对不服第一审判决的上诉、抗诉案件，经过审理后，应当按照下列情形分别处理：

（一）原判决认定事实和适用法律正确、量刑适当的，应当裁定驳回上诉或者抗诉，维持原判；

（二）原判决认定事实没有错误，但适用法律有错误，或者量刑不当的，应当改判；

（三）原判决事实不清楚或者证据不足的，可以在查清事实后改判；也可以裁定撤销原判，发回原审人民法院重新审判。

原审人民法院对于依照前款第三项规定发回重新审判的案件作出判决后，被告人提出上诉或者人民检察院提出抗诉的，第二审人民法院应当依法作出判决或者裁定，不得再发回原审人民法院重新审判。

第六章　职务侵占罪

一、职务侵占罪概述

职务侵占罪是一种财产型犯罪，其侵害的法益是财产。《刑法》第二百七十一条第一款规定："公司、企业或者其他单位的工作人员，利用职务上的便利，将本单位财物非法占为己有，数额较大的，处三年以下有期徒刑或者拘役，并处罚金；数额巨大的，处三年以上十年以下有期徒刑，并处罚金；数额特别巨大的，处十年以上有期徒刑或者无期徒刑，并处罚金。"该罪主要体现为，行为人利用自身具有的职务便利，侵占本该属于公司、企业或者其他单位占有的数额较大的财物。从刑法理论与司法实践来看，关于"利用职务上的便利"之内涵始终存在着争议。在区别认定职务侵占罪的罪与非罪、此罪与彼罪时，对行为人获取财物的行为是否属于"利用职务上的便利"，以及行为人通过表见代理方式侵占财物的行为性质的认定，往往最容易产生争议。在司法实践中，尤其是对于疑难案件仍存在诸多同案不同判现象，这就提醒人们对"利用职务上的便利"的界定亟待进一步精确化。

有学者提倡将职务侵占罪中"利用职务上的便利"界定为"利用基于业务而占有单位财产的便利"[1]。也有学者主张主管、管理、经手财物便利说，其认为"利用职务上的便利"是指"利用本人的职权范围内或者因执行职务而产生的主管、经手、管理本单位财物的便利条件"[2]。在有争议的情况下，如何在扎实的理论基础上妥当并且精确地界定职务侵占罪中的"利用职务上的便利"，就成为本罪的核心问题。

---

[1]　陈洪兵：《财产犯罪之间的界限与竞合研究》，中国政法大学出版社 2014 年版，第 247 页。
[2]　高铭暄、马克昌主编：《刑法学》（第 5 版），北京大学出版社 2011 年版，第 516 页。

（一）职务侵占罪的立法沿革

相较于其他经济类的罪名，职务侵占罪在我国入刑时间较晚。我国在 1997 年修订的《刑法》中才将贪污罪中的职务侵占独立出来。1952 年颁布的《惩治贪污条例》一直将职务侵占罪归类于贪污罪进行处罚，直至 1997 年《刑法》颁布后，其才在第二百七十一条中正式将职务侵占罪从贪污罪中独立出来。从一定意义上说，确立职务侵占罪，不仅是对我国立法体系的完善，也是对非单行法不足的一次弥补。[1]

2021 年 3 月 1 日正式施行的《刑法修正案（十一）》共计 48 条，修改、补充《刑法》47 个条文，有 20 条是对原《刑法》条文中个罪法定刑的修改，其中就包括了职务侵占罪。《刑法修正案（十一）》以罚金刑分别取代了非国家工作人员受贿罪与职务侵占罪第二档加重刑中规定的没收财产刑，同时在每一档量刑幅度中都增加了"并处罚金"的适用规定。这种调整模式通过设置罚金刑避免了没有"没收财产"即"无财产刑处罚"的极端情况，司法实践中能够以不同数额的罚金刑配合主刑自由刑。

2022 年 5 月 15 日，《最高人民检察院 公安部关于公安机关管辖的刑事案件立案追诉标准的规定（二)》开始实施。该规定实施后，职务侵占罪的追诉标准由 6 万元改为 3 万元。关于数额标准，《最高人民法院 最高人民检察院关于办理贪污贿赂刑事案件适用法律若干问题的解释》第十一条第一款规定："刑法第一百六十三条规定的非国家工作人员受贿罪、第二百七十一条规定的职务侵占罪中的'数额较大''数额巨大'的数额起点，按照本解释关于受贿罪、贪污罪相对应的数额标准规定的二倍、五倍执行。"也就是说，"数额较大"为 6 万元（3 万元×2)，"数额巨大"为 100 万元（20 万元×5)。司法实践中，出现犯罪数额显著超过"数额巨大"标准的案件不在少数，但对此在现有法律法规中未有明确规定。对于"数额特别巨大"金额的起点，目前还没有明确规定。因此，司法实践中对该种情况的处理则或许可以成为未来构建"数额特别巨大"量刑标准的重要参考。

（二）职务侵占罪的构成要件

1. 本罪的主体

职务侵占罪是身份犯，其犯罪主体是公司、企业或其他单位的人员。但这

---

[1] 毕志强、肖介清：《职务侵占罪研究》，人民法院出版社 2001 年版，第 3 页。

些人员的具体范围和标准是什么，尚缺乏明确规定。公司、企业的非正式职工，一人公司的股东，临时业务员或实习生，不具备公司、企业人员身份但实际承担公司、企业管理职责的人员及实际控制人等能否成为职务侵占罪的主体？在刑法学界及司法实务中，这些争论一直存在，未达成共识。

在任何一个罪名中，犯罪主体资格都是首要考虑的因素。而职务侵占罪的主体是特殊主体，在司法实践中存在很大争议，某一主体是否具有职务侵占罪的主体资格是认定职务侵占罪的前提。

2. 本罪的主观方面

虽然我国《刑法》第二百七十一条第一款没有对该罪的主观方面进行描述，但职务侵占罪是有主观方面要求的。职务侵占罪是典型的目的犯，需要以非法占有为目的。司法实践中，行为人是否具有非法占有目的也成为区分该罪名罪与非罪、此罪与彼罪的关键。

3. 本罪的客体

关于本罪的客体，理论界争议较大，根据学者的总结大致有两类：第一类是复杂客体，如公私财产所有权和单位日常财务制度、财产所有权和社会主义市场经济秩序、出资者的财产所有权和法人财产权。第二类是简单客体，如公私财物所有权。也有学者认为，界定职务侵占罪的客体应关注该行为所针对的直接作用对象，即公司、企业或其他单位的财物。这些财物既可以是动产，也可以是不动产；可以是无形的，也可以是有形的。根据《刑法》第九十二条和相关司法解释的规定，债权在一定情况下也可以成为职务侵占罪的对象，如股票、债券等。将本单位的这些财物非法占为己有，无疑侵犯了单位的财物所有权。因此，本罪的客体界定为公司、企业或其他单位的财物所有权更为合理。

4. 本罪的客观方面

本罪在客观方面表现为，行为人利用职务上的便利非法侵占本单位财物，数额较大的行为。但如何对该罪中的"利用职务上的便利"作出合理精准的界定，仍是理论界与实务界的难题。我国通说参照对贪污罪中"利用职务上的便利"的理解，将其界定为"主管、经手、管理单位财物的便利条件"[1]。但是，该界定过于模糊，仍然难以指导司法实践，司法实践中甚至出现诸多同案不同判的现象。

---

〔1〕 张明楷：《刑法学》（第4版），法律出版社2011年版，第908页；周光权：《刑法各论》（第2版），中国人民大学出版社2011年版，第120页。

（三）职务侵占罪的现状分析

自 2016 年《最高人民法院 最高人民检察院关于办理贪污贿赂刑事案件适用法律若干问题的解释》颁布以来，国家对于贪污贿赂、妨害企业与公司管理、侵犯财产类犯罪等问题关注度日益增加。我国银行金融、民间借贷及企业治理等领域均呈现业态新型化、复杂化的趋势，与此同时，相应领域的犯罪数量也在显著增长。职务侵占罪在民营企业中比较高发，也是占比最高的犯罪。因此，综合经济社会发展、类罪平衡等因素，2022 年 5 月最高人民检察院、公安部颁布实施的《立案追诉标准（二）》对包含职务侵占罪等 75 种案件的立案追诉标准作了修改完善。

在中国裁判文书网以职务侵占罪为案由进行检索，共检索到 62854 篇文书。[1] 从审判程序来看，涉及管辖 187 件，刑事一审 32254 件，刑事二审 6625 件，刑事审判监督 1647 件，申请没收违法所得 1 件，刑罚与执行变更 13752 件，国家赔偿与司法救助 1 件，执行 8264 件，其他 123 件。这些案件之中，很多都涉及金融机构的工作人员。2010 年至 2021 年，涉及职务侵占罪裁判文书的制作年份与数量统计如表 6.1 所示。

表 6.1　2010—2021 年职务侵占罪裁判文书制作年份与数量统计

年　份	文书数量/件	年　份	文书数量/件
2010	186	2016	9030
2011	306	2017	6771
2012	750	2018	7045
2013	1515	2019	8218
2014	8174	2020	6945
2015	8962	2021	3091

二、是否具有非法占有目的是区分职务侵占罪与挪用资金罪的关键

在一些罪名当中，对行为人主观方面的认定是非常重要的，有时关系到罪

---

[1]　中国裁判文书网（https：//wenshu. court. gov. cn），检索日期 2024 年 5 月 19 日。

名的成立与否。是否具有非法占有目的是区分职务侵占罪与挪用资金罪的关键，在许多案件中需要结合具体的案情予以判断。

（一）典型案例

☞ 王某某挪用资金、职务侵占案[1]

【关键词】职务侵占　挪用资金　业务系统漏洞　抗诉改判

｜基本案情｜ 公诉机关：贵州省思南县人民检察院。

被告人：王某某，男，1994年1月6日出生于贵州省思南县，苗族，大学本科文化，住思南县。因涉嫌犯职务侵占罪，2020年6月26日被思南县公安局抓获，次日被刑事拘留，同年7月31日被依法执行逮捕。

贵州省思南县人民法院审理贵州省思南县人民检察院指控原审被告人王某某犯挪用资金罪、职务侵占罪一案，于2020年11月26日作出（2020）黔0624刑初146号刑事判决。思南县人民检察院提出抗诉，铜仁市人民检察院支持抗诉。

一审法院查明：2020年4月至6月，被告人王某某利用担任贵州思南农村商业银行股份有限公司（以下简称"思南农商行"）文家店支行主办会计的职务之便，以其工号140781在文家店支行GRBC系统上，采用空存实转的方式挪用单位资金，将挪用的资金转入网络赌博平台"玩起W7娱乐"用于网络赌博。其中，2020年4月15日至4月19日，王某某挪用资金共计59.3496万元；2020年6月23日至6月25日，王某某挪用资金共计1223.84055万元。

2020年6月25日晚，王某某将挪用单位1200余万元用于网络赌博一事告知父亲王某、母亲冯某、妻子聂某兰。次日，王某告知思南农商行文家店支行，该行行长张某等人向公安机关报案，当日23时许，王某某被抓获。案发后，王某某的家人赔偿思南农商行39.08万元，吴某敏退还王某某空存实取资金19万元给思南农商行，共计挽回经济损失58.08万元。

一审法院认为，被告人王某某利用担任思南农商行文家店支行主办会计的职务之便，将本单位资金挪用进行非法活动，其行为构成挪用资金罪。王某某明知他人报案在家中等候，没有抗拒抓捕，到案后如实供述犯罪事实，视为自

----

[1] 贵州省铜仁市中级人民法院（2021）黔06刑终9号。

首，可以从轻或者减轻处罚。王某某到案后及在法庭审理过程中均能如实供述犯罪事实，自愿认罪认罚，符合《中华人民共和国刑事诉讼法》第十五条规定，可以依法从宽处理。依照《中华人民共和国刑法》第二百七十二条第一款、第六十七条第一款、第六十四条，《最高人民法院 最高人民检察院关于办理贪污贿赂刑事案件适用法律若干问题的解释》第十一条第二款、第五条和《中华人民共和国刑事诉讼法》第十五条、第二百条第一项，判决：1. 被告人王某某犯挪用资金罪，判处有期徒刑 7 年。2. 被告人王某某犯罪所得财物未退（追）缴的 1165.76055 万元继续予以追缴，退赔被害人贵州思南农村商业银行股份有限公司。

宣判后，思南县人民检察院以原审被告人王某某套取思南农商行 1223.84055 万元资金构成职务侵占，且王某某不具有自首情节为由提出抗诉。铜仁市人民检察院支持抗诉，具体理由是：1. 王某某利用职务便利，伪造账务窃取单位财产；2. 王某某套取数额太大，不具有客观还款能力；3. 王某某具有销毁、隐匿银行凭证的行为；4. 王某某系公安机关通过技术侦查手段锁定藏身地点后被抓获，不具有自首情节。

二审中，出庭检察员坚持抗诉理由和支持抗诉意见，并出具了证人张某、谭某亮证言以及思南县公安局出具的抓捕情况说明，用以证实王某某没有将归案当晚所处位置告知单位相关人员，系被公安机关通过技术侦查手段抓获，不具有自首情节。

原审被告人王某某答辩称：1. 自己挪用单位资金的行为是可以通过系统比对查实的，将存款产生的客户联毁掉以及将银行联带走，是为掩盖挪用单位资金的犯罪行为，不是为了侵占单位财产。2. 挪用单位资金赌博是想赢钱后补齐挪用的款项。3. 回到贵阳家中是为了筹款弥补单位损失，不是逃跑。4. 知道他人报案后未逃跑，并准备第二天回思南县自首，符合自首的规定。5. 请求将公安机关冻结赌博平台的 600 万元认定为追回赃款返还思南农商行。

经审理查明：一审法院认定王某某利用思南农商行文家店支行主办会计的职务之便，采用空存实转的方式于 2020 年 4 月套取单位资金共计 59.3496 万元，于 2020 年 6 月套取单位资金共计 1223.84055 万元，将套取的资金用于网络赌博的事实，以及 2020 年 6 月 26 日 23 时许，王某某在贵阳家中被公安机关抓获的事实清楚。证实上述事实的证据经一审、二审庭审举证、质证，查证属实，应予确认。

针对抗诉理由、支持抗诉意见、出庭检察员意见，以及原审被告人及其辩护人的答辩意见，结合本案案情、证据，二审法院综合评析如下：

1. 关于王某某 2020 年 6 月套取单位资金共计 1223.84055 万元用于网络赌博的定性问题，经查：王某某以用于网络赌博为目的，在 2020 年 6 月 23 日至 25 日短短的三日内即空存 135 笔款项共套取 1223.84055 万元用于网络赌博，其中 6 月 23 日套取 39.29 万元，6 月 24 日套取 360 余万元，6 月 25 日套取 800 余万元，且事后具有销毁、隐匿银行凭证的行为。虽然其供述是想通过网络赌博赢钱后再偿还所套取的资金，但参与网络赌博本就属于违法行为，王某某在极短时间内即套取远超其偿还能力的 1223.84055 万元用于网络赌博，放任该款处于极大风险中，且该款输掉后王某某已无还款可能性，足以证明王某某套取 1223.84055 万元的主观故意是非法占有。综上，对原审被告人及其辩护人所提王某某不具有非法占有单位资金目的的辩护意见不予采纳，对抗诉机关所提王某某套取的资金远超过其还款能力，并销毁、隐匿银行凭证，具有非法占有单位资金的主观故意的抗诉意见予以支持。

2. 公安机关现未查实所冻结款项的性质，也未对冻结相关款项作出处理决定，王某某配合侦查机关冻结赌博平台相关账户 600 万余元的行为，不符合《中华人民共和国刑法》第六十八条"犯罪分子有揭发他人犯罪行为，查证属实的，或者提供重要线索，从而得以侦破其他案件等立功表现的，可以从轻或者减轻处罚；有重大立功表现的，可以减轻或者免除处罚"的规定，不具有立功表现。故该辩护意见不能成立，不予采纳。同时，该冻结款项与思南农商行无关，对王某某要求将该冻结款项作为赃款予以返还的请求，不予支持。

3. 王某某虽然知道他人已报警，但与单位领导通话时并未告知其藏身的具体位置，且现无证据证实其家人将王某某藏身之所告知了侦查机关或受害单位，王某某系公安机关通过技术侦查手段抓获，其不是主动投案。另外，王某某被抓获时并未准备去投案，其被抓获过程不符合《最高人民法院关于处理自首和立功具体应用法律若干问题的解释》第一条"……经查实确已准备去投案，或者正在投案途中，被公安机关捕获的，应当视为自动投案"的规定，不具有自首情节。故抗诉机关关于王某某不具有自首情节的抗诉理由成立，应予采纳；对出庭检察员当庭出示的证据予以采信；对王某某及其辩护人所提王某某具有自首情节的辩护意见不予采纳。

│二审裁判结果│ 原判认定事实清楚，证据确实、充分，审判程序合法，但对部分事实定性错误，导致量刑不当，应依法予以改判。依照《中华人民共和国刑法》第二百七十一条第一款、第二百七十二条第一款、第六十七条第三款、第六十四条、第六十九条和《中华人民共和国刑事诉讼法》第二百三十六条第一款第二项的规定，判决如下：

一、维持贵州省思南县人民法院（2020）黔 0624 刑初 146 号刑事判决主文及第二项，即被告人王某某犯罪所得财物未退（追）缴的 1165.76055 万元继续予以追缴，退赔被害人贵州思南农村商业银行股份有限公司。

二、撤销贵州省思南县人民法院（2020）黔 0624 刑初 146 号刑事判决主文第一项，即被告人王某某犯挪用资金罪，判处有期徒刑 7 年。

三、原审被告人王某某犯挪用资金罪，判处有期徒刑 2 年；犯职务侵占罪，判处有期徒刑 9 年，并处没收财产人民币 30 万元。数罪并罚决定执行有期徒刑 10 年，并处没收财产人民币 30 万元（刑期从判决执行之日起算，判决执行前先行羁押的，羁押 1 日折抵刑期 1 日，即自 2020 年 6 月 26 日起至 2030 年 6 月 25 日止）。

| 裁判理由 | 二审法院认为，原审被告人王某某利用担任思南农商行文家店支行主办会计的职务之便，采用空存实转的方式，挪用本单位资金 59.3496 万元用于网络赌博，其行为触犯了《中华人民共和国刑法》第二百七十二条第一款的规定，已构成挪用资金罪；利用职务上的便利，短时间不计后果地套取 1223.84055 万元用于网络赌博，放任资金处于极大风险之中，该资金输掉后已不具有偿还可能，其行为已构成职务侵占罪，均依法应负刑事责任，并实行数罪并罚。

根据《最高人民法院 最高人民检察院关于办理贪污贿赂刑事案件适用法律若干问题的解释》的相关规定，王某某挪用的 59.3496 万元属于数额较大、侵占的 1223.84055 万元属于数额巨大。对王某某所犯挪用资金罪，依法应在 3 年以下有期徒刑或者拘役的量刑幅度内判处刑罚；对其所犯职务侵占罪依法应当在"五年以上有期徒刑，可以并处没收财产"的量刑幅度内判处刑罚。王某某的职务侵占行为造成其所在单位重大资金损失，对其应予从严惩处。王某某虽然当庭表示认罪认罚，但未签署《认罪认罚具结书》，原判适用《中华人民共和国刑事诉讼法》第十五条的规定对其从宽处理不当，应予纠正。王某某归案后能如实交代犯罪事实，具有坦白情节，依法可从轻处罚；主动供述侦查机关未掌握的其于 2020 年 4 月挪用资金的犯罪事实，案发后退赔部分资金，可在量刑时综合予以体现。

（二）律师评析

1. 职务侵占罪与挪用资金罪的区别

根据我国《刑法》第二百七十一条和第二百七十二条的规定，挪用资金罪与职务侵占罪同属于侵犯财产罪范畴，存在相似之处。但二者在犯罪客体、对象、行为以及主观上仍有较为明显的区别，在司法实践中有必要对二者进行区别认定。

职务侵占罪是指公司、企业或者其他单位的工作人员，利用职务上的便利，将本单位财物非法占为己有，数额较大的行为。挪用资金罪是指公司、企业或其他单位的工作人员，利用职务便利，挪用本单位资金归个人使用或借贷给他人，数额较大、超过三个月未还，或者虽未超过三个月，但数额较大、进行营利活动，或者进行非法活动的行为。

在司法实践中，经常会遇到职务侵占罪与挪用资金罪主观方面认定的问题，正确地区分两种犯罪的主观故意内容，应当结合犯罪行为的客观方面表现予以全面考察。

按照主客观相一致的原则予以分析，确定行为人挪用资金时的主观心态应以行为人挪用资金的数额、用途、去向作为重要的判断标准。挪用资金的数额、用途和去向是可确定的法律问题，如果最后结果是根本无法归还，那么实际上行为人就是想排斥本单位对于资金的所有权，应当确定行为人具有非法占有的主观故意心态。在挪用类案件的问题上，被告人实施的行为使公款或资金脱离了单位的控制，侵害了公款所有权的完整性，以使用为目的，构成挪用资金。

本案中，检察机关厘清资金去向，结合套取资金数额、用途和被告人偿还能力等客观行为，综合认定被告人具有非法占有目的，精准抗诉并成功改判。

2. 对银行合规业务的启示

该案系金融系统管理人员利用银行柜面业务系统漏洞，侵占银行巨额资金的案件。金融系统是经营管理货币和融通资金的职能部门，金融工作人员接触钱、有价单证、印章等重要物品范围广、机会多，具有行业特殊性，客观上具有利用职务作案的便利条件，一旦监管不力、内控机制失效，将造成无法估量的危害后果。需要结合案件特点，从案发原因着手，探查涉案企业及相关岗位是否存在经营管理问题或漏洞。

另外，从 2020 年 3 月开始，检察机关为推进涉案企业合规相继出台了一系列的配套文件，办理了一大批涉企刑事案件，得到了社会各界的广泛好评。本案中，检察机关在夯实证据基础的同时注重为企业追赃挽损，结合案件特点和资金流向，联合公安机关、金融部门在第一时间找准追赃挽损的最佳路径，积极为企业挽回损失，以案释法对金融领域从业人员进行警示教育，制发检察建议助推金融行业防范化解金融风险。

（三）相关法条及司法解释

《中华人民共和国刑法》

第二百七十一条 公司、企业或者其他单位的工作人员，利用职务上的便利，将本单位财物非法占为己有，数额较大的，处三年以下有期徒刑或者拘役，并处罚金；数额巨大的，处三年以上十年以下有期徒刑，并处罚金；数额特别巨大的，处十年以上有期徒刑或者无期徒刑，并处罚金。

国有公司、企业或者其他国有单位中从事公务的人员和国有公司、企业或者其他国有单位委派到非国有公司、企业以及其他单位从事公务的人员有前款行为的，依照本法第三百八十二条、第三百八十三条的规定定罪处罚。

第二百七十二条 公司、企业或者其他单位的工作人员，利用职务上的便利，挪用本单位资金归个人使用或者借贷给他人，数额较大、超过三个月未还的，或者虽未超过三个月，但数额较大、进行营利活动的，或者进行非法活动的，处三年以下有期徒刑或者拘役；挪用本单位资金数额巨大的，处三年以上七年以下有期徒刑；数额特别巨大的，处七年以上有期徒刑。

国有公司、企业或者其他国有单位中从事公务的人员和国有公司、企业或者其他国有单位委派到非国有公司、企业以及其他单位从事公务的人员有前款行为的，依照本法第三百八十四条的规定定罪处罚。

有第一款行为，在提起公诉前将挪用的资金退还的，可以从轻或者减轻处罚。其中，犯罪较轻的，可以减轻或者免除处罚。

《最高人民检察院 公安部关于公安机关管辖的刑事案件立案追诉标准的规定（二）》（2022 年修订）

第七十六条 〔职务侵占案（刑法第二百七十一条第一款）〕公司、企业或者其他单位的工作人员，利用职务上的便利，将本单位财物非法占为己有，数额在三万元以上的，应予立案追诉。

第七十七条 〔挪用资金案（刑法第二百七十二条第一款）〕公司、企业或者其他单位的工作人员，利用职务上的便利，挪用本单位资金归个人使用或者借贷给他人，涉嫌下列情形之一的，应予立案追诉：

（一）挪用本单位资金数额在五万元以上，超过三个月未还的；

（二）挪用本单位资金数额在五万元以上，进行营利活动的；

（三）挪用本单位资金数额在三万元以上，进行非法活动的。

具有下列情形之一的，属于本条规定的"归个人使用"：

（一）将本单位资金供本人、亲友或者其他自然人使用的；

（二）以个人名义将本单位资金供其他单位使用的；

（三）个人决定以单位名义将本单位资金供其他单位使用，谋取个人利益的。

三、银行工作人员利用职务之便伙同他人窃取银行的财产构成职务侵占罪

银行工作人员利用职务之便伙同其他人窃取银行的财产的情况是比较常见的，对于这种情况一般应当按照职务侵占罪予以处理。"韩某职务侵占案"就是这样一个案例。

（一）典型案例

☞ 韩某职务侵占案[1]

【关键词】职务侵占　伪造手续

| 基本案情 | 原公诉机关：河南省郑州市金水区人民检察院。

上诉人（原审被告人）：韩某，男，×族，1974 年 4 月 11 日出生于河南省荥阳市，中专文化，无业，户籍地为河南省郑州市金水区。因涉嫌犯诈骗罪于 2019 年 1 月 15 日被郑州市公安局金水路分局刑事拘留，因涉嫌犯职务侵占罪于 2019 年 2 月 21 日被逮捕。

河南省郑州市金水区人民检察院指控：2011 年 10 月，郑州银凯盛投资担保公司负责人郭某河（已死亡），通过许某 1 介绍认识被害人王某 2，后郭某河伪

----

[1] 河南省郑州市中级人民法院（2020）豫 01 刑终 409 号。

造深圳市王宏外贸服装批发有限公司公章、财务章、法人代表章等制作开户资料，并将该资料通过孟某正交给公司会计王某1前往中国工商银行股份有限公司郑州金水支行（以下简称"工商银行金水支行"），在工商银行工作人员即被告人韩某的帮助下，利用伪造的资料，冒充深圳市王宏外贸服装批发有限公司和该公司负责人王某2的名义，办理对公账户并开通网银，后王某1将开好的账户户名和网银密码都交由郭某河掌握。开户后，郭某河以高息诱骗王某2往账户里分批转款1000万元人民币，转款后郭某河在王某2不知情的情况下，将账户里的1000万元分批转走，供个人使用。被告人韩某伪造银行对账单据继续欺骗并稳住王某2，直至案发。

针对上述指控事实，公诉机关提供了被告人韩某的供述、被害人王某2的陈述、证人孟某正和王某1等人的证言、视听资料、受案经过、到案经过、工商银行账户明细、银行开户资料、情况说明、户籍证明、鉴定意见等证据，认为被告人韩某的行为触犯了《中华人民共和国刑法》第二百七十一条第一款之规定，应当以职务侵占罪追究刑事责任。

被告人韩某辩称其行为不构成职务侵占罪。其辩护人的辩护意见为：郭某河所在公司的会计王某1用伪造的资料冒充深圳市王宏外贸服装批发有限公司和该公司负责人王某2的名义办理对公账户并开通网银，韩某对此并不知情，亦没有实施帮助行为；公诉机关没有证据证明韩某伪造了银行对账单据欺骗王某2，且本案的证据存在相互矛盾之处。故现有的证据无法认定韩某的行为构成职务侵占罪。

一审法院查明：2011年10月，郑州银凯盛投资担保公司负责人郭某河（已死亡），通过许某1介绍认识被害人王某2，后郭某河伪造深圳市王宏外贸服装批发有限公司公章、财务章、法人代表章等制作开户资料，并将该资料通过孟某正交给公司会计王某1前往工商银行金水支行，在工商银行工作人员即被告人韩某的帮助下，利用伪造的资料，冒充深圳市王宏外贸服装批发有限公司和该公司负责人王某2的名义，办理对公账户并开通网银，后王某1将开好的账户户名和网银密码都交由郭某河掌握。开户后，郭某河以高息为诱饵，通过许某1、韩某等人诱骗王某2往账户里分批转款1000万元人民币。转款后郭某河在王某2不知情的情况下，将账户里的1000万元分批转出，供个人使用。被告人韩某伪造银行对账单据继续欺骗并稳住王某2，直至案发。

上述事实有公诉机关提供的，且经当庭举证、质证，法院确认的下列证据予以证实：

1. 王某2证实：崔某向其介绍认识了许某1，并说许某1可以帮银行揽储，比自己存在银行的利息高。

2. 证人证言：许某1证言、崔某证言、王某1证言、悦某证言、许某2证言、刘某证言、任某证言、冯某证言、孙某证言、耿某证言。

3. 被告人韩某的供述证实：2011年，其在工商银行金水支行工作，是负责营运的经理。2011年六七月份，郭某河对其说许某1认识深圳市王宏外贸服装批发有限公司的老总，可以帮忙在其银行开户拉存款。过了一个星期左右，其在郭某河的办公室见到郭某河、许某1和深圳市王宏外贸服装批发有限公司的老总王某2，许某1介绍说其是工商银行的行长，当时就约好第二天去办理开户。第二天上午10点前后，许某1、王某2，还有另外一个男子（即指崔某）来到工商银行金水支行，其向王某2要了她公司的营业执照、税务登记证、开户许可证、企业代码证、组织机构代码证，来到银行前面的办事大厅找到悦某查询信息，经过查询发现开户许可证的地址和编码不相符，无法开户，并把所有材料都给了王某2。王某2在银行办理业务没有填写开户所需要的单据，也没有问其存款利息情况。后听郭某河说王某2已在其银行办理好开户，是一个姓王的老太太过来代表王某2办理的。其在单位的后台网上查看后告诉王某2账上有1000万元。又过了半年，王某2联系不上郭某河，其就问郭某河怎么回事，郭某河说王某2给他投资1000万元，每三个月一付利息，大约120万元，前三个月的利息已经付过，现在要这三个月的利息。后王某2经常找不到郭某河，并说她是通过郭某河在工商银行开的账户，存款现在没有了。后郭某河生病去世，拿王某2的钱也没有还上，王某2一直控告。其就拿自己的钱借给裴某锋40万元救急。另外，其没有向王某2提供过工商银行的对账单据，也不知道谁把王某2的钱转走了，郭某河也没有给过其好处。

4. 工商银行金水支行对原告深圳市王宏外贸服装批发有限公司在庭审中相关问题的回复：韩某在2003年至2015年为银行员工，担任个人贷款客户经理，职责为办理个人贷款业务，现已离开银行。悦某是在职员工。开户银行在受理开户时除审查单位营业执照、组织机构代码证、税务登记证、单位公函、中国人民银行颁发的开户许可证、法定代表人及授权代理人身份证等相关资料原件外，还需要对法定代表人、授权代理人的身份信息通过"联网核查公民身份信息系统"进行核查，并对身份证原件的真实性、有效性当面审查。

5. 工商银行运管部的情况说明：2011年我行开立一般结算账户所需材料包括单位营业执照、税务登记证、组织机构代码证、基本账户开户许可证、单位法人或负责人身份证（若为代理人还应提供授权代理人身份证）、开立一般结算账户的证明或申请。

6. 王某1办理并签字确认的深圳市王宏外贸服装批发有限公司在工商银行金水支行的开户资料证实了王某1在该银行办理开户及网银的情况。2011年7月20日，对王某2、王某1均出具了联网核查，核查结果为：居民身份证号码与姓名一致。2011年9月29日，银行为该公司办理了开户，未进行联网核查。2018年10月18日，王某1被授权后办理领取企业网上银行U盾业务等。

7. 深圳市王宏外贸服装批发有限公司在工商银行金水支行 17××46 账户明细。

8. 银行账户时点余额对账单显示：账号为 17××46、户名为深圳市王宏外贸服装批发有限公司的账户，在 2011 年 11 月 14 日 9 时 53 分 11 秒的可用余额为 1000 万元。

9. 河南司法警院司法鉴定中心印章印文司法鉴定意见书：

日期为"2011年9月29日"《中国工商银行开立单位银行结算账户申请书》（NO. 00021754）中"中国工商银行股份有限公司郑州金水支行核算专用章（14）"印文与所提供的样本是同一枚印章盖印。

启用日期为"2011年10月9日"《中国工商银行×分行预留印鉴卡》（NO. 4XXX）、日期为"2011年9月29日"《中国工商银行电子银行企业客户注册申请表》（Icbc1007）、《企业客户证书及账户信息表》（Icbc1012）中"深圳市王宏外贸服装批发有限公司财务专用章"印文与所提供的样本不是同一枚印章盖印。

日期为"2011年9月29日"《中国工商银行开立单位银行结算账户申请书》（NO. 00021754）、日期为"2011年9月29日"《授权委托书》（2份）、启用日期为"2011年10月9日"《中国工商银行×分行预留印鉴卡》（NO. 4XXX）、日期为"2011年10月11日"《中国工商银行电子银行企业客户服务协议》中"深圳市王宏外贸服装批发有限公司"印文与所提供的样本不是同一枚印章盖印。

日期为"2011年9月29日"《中国工商银行开立单位银行结算账户申请书》（NO. 0107834）中"中国工商银行股份有限公司郑州金水支行核算专用章（08）"印文与所提供的样本不是同一枚印章盖印；显示时间为"2011年11月14日9时53分11秒"《银行账户时点余额对账单》中"中国工商银行股份有限公司郑州金水支行核算专用章（08）"印文与所提供的样本不是同一枚印章盖印。

10. 王某2在周口市商业银行开立账户的材料证实了王某2在该银行开户及存取款的情况。

11. 受案经过、到案经过证实了被告人韩某系被抓获到案。

12. 被告人韩某的出生时间是 1974 年 4 月 11 日，系完全刑事责任能力人，有户籍证明在卷证实。

13. 深圳市王宏外贸服装批发有限公司的营业执照、组织机构代码证证实，2015 年 2 月 6 日该公司的法定代表人由王某 2 变更为王某瑛。郑州银凯盛投资担保公司的注册信息查询单显示，郭某河占 49% 的股份。情况说明、中国工商银行股份有限公司郑州金水支行印章保管使用登记簿等证据亦在卷证实。

河南省郑州市金水区人民法院于 2020 年 3 月 9 日作出（2019）豫 0105 刑初 408 号刑事判决：1. 被告人韩某犯职务侵占罪，判处有期徒刑 7 年（刑期自判决执行之日起计算，判决执行以前先行羁押的，羁押 1 日折抵刑期 1 日，即自 2019 年 1 月 15 日起至 2026 年 1 月 14 日止）。2. 责令被告人韩某退赔涉案赃款依法发还中国工商银行股份有限公司郑州金水支行。

宣判后，原审被告人韩某不服，提出上诉。

韩某上诉称：其没有管理、使用、保管涉案资金的职权，不存在利用职务便利；其对涉案资金去向不知情、未占有，不具有非法占有的目的。其辩护人辩护称：1. 原判认定事实不清，不能排除王某 1 明知郭某河用款而和许某 1、郭某河事前达成共识。2. 认定韩某犯职务侵占罪的证据不足。未调取航班信息及邮寄信息，不能证明银行对账单系韩某伪造并交给王某 1；认定韩某利用职务便利在对公账户的办理及开通网银过程中提供帮助的证据不足。3. 韩某未从中获利，无犯罪动机和非法占有的目的。请求改判韩某无罪。

经审理，二审法院查明的事实及证据与一审相同，且经一审当庭举证、质证，法院审核无误，予以确认。

| 二审裁判结果 | 驳回上诉，维持原判。

| 裁判理由 | 二审法院认为：证人王某 2、许某 1、崔某、悦某的证言与韩某的供述一致，证明因郭某河的公司需要用款，韩某与郭某河协商后，以能够获取高额利息为诱饵，让王某 2 在韩某所在银行开设公司对公账户。在第一次未办理成功的情况下，韩某询问银行工作人员悦某、上网查询王某 2 公司信息是否变更，并通知王某 2 再次办理，积极促成对公账户的开设。对公账户开设后多次催王某 2 往账户里存钱，先后两次给王某 2 寄送对账单。上述证据足以证明韩某实施了利用职务便利帮助开设王某 2 公司对公账户、开通网银的行为。

证人王某 2、许某 1、崔某、刘某、任某、沈某、裴某等人的证言及银行流水、鉴定意见等证据证明，案发前，韩某、郭某河均向许某 1 表示可以想办法把银行存款贷出来。王某 2 存款后，韩某两次到深圳，分别将 600 万元对账单、1000 万元对账单交给王某 2；后在王某 2 要求下，补寄一份加盖银行公章的 1000 万元对账单，经鉴定，该印文系伪造；且银行流水显示，王某 2 将 1000 万元先后分几笔存入，存入当天即被郭某河转走用于还款，该账户并不存在有余额 1000 万元的情形。在郭某河不能及时还款付息时，韩某积极协商还款事宜，承认借款并承诺还款，归还 40 万元后以各种理由推脱，并与任某签署假的铝矿股权转让协议。上述证据证明，韩某实施了帮助郭某河以网银转款的方式，套取王某 2 在银行的存款用于还款的行为，韩某主观上具有非法占有的目的。

综上，韩某的上诉理由及其辩护人的辩护意见均不能成立。韩某利用职务上的便利，伙同他人将本单位的财产占为己有，数额巨大，其行为已构成职务侵占罪，依法应予处罚。原判认定事实清楚，证据确实、充分，适用法律正确，定罪准确，量刑适当，审判程序合法。上诉人韩某的上诉理由及其辩护人的辩护意见均不予采纳。

（二）律师评析

本案中，行为人韩某作为银行的客户经理，利用职务之便，伙同他人向被害人承诺将钱存入银行可以获得高息，使得被害人向涉案银行并非自己亲自所开立的银行账户内转款 1000 万元。后行为人的同案犯郭某河将该账户钱款通过网银分批转走并占为己有，韩某配合向被害人提供了虚假的银行对账单欺骗被害人。从犯罪过程和手段来看，韩某伙同他人通过欺骗、伪造等方式使被害人存款，其行为方式与盗窃罪具有相似之处。但两罪的起刑点和法定刑相比之下有数倍的差距，如何准确地对行为进行定性，就显得尤为重要。

职务侵占罪与盗窃罪的界分或者关系不仅是刑法理论界长期关注的问题，也是司法实践中面临的难题。围绕职务侵占罪与盗窃罪的界分问题，形成了以单位财物与非单位财物界分的标准说、综合手段说与单一手段说等学说观点。同时，实践中还存在着上下级法院相同案情不同定性、同级法院相同案情不同定性、不同法院相同案情不同定性的情况。[1]

---

[1] 薛铁成：《职务侵占罪与盗窃罪关系的重新厘定》，载《西南民族大学学报（人文社会科学版）》 2021 年第 9 期，第 85 页。

1. 职务侵占罪与盗窃罪的区分

既往学说认为，利用职务便利"窃取"单位财物的行为，属于职务侵占罪与盗窃罪的法条竞合，应当优先适用职务侵占罪处罚，排斥盗窃罪的适用。从以往无论是最高人民法院发布的指导案例还是普通案件来看，在界分两罪时，也总是存在扩张适用职务侵占罪、缩小盗窃罪适用的倾向。[1]我国之所以扩张适用职务侵占罪是因为行为人是因工作关系经手劳动工具、原材料、产品的，是利用其工作便利窃取财物的，故优先适用职务侵占罪，而不是盗窃罪。一旦行为人利用了职务或者工作上的便利，即便有窃取行为也按照职务侵占罪定罪处罚。[2]

根据两罪的理论研究，实践中职务侵占罪与盗窃罪的区别，可以从以下四个方面进行判断：

第一，犯罪主体不同。前者是特殊主体，后者是一般主体。后者不需具备特殊的身份，可以是单位内部人员，也可以是单位外部人员。

第二，犯罪的客观表现不同。前者重在利用职务上的便利，这是职务侵占罪的必备要件。后者重在以秘密手段窃取。当公司、企业或其他单位中出现人员利用秘密手段窃取单位财物时，要看行为人是否利用了职务便利。

第三，实施的手段不同。职务侵占罪的实施手段包括侵吞、窃取、骗取和其他手段，这里的手段实施既可以是秘密的，也可以是公开的。盗窃罪的实施手段可以是暴力的（如携带凶器），也可以是平和的（如扒窃），但必须是秘密进行的。

第四，定罪标准不同。职务侵占罪的定罪标准是一元化的，即侵犯财产的数额。盗窃罪的定罪标准是多元化的，既包括财产数额，也包括盗窃情形，如多次盗窃、入户盗窃、携带凶器盗窃、扒窃等。

2. 关于商业银行合规风险的内部控制

《商业银行合规风险管理指引》第四条规定："合规管理是商业银行一项核心的风险管理活动。商业银行应综合考虑合规风险与信用风险、市场风险、操作风险和其他风险的关联性，确保各项风险管理政策和程序的一致性。"本案是银行内部人员违法违规伙同他人对客户进行欺骗，并将客户存款私自转出占为己有的案例，其产生的根源是银行内部控制及公司治理机制的失效。诸如员工责任心不强、审批流程漏洞、流程执行不严、软硬件故障等都会带来操作风险。

---

〔1〕 阮齐林、温建康：《职务侵占罪与盗窃罪之比较研究》，载《人民检察》2017 年第 9 期，第 10 页。
〔2〕 陈兴良主编：《刑法学》，复旦大学出版社 2003 年版，第 443—444 页。

2014 年中国银行监督管理委员会修订的《商业银行内部控制指引》第三条规定："内部控制是商业银行董事会、监事会、高级管理层和全体员工参与的，通过制定和实施系统化的制度、流程和方法，实现控制目标的动态过程和机制。"也就是说，商业银行为实现经营目标，要通过制定和实施一系列制度、程序和方法，对风险进行事前预防、事中控制、事后监督和纠正。

商业银行对于内部风险的管理，是商业银行能够持续、稳健风险经营的前提。而内部风险管理的基石，是对法律及合规风险的管理。这就要求商业银行加强合规文化的建设，建立合规的价值观、合规精神和合规理念，并将其外化为合规行为、合规操作、合规制度等外延。在关键环节、关键岗位、关键选择上给予银行员工以价值导向、信心支持和理念支撑，对商业银行员工的基本操作规范和行为加以引导，建立思想意识层面上的"防火墙"，既保护员工自身职业生涯的可持续发展，也保障银行的利益不受侵犯。

（三）相关法条及司法解释

《中华人民共和国刑法》

第二百七十一条　公司、企业或者其他单位的工作人员，利用职务上的便利，将本单位财物非法占为己有，数额较大的，处三年以下有期徒刑或者拘役，并处罚金；数额巨大的，处三年以上十年以下有期徒刑，并处罚金；数额特别巨大的，处十年以上有期徒刑或者无期徒刑，并处罚金。

国有公司、企业或者其他国有单位中从事公务的人员和国有公司、企业或者其他国有单位委派到非国有公司、企业以及其他单位从事公务的人员有前款行为的，依照本法第三百八十二条、第三百八十三条的规定定罪处罚。

《最高人民检察院 公安部关于公安机关管辖的刑事案件立案追诉标准的规定（二）》（2022 年修订）

第七十六条　〔职务侵占案（刑法第二百七十一条第一款）〕公司、企业或者其他单位的工作人员，利用职务上的便利，将本单位财物非法占为己有，数额在三万元以上的，应予立案追诉。

四、银行员工利用增设交易环节等方式侵占他人财产构成职务侵占罪

在银行实务中，有些员工会基于不同的目的采取一些措施来哄骗储户，从

而获得一些收益。其中，有的行为会构成犯罪，如银行员工利用增设交易环节等方式侵占他人财产构成职务侵占罪。

（一）典型案例

☞ 杨某宇职务侵占罪案[1]

【关键词】 职务侵占　增设交易环节　利益输送

|**基本案情**| 原公诉机关：江苏省徐州市泉山区人民检察院。

上诉人（原审被告人）：杨某宇，男，1976年1月11日生，×族，硕士研究生文化，中国工商银行股份有限公司资产管理部副总经理，住北京市海淀区。因涉嫌犯非国家工作人员受贿罪2017年9月7日被刑事拘留，同年10月13日被取保候审，2018年6月29日再次被取保候审。

江苏省徐州市泉山区人民法院审理江苏省徐州市泉山区人民检察院指控原审被告人杨某宇犯职务侵占罪一案，于2019年6月3日作出（2018）苏0311刑初274号刑事判决。宣判后，原审被告人杨某宇不服，提出上诉。

一审法院查明：2009年2月，时任中国工商银行股份有限公司金融市场部自营业务部固定收益处处长的被告人杨某宇与时任中国工商银行股份有限公司金融市场部承销发行处处长王某、时任海通证券股份有限公司固定收益部交易员杨某2（均另案起诉）预谋，利用杨某2、杨某宇分别从事银行间债券交易业务的职务便利，共同操纵券面总额40000万元"09国债02"债券的交易环节和交易价格，并通过梁某甲（另案起诉）将属于海通证券股份有限公司的利益共计2028100元输送给赖某、王某某（均另案处理），通过二人控制的上海泰慧投资管理有限公司丙类户获取个人利益并私分。

被告人杨某宇经公安机关电话通知传唤到案，并退缴其分得的全部违法所得。

原判决认定上述事实的证据有：被告人杨某宇的供述和辩解，证人杨某2、王某、梁某甲、赖某、梁某乙、胡某、孙某、夏某、黄某、姜某、厉某某、陈某等人的证言，工商登记信息，营业执照，被告人杨某宇的任职材料，中央国债登记结算有限公司、全国银行间同业拆借中心提供的债券交易数据、银行间

----

〔1〕 江苏省徐州市中级人民法院（2019）苏03刑终283号。

现券买卖成交单，光大证券、长江证券、包商银行、交通银行、中国银行、海通证券的交易资料，审计报告，海通证券股份有限公司书面说明，户籍证明，发破案报告及到案经过，等等。

一审法院认为，被告人杨某宇利用自己及他人职务上的便利，共同将他人单位财物非法占为己有，数额巨大，其行为已构成职务侵占罪，依法应处5年以上有期徒刑，可以并处没收财产。被告人杨某宇犯罪以后自动投案，并如实供述自己的犯罪事实，系自首，且在刑事立案前退缴全部违法所得，依法可予以减轻处罚。根据被告人杨某宇的犯罪事实、情节和悔罪表现，结合相关社区矫正部门意见，对其适用缓刑，可以认为没有再犯罪的危险，对所居住社区没有重大不良影响。判决：被告人杨某宇犯职务侵占罪，判处有期徒刑2年，缓刑2年6个月。

杨某宇不服一审判决从而上诉。上诉人杨某宇及其辩护人提出的主要上诉理由和辩护意见是：1. 杨某宇事先并未与杨某2预谋，主观上不具有非法侵占本单位及海通证券股份有限公司财产的故意；客观上杨某宇虽然在中国工商银行股份有限公司购进2亿元"09国债02"债券过程中利用了职务便利，但并未损害工商银行的利益，且现有证据不足以证明杨某宇获得的利益属于海通证券股份有限公司所有，故原判决认定杨某宇构成职务侵占罪的证据不足。2. 从整个交易流程看，杨某宇并非共同犯罪的组织者、策划者，其仅对参与交易的2亿元承担责任。3. 杨某宇提供投标标位建议及帮助回购债券的行为，在共同犯罪中仅起到较小的帮助作用，应当认定为从犯。4. 杨某宇具有自首、全部退赃等从轻、减轻情节，原判决量刑过重。

经审理查明的事实和原判决认定一致。据以认定上述事实的证据均经一审庭审举证、质证，证据间能够相互印证，具有法律效力和证明效力，法院予以确认。二审期间，上诉人杨某宇及其辩护人均未提供新的证据。

│二审裁判结果│ 驳回上诉，维持原判。

│裁判理由│ 二审法院认为，针对上诉人的上诉理由及辩护人的辩护意见，结合本案的事实、证据及相关法律规定，综合评判如下：

1. 关于上诉人杨某宇是否构成职务侵占罪及其犯罪数额认定问题，经查认为：在案证据可以证实，杨某2、王某、杨某宇预谋后，利用银行间债券交易市场建设中不完善的因素，通过国债"博边际"方式赚取价差，并通过丙类户沉淀利益，然后进行私分。杨某宇主观上对上述方式明知，客观上和杨某2、王某配合，共同操纵债券交易环节和价格，将本应属于海通证券股份有限公司的

200 余万元输送到上海泰慧投资管理有限公司，并予以私分，其行为构成职务侵占罪。对于其参与操纵交易的"09 国债02"债券沉淀于丙类户的利益 200 余万元，均应认定为犯罪数额。

2. 关于上诉人杨某宇在共同犯罪中的地位作用问题，经查认为：杨某宇事前参与预谋，事中负责提供投标标位建议及帮助回购债券，积极参与实施犯罪行为，事后参与分赃。杨某宇的行为是整个共同犯罪中必不可少的组成部分，并非起次要或辅助作用，不宜认定为从犯。

3. 关于原判决量刑是否适当问题，经查认为：根据法律规定，职务侵占数额在 100 万元以上，应判处 5 年以上有期徒刑，并处没收财产。本案中，杨某宇伙同他人共同职务侵占数额达 200 余万元，依法应判处 5 年以上有期徒刑，原判决考虑到杨某宇具有自首、全部退缴违法所得等从轻处罚情节及杨某宇在共同犯罪中的地位、作用，对其减轻处罚，判处有期徒刑 2 年，缓刑 2 年 6 个月，已充分体现从宽处罚，原判决量刑是适当的。

上诉人杨某宇利用自己及他人职务上的便利，共同将他人单位财物非法占为己有，数额巨大，其行为已构成职务侵占罪。原判决认定事实清楚，证据确实、充分，定罪准确，量刑适当，且审判程序合法。上诉人的上诉理由及辩护人的辩护意见均不能成立，不予采纳。

（二）律师评析

本案中，被告人作为四大国有银行的管理人员，在债券交易中以设置丙类户为基础，使交易的债券与资金会先流转到丙类户，通过"低卖"或"高买"的方式直接截留利润。法院一般将这种行为认定为：利用职务之便将公司财产占为己有，侵害债券交易机构的利益，构成职务侵占犯罪。

笔者通过检索案件发现，类似的案例还有很多。比如：在（2017）黑 0203 刑初 126 号案中，时任某券商固定收益部副总经理的张某欲私自增加丙类户交易环节，采取私下的串通交易、关联交易，将机构的利益输送至丙类户，为个人谋利。张某找到时任某银行金融市场部高级经理王某，让其利用职务便利，按照张某安排的交易路径，将银行持有的多个债券产品以"低卖"或"高买"的手段，交易到张某指定的机构。王某照办，并参与非法利益的分配。法院认定，王某"将原属于某银行的利益输送至丙类户公司的账户，侵占银行利益"，判决王某构成职务侵占罪。还有（2014）常刑二终字第 57 号、（2017）苏 0311 刑初 391 号、（2018）苏 0311 刑初 94 号案，法院均以相同理由判决被告人构成职务侵占罪，且在判决书中明确指出被告人的行为"侵犯了××机构应得利益""将××机构利益输送至丙类户"。因此，对于上述侵占所属机构利益的行为，司法实践中诸多案件均以职务侵占罪定罪处罚。

在债券交易中，丙类户持有人为了谋取债券交易的非法利益，通过给回扣、好处费的方式贿赂债券交易员，指使债券交易员进行违法、违规操作，与丙类户进行"高买""低卖"的利益输送行为，债券交易员利用职务便利照办，并收受贿赂的，法院一般认定债券交易员构成非国家工作人员受贿罪。

对于债券交易员利用职务便利，通过（本人或伙同他人、借名他人）设立第三方丙类账户增设交易环节，以"低卖"或"高买"方式，将买卖过程中的资金于丙类户中流转而产生交易价差利润，并将利润占为己有的行为，人民法院一般将其认定为职务侵占罪。而对债券交易员利用职务之便，在交易中为第三方谋取利益，并接受第三方好处费的行为，人民法院一般将其认定为非国家工作人员受贿罪。

（三）相关法条及司法解释

《中华人民共和国刑法》

第二百七十一条　公司、企业或者其他单位的工作人员，利用职务上的便利，将本单位财物非法占为己有，数额较大的，处三年以下有期徒刑或者拘役，并处罚金；数额巨大的，处三年以上十年以下有期徒刑，并处罚金；数额特别巨大的，处十年以上有期徒刑或者无期徒刑，并处罚金。

国有公司、企业或者其他国有单位中从事公务的人员和国有公司、企业或者其他国有单位委派到非国有公司、企业以及其他单位从事公务的人员有前款行为的，依照本法第三百八十二条、第三百八十三条的规定定罪处罚。

《最高人民检察院 公安部关于公安机关管辖的刑事案件立案追诉标准的规定（二）》（2022 年修订）

第七十六条　〔职务侵占案（刑法第二百七十一条第一款）〕公司、企业或者其他单位的工作人员，利用职务上的便利，将本单位财物非法占为己有，数额在三万元以上的，应予立案追诉。

第七章　贷款诈骗罪

一、贷款诈骗罪概述

在现代社会中，经济发展离不开金融，金融活动无疑是市场经济活动的中心。可以说，金融从产生到发展的每一个过程均对社会的经济发展起着极其重要的作用。金融犯罪是伴随着金融市场的建立和发展而产生、蔓延的一类新型犯罪。众所周知，贷款业务是金融机构的一项基本金融业务，从某种意义上说，如果没有贷款业务，金融机构也就没有存在的必要或很难有存在下去的可能。为了发挥贷款业务的积极作用，对金融机构的贷款业务实行严格的管理、审批制度，国家出台了《中国人民银行法》《商业银行法》等对贷款管理制度作出了规定。

由于有关规范金融秩序的法律法规及金融机构内部的各项规章制度还不完善，因此，银行和其他金融机构的业务活动中难免存在一些问题。在此情况下，一些不法分子就将违法犯罪的目标对准了银行或其他金融机构的贷款，其中尤以贷款诈骗犯罪较为严重。一些犯罪分子以非法占有为目的，或编造引进资金、项目等虚假理由，或以其他方法诈骗贷款。

（一）贷款诈骗罪的立法沿革

金融类犯罪主要规定在我国《刑法》分则第三章之下第四节"破坏金融管理秩序罪"、第五节"金融诈骗罪"中。随着我国金融业的发展，仅依靠传统诈骗罪的相关规定很难有效打击金融领域各种形式的诈骗犯罪，有必要专门设立涉及金融领域的诈骗犯罪。于是，我国现行《刑法》顺应刑法理论和司法实践的要求，将包括集资诈骗、贷款诈骗、票据诈骗等在内的八种金融诈骗犯罪从财产罪中的一般诈骗罪中分离出来独立设罪，并单独设立"金融诈骗罪"一节将这八种诈骗罪归入其中。

我国 1979 年《刑法》没有规定贷款诈骗罪这一罪名，在以往的司法实践中，对贷款诈骗犯罪行为，一般以诈骗罪定性处罚或仅将其作为民事纠纷处理。由于贷款诈骗行为无论是在社会危害性方面、行为本身的特征方面，还是在行为所侵犯的客体方面，与传统财产罪中的诈骗罪均有所不同，同时与一般民事欺诈行为也有明显的区别，因而将达到一定程度的贷款诈骗行为以诈骗罪论处或作为民事纠纷处理，在理论上和实践中都会出现较多的问题，也不利于打击贷款诈骗犯罪行为。

为此，1995 年 6 月 30 日全国人大常委会通过了《全国人民代表大会常务委员会关于惩治破坏金融秩序犯罪的决定》，该决定第十条首次将贷款诈骗罪作为一个独立的罪名加以规定。此后，伴随着金融信贷业务的开放和发展，国家在立法层面逐渐加大了对贷款诈骗犯罪的惩罚力度。1997 年《刑法》中，贷款诈骗罪独立于传统型诈骗犯罪，成为独立罪名。

（二）贷款诈骗罪的构成要件

1. 本罪的主体

单位犯罪的情形必须由法律明确规定，而《刑法》第一百九十三条没有明确单位可以成为贷款诈骗罪的主体。这就意味着，单位不能成为贷款诈骗罪的主体。在司法实践中，对单位参与实施贷款诈骗行为应该如何处理，一直存在较大争议。

关于贷款诈骗罪的认定和处理，2001 年 1 月 21 日《全国法院审理金融犯罪案件工作座谈会纪要》指出："一是单位不能构成贷款诈骗罪。""但是，在司法实践中，对于单位十分明显地以非法占有为目的，利用签订、履行借款合同诈骗银行或其他金融机构贷款，符合刑法第二百二十四条规定的合同诈骗罪构成要件的，应当以合同诈骗罪定罪处罚。""二是要严格区分贷款诈骗与贷款纠纷的界限。对于合法取得贷款后，没有按规定的用途使用贷款，到期没有归还贷款的，不能以贷款诈骗罪定罪处罚；对于确有证据证明行为人不具有非法占有的目的，因不具备贷款的条件而采取了欺骗手段获取贷款，案发时有能力履行还贷义务，或者案发时不能归还贷款是因为意志以外的原因，如因经营不善、被骗、市场风险等，不应以贷款诈骗罪定罪处罚。"

对于单位以非法占有贷款为目的，骗取贷款拒不归还的行为是否构成犯罪及应以何种罪名规制，存在较大争议，主要有直接责任说和合同诈骗说两种观点。张明楷教授认为，根据单位工作人员为谋求单位权益而盗窃，情节严重的以盗窃罪论处，可以推定，为单位利益诈骗贷款的，以贷款诈骗罪追究直接人员的刑事责任。[1] 合同诈骗说则与《全国法院审理金融犯罪案件工作座谈会纪要》的观点一致，即单位主观上以非法占有贷款为目的，客观上参与了诈骗贷款的行为，满足合同诈骗罪的犯罪结构的，应认定单位和参与诈骗的直接责任人员均成立合同诈骗罪。合同诈骗说是当前司法实践中的主流裁判观点。

2. 本罪的主观方面

本罪在主观方面是故意，且以非法占有为目的，即行为人明知自己以欺骗手段取得银行或者其他金融机构的贷款的行为会造成社会危害，仍希望或者放任这种结果发生。

关于贷款诈骗罪的非法占有目的，并没有相关司法解释予以明确规定，只有《全国法院审理金融犯罪案件工作座谈会纪要》中规定："对于行为人通过诈骗的方法非法获取资金，造成数额较大资金不能归还，并具有下列情形之一的，可以认定为具有非法占有的目的：（1）明知没有归还能力而大量骗取资金的；（2）非法获取资金后逃跑的；（3）肆意挥霍骗取资金的；（4）使用骗取的资金进行违法犯罪活动的；（5）抽逃、转移资金、隐匿财产，以逃避返还资金的；（6）隐匿、销毁账目，或者搞假破产、假倒闭，以逃避返还资金的；（7）其他非法占有资金、拒不返还的行为。"

在司法实践中，办理金融诈骗犯罪案件的难点主要集中于对主观要件尤其是对非法占有目的的证明。

3. 本罪的客体

本罪的犯罪客体既包含公私财产所有权，又包含国家金融管理制度。

4. 本罪的客观方面

本罪在客观方面表现为，以欺骗手段取得银行或者其他金融机构贷款，给银行或者其他金融机构造成重大损失或有其他严重情节的行为。

---

[1] 张明楷：《诈骗罪与金融诈骗罪研究》，清华大学出版社 2006 年版，第 380—383 页。

（三）贷款诈骗罪的实证分析

在中国裁判文书网以贷款诈骗罪为案由进行检索，共检索到 5795 篇文书。[1]
从审判程序来看，涉及管辖 31 件，刑事一审 2125 件，刑事二审 901 件，刑事审
判监督 153 件，刑罚与执行变更 1584 件，执行 982 件，其他 19 件。2010 年至
2021 年，涉及贷款诈骗罪裁判文书的制作年份与数量统计如表 7.1 所示。贷款
诈骗罪的受害者往往是银行，而银行是非常重要的金融机构，因此有必要对贷
款诈骗罪予以分析。

表 7.1　2010—2021 年贷款诈骗罪裁判文书制作年份与数量统计

年　份	文书数量/件	年　份	文书数量/件
2010	3	2016	938
2011	10	2017	728
2012	46	2018	690
2013	110	2019	750
2014	597	2020	666
2015	759	2021	294

二、行为人主观上不具有非法占有目的不构成贷款诈骗罪

（一）典型案例

👉 郭某某贷款诈骗罪案 [2]

【关键词】骗取贷款　虚假　财报

│ 基本案情 │ 公诉机关：北京市人民检察院第一分院。

被告人：郭某某，男，1956 年 11 月 20 日出生，原系北京市升某有限责任公
司董事长、北京市某楼饭庄总经理。因涉嫌犯贷款诈骗罪，于 1999 年 5 月 18 日

------

[1]　中国裁判文书网（https：//wenshu. court. gov. cn），检索日期 2024 年 5 月 19 日。
[2]　北京市高级人民法院（1999）高刑终字第 905 号。

被逮捕；同年 11 月 2 日被取保候审。

北京市人民检察院第一分院以被告人郭某某犯贷款诈骗罪，向北京市第一中级人民法院提起公诉。

北京市第一中级人民法院经公开审理查明：

1993 年 9 月，被告人郭某某通过向北京市某区某联社（现更名为"北京市某工商实业总公司"）借款人民币 30 万元并个人投入部分资金，在工商部门申请注册成立了北京市某楼饭庄（集体所有制性质），挂靠于北京市朝阳区某服务中心，后变更隶属于北京市某工商实业总公司。郭某某与该公司签订承包经营协议，由其担任北京市某楼饭庄法定代表人兼总经理，每年上缴管理费，并按月报送财务报表。因北京市某楼饭庄经营较好，郭某某等人先后在北京市、外埠及澳大利亚和美国设立分店、分公司 10 余家。1995 年 10 月，郭某某与张某宏、鲜某为管理北京市某楼饭庄及所属分店、分公司的经营及火锅研制开发项目，共同出资人民币 300 万元（大部分为北京市某楼饭庄固定资产折价，少部分为投入资金）注册成立了北京市升某有限责任公司（以下简称"升某公司"）。郭某某为该公司法定代表人、董事长。该公司为其他混合所有制性质的有限责任公司。

1996 年 7 月 20 日，升某公司经董事会研究决定，通过郭某某介绍向招商银行北京分行原中关村营业部（现更名为"招商银行北京分行中关村支行"，以下简称"中关村营业部"）提出贷款人民币 300 万元申请，用于购进生产多用途火锅原材料。该申请书中所列企业经营业绩、企业发展自我陈述和企业财务状况等项目，均按北京市某楼饭庄及分店的业绩、发展情况和财务状况进行填写。升某公司提交给银行的资产负债表、损益表（均为 1996 年 6 月 30 日）中的数字，部分为北京市某楼饭庄及分店的汇总数额，部分为会计推算和照抄郭某某提供的一份报表数字。

北京市某工商实业总公司经中关村营业部对其担保能力等核保后，为该贷款申请出具了不可撤销担保书。中关村营业部对升某公司此次贷款未作贷前调查，原因是：北京市某楼饭庄和升某公司在 1995 年 8 月 22 日和 1996 年 5 月 2 日，先后从该营业部贷款人民币 100 万元和 200 万元（本息均已归还），该两次贷款申请书和担保书与升某公司此次贷款人民币 300 万元的申请书内容基本相同。信贷员何某曾多次到升某公司和北京市某楼饭庄查验营业执照、财务账目及现场营业情况，并听取被告人郭某某关于两企业为一体经营及报送的财务报表系北京市某楼饭庄及分店的汇总表等情况的介绍，因此对升某公司本次贷款，何某经核保后便填写了贷前调查报告，并按照审批程序批准同意贷款人民币300万元。1996年8月2日，中关村营业部将贷款人民币300万元转入升某公司在该营业部设立的账户，贷款期限为10个月。

1996年8月6日后，升某公司将贷款人民币195万余元用于北京市某楼饭庄及本公司的经营，余款人民币104余万元被被告人郭某某以支票形式支付给北京市建工集团总公司房地产开发经营部，以个人名义购买了北京市朝阳区安慧北里秀园16号楼1209号、1210号房产两套。1997年年底，该两套房产由北京市某楼饭庄原聘用人员刘某梅以人民币80余万元的价格转卖给他人，后被告人郭某某又用卖房所得之款以个人名义购买了河北省三河市燕郊怡园别墅6号、15号房产两幢。同年12月16日，被告人郭某某将该两幢别墅抵押给中国金谷国际信托投资有限责任公司，以升某公司的名义贷款人民币200万元用于公司经营。

升某公司贷款人民币300万元后，先后支付银行贷款利息及罚息七次，共计人民币50余万元，至1998年1月停止付息。1997年6月1日贷款期满，中关村营业部分别给升某公司和担保单位北京市某工商实业总公司发出贷款到期催收函，两公司均复函表示同意履行还款及全额担保还款义务。因升某公司和北京市某楼饭庄在贷款逾期前后经营不善，资金周转发生困难，中关村营业部曾多次与被告人郭某某联系还款，郭某某表示因经营困难暂无还款能力，待经营好转收回资金后再还款。至案发时升某公司未能偿还该贷款。

经审理，北京市第一中级人民法院于1999年11月2日判决如下：1. 被告人郭某某无罪；2. 扣押在案的物品予以返还（附清单）。

一审宣判后，原公诉机关北京市人民检察院第一分院提出抗诉。主要理由是：原审被告人郭某某在贷款人民币300万元的过程中，欺骗银行信贷员并将北京市某楼饭庄经营业绩冒充升某公司的业绩，伪造虚假的申报材料，在骗得银行贷款人民币300万元后又将贷款用于其个人经营及挥霍。郭某某主观上有非法占有国有财产的犯罪故意，客观上实施了虚构事实、隐瞒真相诈骗银行贷款、逾期拒不归还的犯罪行为，且数额特别巨大。

原审被告人郭某某的辩护人提出：检察机关指控郭某某主观上恶意占有银行贷款资金，是没有事实依据的；郭某某在申请300万元贷款的整个过程中，不存在采取编造事实、蒙蔽、欺骗银行工作人员等欺诈手段骗取银行贷款的犯罪事实；郭某某不存在实际非法占有银行贷款资金，并将贷款用于个人经营活动及个人挥霍的事实，其逾期未还贷款亦非拒不归还贷款。

北京市高级人民法院经审理查明：升某公司是在工商行政管理机关正式登记注册的其他混合所有制性质的有限责任公司，该公司成立时，总资产中（指升某公司注册资金）80%的股份来自北京市某楼饭庄的固定资产折价。升某公司与北京市某楼饭庄名义上是两个独立的法人，但两个公司（企业）之间又确实存在密不可分的联系，且国家工商行政管理机关向其核发的营业执照中也确实有"管理公司咨询"及火锅的研制开发与生产（此项目系北京市某楼饭庄的主营项目）等内容。郭某某既是升某公司的法定代表人，又是北京市某楼饭庄及第一分店的法定代表人。案发前，升某公司也实际起到了管理公司的作用。郭某某作为升某公司的法定代表人，在以该公司名义向招商银行申请贷款的过程（先后两次，一次200万元、一次即本案的300万元）中，并未欺骗、隐瞒该公司与北京市某楼饭庄及分店的关系。郭某某在此次申报300万元贷款所需填报的企业资产负债表、损益表中部分数字有夸大和不实的情况下，违规行使法人职权，予以签字、盖章，确属错误，但其目的是获取贷款用于公司经营活动，并非诈骗银行贷款资金。郭某某在以升某公司名义向招商银行申请贷款过程中，多次按照规定向银行申报了担保单位，而银行亦多次对该担保单位进行了核保，并与该单位签订了具有法律效力的"不可撤销担保书"。同时，郭某某与担保单位不存在恶意串通，共同诈骗银行贷款的事实。升某公司在申请贷款时至本案案发前并非不具有申请及偿还贷款的能力，且招商银行经审查及核保后向其先后发放了人民币600万元贷款，其中300万元均已如期偿付利息及本金，对其余逾期未还的贷款，升某公司及担保单位均已书面承诺偿还。因此，检察机关指控郭某某在升某公司"不具备还款能力"的情况下骗取银行贷款资金，显然缺乏事实依据，亦与银行提供的贷款审核报告等证明不相符。

另查明：升某公司、北京市某楼饭庄及分店均属正式登记注册成立的法人，而郭某某作为前述公司、企业的法定代表人，在申请银行贷款的过程中，始终以公司、企业法定代表人的名义，行使其法定代表人的职务，并非郭某某的个人行为。郭某某确实已将申请到的300万元贷款中的绝大部分共计人民币195万余元贷款用于升某公司、北京市某楼饭庄及分店的经营活动。此外，虽然郭某某违规使用了贷款人民币104万余元购置房产，并以其个人名义登记产权，但此系郭某某根据升某公司股东会关于"购置房产以待升值后用作固定资产抵押再行贷款"的决议而为的单位行为，其以个人名义登记产权，也是公司股东认可的。况且，最终郭某某在将前述两处房产变卖又购入两套别墅后，又确实用于抵押，而从其他金融机构贷款所得人民币 200 万元也用于了升某公司、北京市某楼饭庄及分店的经营。贷款人民币 300 万元未能归还并非郭某某个人恶意占有并用于个人经营及挥霍所致。作为公司、企业的法定代表人，郭某某经营决策失误，导致公司投资规模、范围过大、过宽及违规使用部分贷款，陷入经营不善、资金周转困难的境地，是造成本案 300 万元贷款未能及时归还的重要原因。此外，银行在贷款到期仍未归还的初始阶段，确曾几次向郭某某所在单位及担保单位催告，郭某某所在单位也向银行支付了逾期加罚利息达半年之久，并一再表示将承担还贷责任及违约责任，担保单位亦表示一定履行担保责任，并帮助郭某某做好升某公司及北京市某楼饭庄的经营，以便尽快偿还贷款。之后，银行按照正式程序向郭某某所在单位及担保单位发出贷款催收函后，升某公司及担保单位均在回复函中表示一定归还贷款，尤其是担保单位更未拒绝担保，仍承诺其有不可撤销担保责任。

| 二审裁判结果 | 驳回北京市人民检察院第一分院的抗诉，维持原判。

| 裁判理由 | 北京市高级人民法院认为：原审被告人郭某某身为集体所有制和其他混合所有制企业、公司的法定代表人，在行使法定代表人职权，以升某公司名义向银行申请贷款的过程中，虽提供了具有推算和虚假成分的财务报表，但不影响其代表升某公司与银行签订贷款人民币 300 万元的效力，且此项贷款业务已由有关单位提供经银行确认真实、有效的担保保证，郭某某亦最终将贷款人民币 300 万元分别以现金形式或者以所购房产用作贷款抵押等方式用于企业经营活动，而并非用于其个人经营活动及挥霍；贷款未能如期归还，确因郭某某等人对公司、企业经营管理不善所致，但该公司始终表示将尽快归还贷款本息，且担保单位亦未拒绝承担担保责任。

综上，原审被告人郭某某在向银行为升某公司申请贷款人民币 300 万元的过程中，确无个人非法占有贷款的犯罪目的和犯罪故意及诈骗犯罪行为，北京市人民检察院第一分院所提抗诉意见缺乏充分的事实及法律根据，故不予采纳；原审被告人郭某某及其辩护人分别所作郭某某无罪并请求维持一审法院判决的辩解及辩护意见成立，予以采纳。北京市第一中级人民法院根据郭某某在本案中行为的事实、性质、情节所作的判决，认定事实清楚，证据确实、充分，适用有关法律认定起诉书指控被告人郭某某犯贷款诈骗罪的证据不足，指控的犯罪不能成立，对其宣告无罪正确，审判程序合法，应予维持。

（二）律师评析

在贷款诈骗罪中，如何把握"非法占有目的"是非常重要的问题。

根据《刑法》第一百九十三条的规定，贷款诈骗罪是指以非法占有为目的，用虚构事实或者隐瞒真相的方法，骗取银行或者其他金融机构的贷款，数额较大的行为。构成贷款诈骗罪，客观方面应当实施了骗取贷款的行为，如编造引进资金、项目等虚假理由，使用虚假的经济合同，使用虚假的证明文件，使用虚假的产权证明作担保或者超出抵押物价值重复担保，等等；主观方面必须具有非法占有贷款的目的。在司法实践中，认定是否构成贷款诈骗罪，不仅要看行为人的行为，还要看行为人是否具有"非法占有目的"。

关于如何认定行为人主观上具有"非法占有目的"，最高人民法院2001年1月21日印发的《全国法院审理金融犯罪案件工作座谈会纪要》指出："应当坚持主客观相一致的原则，既要避免单纯根据损失结果客观归罪，也不能仅凭被告人自己的供述，而应当根据案件具体情况具体分析。根据司法实践，对于行为人通过诈骗的方法非法获取资金，造成数额较大资金不能归还，并具有下列情形之一的，可以认定为具有非法占有的目的：（1）明知没有归还能力而大量骗取资金的；（2）非法获取资金后逃跑的；（3）肆意挥霍骗取资金的；（4）使用骗取的资金进行违法犯罪活动的；（5）抽逃、转移资金、隐匿财产，以逃避返还资金的；（6）隐匿、销毁账目，或者搞假破产、假倒闭，以逃避返还资金的；（7）其他非法转移资金、拒不返还的行为。"

在本案中，尽管被告人郭某某身为集体所有制和其他混合所有制企业、公司的法定代表人，在向银行申请贷款的过程中，提交的财务报表中部分数字具有推算和虚假成分，不影响其代表升某公司与银行签订贷款人民币300万元的效力，且此项贷款业务已由有关单位提供经银行确认为真实、有效的担保保证，但是其利用含有虚假项目的财务报表向银行申请贷款的行为，可以认定属于贷款诈骗的"其他方法"。然而，该行为是否构成贷款诈骗罪，还必须进一步借助其他行为事实来证明郭某某主观上是否具备"非法占有目的"。

综合本案中贷款的使用、不能归还贷款的原因以及郭某某对偿还贷款的主观态度等事实来分析，并不能认为郭某某在申请贷款的过程中以及取得贷款后具备"非法占有贷款的目的"。具体来说，郭某某最终将贷款人民币300万元分别以现金形式或者以所购房产用作贷款抵押等方式用于企业经营活动，而并非用于其个人经营活动及挥霍；贷款未能如期归还，确因郭某某等人对公司、企业经营管理不善所致，但升某公司始终表示将尽快归还贷款本息，且担保单位亦未拒绝承担担保责任。根据《全国法院审理金融犯罪案件工作座谈会纪要》的精神分析本案中对郭某某行为的不同定性：检察院主张郭某某主观上具有"非法占有目的"构成贷款诈骗罪，显然是未能正确区分贷款诈骗罪（刑事违法行为）与贷款欺诈（民事违法行为）在主观方面的界限；而法院认定郭某某因主观上不具备"非法占有目的"不构成贷款诈骗罪，则准确地把握了两者主观方面的界限。

随着市场经济的发展和金融活动领域的扩大，贷款不能归还的风险也有可能加大，贷款纠纷也会增多。因此，要准确区分贷款诈骗罪与贷款纠纷的界限。总之，在处理具体案件的时候，有证据证明行为人主观上不具有非法占有目的的，就不能单纯以贷款不能归还而按金融诈骗罪论处。

（三）相关法条及司法解释

《中华人民共和国刑法》

第一百九十三条　有下列情形之一，以非法占有为目的，诈骗银行或者其他金融机构的贷款，数额较大的，处五年以下有期徒刑或者拘役，并处二万元以上二十万元以下罚金；数额巨大或者有其他严重情节的，处五年以上十年以下有期徒刑，并处五万元以上五十万元以下罚金；数额特别巨大或者有其他特别严重情节的，处十年以上有期徒刑或者无期徒刑，并处五万元以上五十万元以下罚金或者没收财产：

（一）编造引进资金、项目等虚假理由的；

（二）使用虚假的经济合同的；

（三）使用虚假的证明文件的；

（四）使用虚假的产权证明作担保或者超出抵押物价值重复担保的；

（五）以其他方法诈骗贷款的。

三、非法占有目的是区分贷款诈骗罪与骗取贷款罪的核心要素

贷款诈骗罪和骗取贷款罪都表现为通过欺骗手段骗取金融机构的贷款，两

者的不同之处在于，贷款诈骗的行为人在骗取金融机构贷款的时候就具有非法占有目的，而骗取贷款行为人则不以非法占有为目的。在具备一定条件时，贷款诈骗罪和骗取贷款罪可以互相转化。

（一）典型案例

☞ 刘某贷款诈骗罪案[1]

【关键词】骗取贷款　非法占有

| **基本案情** | 原公诉机关：山东省菏泽市人民检察院。

被告人：刘某，女，1975年10月8日出生于山东省平原县，×族，中专文化，经商。因涉嫌犯骗取贷款罪，于2012年10月9日被菏泽市公安局牡丹分局刑事拘留，同年11月12日经菏泽市牡丹区人民检察院批准逮捕，同日由菏泽市公安局牡丹分局执行逮捕。

山东省菏泽市人民检察院以菏检刑诉〔2013〕89号起诉书指控被告人刘某犯贷款诈骗罪，于2013年11月6日向山东省中级人民法院提起公诉。山东省中级人民法院依法组成合议庭，公开开庭审理了本案。山东省菏泽市人民检察院检察员高某玺、孙某出庭支持公诉，被告人刘某及其辩护人常某涛到庭参加诉讼。现已审理终结。

公诉机关指控：2011年3月至6月，被告人刘某明知没有归还能力，编造购销药材、医疗器械的虚假理由，使用虚假的药材、医疗器械购买合同，以伪造的国有土地使用证、土地估价报告、房地产估价报告、房屋所有权证以及相应他项权利证明书作担保，在菏泽市牡丹区农村信用合作联社刘寨分社（以下简称"刘寨信用社"）骗取贷款共计人民币900万元，用于归还个人高息借款及投资。

2012年3月至6月，被告人刘某骗取的900万元贷款陆续到期，为继续非法占有该资金，刘某以向他人高息借款的方式归还到期贷款，然后采取上述诈骗手段，从刘寨信用社再次贷款共计人民币880万元，用于归还此次向他人的借款。至案发，被告人刘某的880万元贷款未能归还刘寨信用社。

2012年10月9日，被告人刘某因无能力偿还贷款，到菏泽市公安局牡丹分

------

[1] 山东省高级人民法院（2014）鲁刑二终字第30号。

局双河派出所自动投案。

对于指控的上述事实，公诉机关提交了下列证据予以证实：（1）伪造的国有土地使用证、房屋所有权证、土地及房屋评估报告、土地及房屋他项权利证明书；（2）户籍证明、菏泽市牡丹区农村信用合作联社个人业务转账凭证、虚假药材购买合同、贷款还款通知单；（3）证人魏某甲、张某甲、张某乙、吴某甲等证言；（4）被告人刘某的供述和辩解。

公诉机关认为，被告人刘某以非法占有为目的，明知没有归还能力而骗取金融机构贷款，数额特别巨大，其行为触犯了《中华人民共和国刑法》第一百九十三条之规定，犯罪事实清楚，证据确实、充分，应当以贷款诈骗罪追究其刑事责任。

被告人刘某辩称：自己是因为被张某乙骗了才没有还上贷款，没有非法占有贷款的故意，使用虚假手段骗出贷款，应构成骗取贷款罪。

被告人刘某辩护人的辩护意见是：（1）被告人刘某没有非法占有贷款的主观故意，贷款后没有非法占有贷款的客观行为。被告人编造、提交虚假的材料取得贷款，应构成骗取贷款罪。（2）被告人刘某具有自首情节，系初犯、偶犯，认罪态度好，有悔罪表现，可依法对其从轻或者减轻处罚。

一审法院经审理查明：2011年3月至6月，被告人刘某在明知自己没有归还贷款能力的情况下，编造购销药材、医疗器械的虚假理由，使用虚假的药材、医疗器械购买合同，以伪造的国有土地使用证、土地估价报告、房地产估价报告、房屋所有权证以及相应他项权利证明书作担保，在菏泽市牡丹区农村信用合作联社刘寨分社骗取贷款共计人民币900万元，用于归还个人高息借款及投资。

2012年3月至6月，被告人刘某骗取的900万元贷款陆续到期，刘某以向他人高息借款的方式归还了900万元贷款。刘某在刘寨信用社的900万元贷款的授信期限是2年，但按照信用社的规定使用期限为1年，如能按期归还，在不用重新办理任何贷款手续的情况下，刘寨信用社可以直接继续发放给被告人刘某900万元的贷款。刘某在归还了900万元贷款后，即以同样的虚假理由、使用同样的虚假合同及证件，采取同样的诈骗手段，从刘寨信用社再次贷款共计人民币880万元，用于归还此次向他人的借款。

2012年10月9日，被告人刘某因无能力偿还贷款，到菏泽市公安局牡丹分局双河派出所自动投案。

案发后，菏泽市公安局牡丹分局追回被告人刘某资金66.7694万元归还刘寨信用社，尚有813.2306万元未能归还。

上述事实，有经庭审举证、质证，法院予以确认的下列证据予以证实：

一、书证

1. 被告人刘某贷款所提供的证书、合同等。

2. 证明刘某贷款时提供的材料均为虚假材料的书证：

（1）菏泽威信资产评估事务所证明，证实菏威评报字（2011）第6051号房地产评估结果报告不是该所出具，为冒用该所名义所出具的报告。

（2）菏泽国瑞地产评估有限公司证明，证实菏国瑞地（2011）（估）字第8014号、菏国瑞地（2011）（估）字第1176号房地产评估结果报告不是该公司出具，为冒用该公司名义所出具的报告。

（3）菏泽市牡丹区住房保障和房产管理局证明，证实鲁菏房产他证牡字第0168号房屋他项权证在该局无抵押权登记记录。

（4）菏泽市国土资源局证明，证实该局未给刘某颁发菏国用2010第010356号国有土地使用证及菏他项（2011）第02875、菏他项（2011）第02864号土地他项权证。

（5）菏泽市牡丹区住房保障和房产管理局档案馆证明，证实刘某持有的菏房权证市直字第083482号房屋所有权证是假证。

3. 刘寨信用社为被告人刘某办理900万元贷款的调查报告、最高额抵押合同、个人借款合同等资料。

4. 关于被告人刘某2011年至2012年贷款支取情况的书证：

菏泽市牡丹区农村信用合作联社个人业务转账凭证、电汇凭证，被告人刘某及证人陈某、吴某甲、刘某甲、井某、张某乙、李某甲、刘某乙、张某丙、吴某乙等账户交易明细，证实2011年3月至6月，被告人刘某在刘寨信用社分五次贷款900万元，其中729万元汇入陈某等人账户，剩余贷款由被告人刘某支取现金。在贷款到期后，刘某归还该900万元贷款。在归还贷款后的第二日，刘某又贷出880万元，其中850万元汇入吴某乙等人账户，另外30万元现金支取。该880万元到期未能归还。

5. 关于被告人刘某债务情况的书证：

（1）收据，证实张某乙归还刘某借款共计215万元。

（2）山东某餐饮有限公司转给平原县某纺织品有限公司资金银行凭证、平原县某纺织品有限公司账户交易明细，证实2011年5月24日，张某乙向平原县某纺织品有限公司转账550万元。当日，平原县某纺织品有限公司将550万元分别转入张某丁账户385万元、张某己账户115万元、张某乙账户50万元。

（3）邱某与刘某清算债务凭据，证实邱某与刘某的经济债务情况，现已全部还清。

（4）借条一张，证实刘某向杜某借款150万元。

6. 综合书证：

（1）被告人刘某贷款证，证实刘某自2009年在刘寨信用社的贷款情况。

（2）贷款还款通知单，证实案发后刘某归还刘寨信用社66.7694万元。

（3）被告人刘某户籍证明，证实被告人刘某出生于1975年10月8日，实施犯罪行为时已达到完全刑事责任年龄。

（4）侦破经过，证实本案案发及被告人刘某投案情况。

（5）山东某餐饮有限公司工商登记资料，证实山东某餐饮有限公司法定代表人是张某乙。

（6）济南骄龙豆捞餐饮加盟合同书，证实张某乙于2011年5月29日加盟济南骄龙豆捞餐饮。

（7）被告人刘某提供的与张某乙之间的合作协议书及房屋抵押担保合同。后刘某供认以上合作协议书及房屋抵押担保合同是假的，是为了牵扯到张某乙，其与张某乙之间不存在任何协议。

二、证人证言

证人魏某、张某甲、马某、李某乙、何某、孙某、刘某甲、油某、刘某乙、徐某、张某丁、井某、赵某、王某甲、刘某甲、张某乙、苏某、王某乙、王某丙、郗某、张某戊、陈某、张某己、邱某、吴某甲、杜某、魏某乙、姚某、李某甲证言。

三、被告人刘某供述

刘某供认，2011年3月至6月，其在刘寨信用社申请贷款900万元，刘寨信用社要求必须以抵押物抵押。刘某找到一个叫何某的女老板，制作了一个假的房产证、一个土地证、一个房屋他项权证及两个土地他项权证。刘某将这些假证与一些假的药品购销合同及医疗器械购销合同等资料提交给了刘寨信用社，刘寨信用社的工作人员对这些证书及合同没有进行核实调查，就给刘某办理了900万元贷款。这900万元贷款的授信期限是2年，按照刘寨信用社的规定只能使用1年，1年之内能够按期归还，在不用重新办理任何贷款手续的情况下，刘寨信用社可以直接继续发放给刘某900万元贷款。对该900万元贷款，刘某分五次支取使用，大部分都归还了之前的借款。该900万元贷款到期后，刘某全部以借款归还。接着贷出880万元，归还了此次还贷的借款。

四、辨认笔录及照片

辨认笔录及照片证实刘某在 10 张不同的女性照片中辨认出 4 号何某照片就是为其办理假证件的人。

关于被告人刘某及其辩护人提出的"刘某没有非法占有贷款的主观故意，贷款后没有非法占有贷款的客观行为，是因为被张某乙骗了才没有还上贷款，应构成骗取贷款罪"的辩解、辩护意见，经查：被告人刘某供述，其从 2010 年开始借高利贷，其中一部分用于代理药品购销生意，一部分用于投资济南骄龙豆捞餐饮。刘某、陈某等人账户交易明细及证人陈某、吴某甲证言等证据证实，刘某向陈某、吴某甲等人大量借款。证人郗某证实，刘某供应药材的曹县人民医院和牡丹区中医院占压货款只有 60 万元左右。上述证据足以证实刘某在申请贷款之前已没有偿还贷款的能力。被告人刘某获得贷款后，并未将贷款用于进购药物和医疗器械这一借贷合同所规定的用途。本案证据证实，2011 年 3 月至 6 月刘某申请的 900 万元贷款中的 729 万元用于归还之前的高利贷。900 万元贷款到期后，刘某归还贷款的来源均是借款，在归还贷款次日陆续贷出 880 万元，归还上述借款。刘某亦是因明知自己无法偿还贷款，遂到公安机关投案。张某乙银行账户交易明细及收据凭条等证据能够证实，张某乙已经将 500 万元注册资金归还到刘某指定账户，并且已归还刘某 215 万元欠款。《全国法院审理金融犯罪案件工作座谈会纪要》规定："根据司法实践，对于行为人通过诈骗的方法非法获取资金，造成数额较大资金不能归还，并具有下列情形之一的，可以认定为具有非法占有的目的：（1）明知没有归还能力而大量骗取资金的……"被告人刘某在申请 900 万元贷款时已经欠下巨额高利贷，履约能力严重不足，其明知自己没有归还贷款的能力，而大量骗取资金，导致数额特别巨大的贷款不能归还，足以认定其主观上具有非法占有贷款的目的。

客观上，被告人刘某向刘寨信用社提供虚假的国有土地使用证、房屋所有权证、他项权利证明书、房屋及土地评估报告、伪造的药品购销合同，对此刘某供认不讳，证人何某证言也能够予以印证。菏泽市牡丹区住房保障和房产管理局、菏泽市国土资源局等证明文件也证实，刘某提供的一系列材料均为虚假。同时，刘寨信用社工作人员魏某甲、张某甲、马某、李某乙均证实，刘某申请贷款时没有按照规定提交相关手续，并且刘寨信用社对刘某申请 900 万元贷款的证明材料没有审核，就为刘某发放了贷款。可见，被告人刘某使用虚假证明文件、产权证明、经济合同诈骗贷款的过程清楚，证据确实、充分。

综上，被告人刘某主观上具有非法占有贷款的目的，客观上实施了骗取贷款的行为，符合贷款诈骗罪的构成要件。该辩解、辩护意见不能成立，法院不予采纳。

关于被告人刘某辩护人提出的"被告人刘某具有自首情节，系初犯、偶犯，认罪态度好，有悔罪表现，可依法对其从轻或者减轻处罚"的辩护意见，经查：被告人刘某犯罪以后自动投案，如实供述自己的罪行，属自首，可以对其从轻处罚。该辩护意见能够成立，法院予以采纳。

一审法院判决：1. 被告人刘某犯贷款诈骗罪，判处有期徒刑 15 年，并处罚金人民币 20 万元。2. 被告人刘某违法所得人民币 813.2306 万元，继续追缴，退赔被害单位。

原审被告人刘某不服，提出上诉。

经二审审理查明的事实和证据与一审相同。

山东省菏泽市中级人民法院在判决书中列明了经庭审质证认定本案事实的证据，二审法院予以确认。

在二审法院审理过程中，上诉人刘某及其辩护人均未提交新的证据。

｜二审裁判结果｜ 驳回上诉，维持原判。

｜裁判理由｜ 关于上诉人刘某及其辩护人所提"贷款用于与张某甲合伙投资、经营饭店，因被张某甲骗了才没能偿还贷款，没有非法占有贷款的主观故意，原审判决定性错误，应以骗取贷款罪定罪处罚"的上诉理由和辩护意见，经查：虽然在案部分证据能证实本案证人张某甲确有向刘某借款的事实，但张某甲银行账户交易明细、上诉人刘某向张某甲出具的收据凭条等书证及相关证人证言能够证实，张某甲已归还向刘某所借用于公司注册登记的资金 500 万元及其他借款 215 万元。在案银行账证资料、相关证人证言及上诉人刘某的供述证实，2011 年 3 月至 6 月，刘某将通过伪造国有土地使用证等权利证书或文件骗取的 900 万元金融机构贷款，主要用于归还在贷款之前业已形成的巨额高利借贷。贷款到期后，刘某明知其无归还能力，仍然通过高利借贷的方式，归还相关贷款，然后继续使用虚假证明文件，再次骗取金融机构贷款，并将骗取的贷款依然用于归还高利借贷。上诉人刘某骗取金融机构贷款用以偿还高利借贷的事实清楚，证据确实、充分。上诉人刘某明知其无归还能力，仍通过编造虚假证明文件骗取金融机构贷款，并致使数额特别巨大的贷款不能归还，足以认定其具有非法占有金融机构贷款的故意，应当以贷款诈骗罪定罪处罚。上诉人刘某及其辩护人所提刘某因遭张某甲欺骗而不能归还金融机构贷款的上诉理由及辩护意见没有事实依据，所提原审认定刘某犯贷款诈骗罪定性错误的上诉理由及辩护意见没有法律依据，均不能成立，不予采纳。

关于上诉人刘某及其辩护人所提"具有自首情节，应对其减轻处罚"的上诉理由和辩护意见，经查：上诉人刘某犯罪以后自动投案，如实供述自己的罪行，是自首。但其贷款诈骗数额特别巨大，给被害单位造成重大经济损失。原审法院根据其犯罪的事实、性质、情节和对社会的危害程度，依法判处其有期徒刑 15 年，并处罚金 20 万元，量刑适当。上诉人刘某及其辩护人所提该上诉理由和辩护意见不能成立，不予采纳。

二审法院认为，原审判决认定事实清楚，证据确实、充分，定罪准确，量刑适当，审判程序合法。

（二）律师评析

"非法占有目的"作为金融诈骗类犯罪的核心要件，不仅关系着某行为构成此罪还是彼罪，甚至还决定了某行为是有罪还是无罪。

首先，民事欺诈与刑事诈骗之间并非对立关系而是递进关系，这种递进关系的界限就在于行为人是否具有"非法占有目的"。民事欺诈与刑事诈骗在客观上都表现为，通过虚构事实、隐瞒真相来获取他人财物，故无法对非法占有他人财物的行为直接进行民事或刑事的定性，而要进一步从是否能通过民事途径进行救济、行为人是否逃避偿还款物等方面审查行为人的主观目的。

其次，看起来相似的两行为会因行为人是否具有"非法占有目的"而被评价为罪名和量刑截然不同的两种犯罪。如在骗取贷款罪与贷款诈骗罪两个罪名的构成要件中，"骗取"和"诈骗"本身并无实质区别，两罪唯一的区别就在于行为人"非法占有目的"的有无。但司法实践中，对金融诈骗犯罪"非法占有目的"的认定存在诸多问题。

1. 限制"占有目的"，将是否具有偿还能力作为衡量标准

司法实践中往往对金融诈骗犯罪嫌疑人的经济能力过分关注，无论是在侦查阶段、审查起诉阶段还是庭审阶段，或书面或言词都会涉及行为人是否有还款能力这一问题。经济能力是可以佐证非法占有目的的一个因素，但不应是重要因素。比如，某人通过伪造合同方式，虚构贷款用途向银行贷款 1000 万元，之后将钱用于个人炒股且获益颇丰，但是到期仍然不归还贷款，银行冻结了其账户 400 万元余额，剩余 600 万元经催要不得向公安机关报案。针对这种情况，

有观点认为贷款诈骗的数额为 600 万元，因为前期银行已经冻结取得了 400 万元，实现了债权；也有观点认为属于贷款诈骗 600 万元既遂，400 万元未遂。这样的判断看似合理，但会营造出所谓"定罪不论行为只看还钱"的假象，一定程度上与刑法罪刑相适应原则有所冲突。

2. 忽视"非法占有目的"产生的时间节点

我国《刑法》实行主客观相统一原则，这里不仅指主观有责和客观不法行为相统一，还应包括主观目的的产生时间与客观行为的实施时间相一致。在实践中，司法机关往往更注重对非法占有目的本身存在与否的证明，而相对忽略"非法占有目的"的产生时间，容易产生"一刀切"的问题。

在金融诈骗犯罪中，诈骗目的与行为应在同一个时间维度，如果行为人先得到了对方财物，但一开始没有占为己有的故意，之后才产生不归还的意思，则不构成诈骗犯罪，只能构成侵占罪等其他犯罪；如果行为人骗取财物的行为是存续于一段时间内的，而"非法占有目的"出现于行为过程中，则应将行为人的行为分段进行评价。

3. 过度依赖"用于生产经营"等规范性推定

金融诈骗犯罪往往会涉及专款专用的问题，如贷款诈骗案中的行为人是否虚构了贷款用途，是办理此类案件的重点之一，但并非只要行为人改变资金用途就能证明其具有"非法占有目的"。在司法实践中，如果行为人骗取财物后未按事前约定进行使用，而是用于生产经营活动，则通常不会被评价为具有"非法占有目的"。因此，对"生产经营"的不同理解可能会直接导致案件出现不同的走向。

实践中，司法机关大多将"生产经营"狭义地解读为生产物品、经营企业，而对于偿还公司或个人债务的行为是否属于"生产经营"往往持保守态度，对服务业尤其是金融业等经营主体如何适用"生产经营"这一概念也尚待明确。另外，实践中存在行为人进行盲目而不计后果的投资活动的情况，这种"投资"看似属于"生产经营"范畴，但实际上提高行为人偿还能力的可能性极小，其性质不亚于赌博等挥霍行为，应当将此类"假投资"行为从真正的"生产经营"活动中剥离出去。

（三）相关法条及司法解释

《中华人民共和国刑法》

第一百九十三条 有下列情形之一，以非法占有为目的，诈骗银行或者其他金融机构的贷款，数额较大的，处五年以下有期徒刑或者拘役，并处二万元以上二十万元以下罚金；数额巨大或者有其他严重情节的，处五年以上十年以下有期徒刑，并处五万元以上五十万元以下罚金；数额特别巨大或者有其他特别严重情节的，处十年以上有期徒刑或者无期徒刑，并处五万元以上五十万元以下罚金或者没收财产：

（一）编造引进资金、项目等虚假理由的；

（二）使用虚假的经济合同的；

（三）使用虚假的证明文件的；

（四）使用虚假的产权证明作担保或者超出抵押物价值重复担保的；

（五）以其他方法诈骗贷款的。

四、行为人有无非法占有目的应借助客观行为予以界定

在骗取贷款、票据承兑、金融票证罪中，经常会出现共同犯罪的情形。在形成共同犯罪的情况下，犯罪情节对于定罪量刑具有重要作用。

（一）典型案例

☞ 吕某甲骗取贷款、贷款诈骗案[1]

【关键词】 骗取贷款　贷款诈骗　信用卡诈骗　罪刑相适应

| 基本案情 | 原公诉机关：湖南省娄底市娄星区人民检察院。

上诉人（原审被告人）：吕某甲，男，1979 年 7 月 7 日出生于湖南省娄底市娄星区，×族，高中文化，无职业，户籍所在地为湖南省娄底市娄星区，住湖南省长沙市望城区。因涉嫌犯信用卡诈骗罪，于 2017 年 10 月 26 日被娄底市公安局娄星分局取保候审。2019 年 5 月 15 日，湖南省娄底市娄星区人民法院决定逮捕，于同日被执行逮捕。

湖南省娄底市娄星区人民法院审理湖南省娄底市娄星区人民检察院指控原审被告人吕某甲犯信用卡诈骗罪一案，于 2019 年 9 月 7 日作出 （2019） 湘 1302 刑初 269 号刑事判决。宣判后，原审被告人吕某甲不服，提出上诉。湖南省娄

----

[1]　湖南省娄底市中级人民法院 （2019） 湘 13 刑终 661 号。

底市中级人民法院依法组成合议庭对本案进行审理，经过阅卷、讯问上诉人、听取其辩护人的意见，认为本案不属于依法应当开庭审理的案件，决定不开庭审理。现已审理终结。

湖南省娄底市娄星区人民法院判决认定：2012 年 10 月 24 日，被告人吕某甲使用其本人照片并盗用其弟弟吕某的身份信息，在公安机关办理了吕某的居民身份证。2013 年 2 月，被告人吕某甲使用其盗用的吕某居民身份证，同时伪造了唐某云的居民身份证及吕某、唐某云的结婚证，以吕某的名义在中国工商银行股份有限公司娄底市分行城南支行申办了一张车贷信用卡 62××××04（卡号后变更为 62××××47），并签订了车辆抵押合同。吕某甲将所购湘 K××××*宝马轿车以吕某名义登记注册，再将车辆交给其朋友曾某使用。自 2014 年 8 月开始，该信用卡未按约定偿还透支款，抵押车辆已被曾某再次抵押给他人用于偿还其债务。截至案发时，该信用卡透支本金 268274.26 元。

2013 年 4 月，被告人吕某甲使用其盗用的吕某居民身份证及虚假的房屋装修合同，以吕某的名义在中国工商银行股份有限公司娄底市分行银园支行申办了一张家装信用卡 62××××63，于 2013 年 5 月在娄底市鸿基装饰工程有限公司通过 POS 机将装修贷款套现用于其他经营活动。自 2014 年 7 月开始，该信用卡未按规定偿还透支款。截至 2015 年 5 月 21 日，该信用卡透支本金 91663 元。综上所述，被告人吕某甲以虚假的身份证明骗领信用卡两张，透支后无法归还的本金共计 359937.26 元。

2017 年 10 月 26 日，被告人吕某甲自动到公安机关投案，如实供述了其上述犯罪事实，并于同日归还了 5 万元至家装信用卡 62××××63 账户。

上述事实有证人证言、书证、被告人的供述等证据证明。

湖南省娄底市娄星区人民法院认为，被告人吕某甲以非法占有为目的，以虚假的身份证明骗领信用卡后透支，数额巨大，其行为构成信用卡诈骗罪。被告人吕某甲自动投案后，如实供述其犯罪事实，系自首，依法从轻处罚。据此，判决：1. 被告人吕某甲犯信用卡诈骗罪，判处有期徒刑 6 年 9 个月，并处罚金 5 万元。2. 责令被告人吕某甲退赔中国工商银行股份有限公司娄底市分行城南支行 268274.26 元，退赔中国工商银行股份有限公司娄底市分行银园支行 41663 元。

原审被告人吕某甲上诉及其辩护人辩护提出：一审定性错误，吕某甲的行为构成骗取贷款罪；吕某甲系骗取车贷资金的从犯；吕某甲有自首、归还 5 万元贷款本金、初犯等情节，一审量刑偏重，请求二审改判。

经审理查明：

一、骗取贷款事实

2012年10月24日，上诉人吕某甲使用其弟弟吕某的户口本到公安机关补办了一张名为吕某的居民身份证，身份证头像系吕某甲。2013年2月，吕某甲为帮助朋友曾某申请车贷资金，因其本人征信有问题，使用名为吕某的居民身份证，伪造了唐某云的居民身份证和吕某与唐某云的结婚证，以吕某的名义在中国工商银行股份有限公司娄底市分行城南支行申办了一张车贷信用卡62××××04，用此卡一次性刷卡46万元并办理了分期还款业务，曾某支付了首付款，后续分期车贷资金由曾某偿还。所购湘K××××＊＊宝马轿车以吕某名义登记注册，吕某甲以吕某名义与工商银行签订了车辆抵押合同并办理了抵押登记，车辆归曾某控制和使用。自2014年8月开始，曾某在偿还20万元车贷分期资金后没有再偿还后续车贷资金，抵押车辆已被曾某以20万元质押给他人。至案发，未归还车贷本金268274.26元。

上述事实有下列经查证属实的证据证明：

1. 湖南省娄底市中级人民法院（2018）湘13民再5号民事裁定书及其案件移送函。证明：车贷信用卡是吕某甲冒用吕某的身份办理的，车辆办理了抵押登记，尚欠借款本金268274.26元。

2. 湖南省娄底市公安局娄星分局百亩派出所出具的身份信息证明。证明：有效期限为2012年10月24日—2031年10月24日的名为吕某的身份证，其头像为吕某甲的头像，系吕某甲冒用吕某户籍信息办理，是假证。

3. 证人张某的证言。证明：吕某甲冒用吕某名义在银行办理车贷信用卡，贷款46万元，还结欠本金268274.26元，逾期利息146117.54元。她知道车贷信用卡实际就是将相应信用卡透支额度调整到贷款所需要额度，然后持卡人到车行一次性透支出来并办理分期付款，之后这张信用卡就没有用了，只能按月偿还相应额度分期付款资金。家装信用卡的条件也是一致的，只是把购车订单换成装修合同。两者的区别是，车贷信用卡涉及车辆抵押手续，只有偿还清楚后才能解除车辆抵押。

车辆注册登记信息、车贷信用卡交易流水、购车专项分期付款合同、购车发票、抵押合同等证据印证了证人张某的证言。

4. 证人曾某的证言。证明：吕某甲以吕某的名义帮他购买了一台宝马牌轿车，使用车贷信用卡透支46万元，他支付了首付款。从2013年4月至2014年7月，他共偿还20万元左右的分期贷款，用现金偿还过，也用其建设银行卡转账偿还过。因经济紧张，尚欠约 26 万元分期贷款。他将车辆以 20 万元质押给别人了，他愿意配合银行把车子找到。

5. 证人谭某 1（娄底大成汽贸有限公司信贷业务员）的证言。证明：吕某（实为吕某甲）原计划是在其公司购买一台奥迪汽车，后来实际购买的是一台宝马 5 系汽车，并办了一张中国工商银行股份有限公司娄底市分行城南支行的车贷信用卡，因当时吕某不会填办理信用卡的申请表，他代为填写并签了名。

6. 证人朱某（中国工商银行股份有限公司娄底市分行城南支行员工）的证言。她听说吕某甲冒用吕某名义办理了车贷信用卡并购买了车辆，不排除其同事代领信用卡的情况。

7. 上诉人吕某甲的供述。证明：2012 年 10 月，他为了管理公司，瞒着吕某，用吕某的户口本在公安局补办了一张吕某的身份证，但身份证照片是他的头像。2013 年 2 月，他因征信有问题，就以吕某的名义，伪造唐某云的身份证和吕某与唐某云的结婚证，在中国工商银行股份有限公司娄底市分行城南支行申请办理了一张车贷信用卡，帮助朋友曾某购买了一台宝马汽车，车辆价值 60 万元左右，用车贷信用卡透支 46 万元，按 3 年分期还款。曾某支付了首付款，后期还款也由曾某偿还，他没有出过一分钱，车辆户口落在他弟弟吕某的名下，车辆抵押给了工商银行，车辆归曾某控制和使用，他把留存在银行的手机号 136××××＊＊＊也给了曾某。他听说曾某后来没有偿还贷款了。

二、贷款诈骗事实

2013 年 4 月，上诉人吕某甲使用名为吕某的居民身份证（证件头像为吕某甲），虚构与娄底市粤艺品味装饰工程有限公司的房屋装修合同，以吕某的名义在中国工商银行股份有限公司娄底市分行银园支行申办了一张家装信用卡 62××63，于 2013 年 5 月在娄底市鸿基装饰工程有限公司通过 POS 机刷卡套现，套现资金用于其他经营活动。自 2014 年 7 月开始，该信用卡未按规定偿还透支款。截至 2015 年 5 月 21 日，该信用卡透支本金 91663 元。

2017 年 10 月 26 日，上诉人吕某甲主动到公安机关投案，如实供述了其上述犯罪事实，并于同日归还了 5 万元至家装信用卡。

上述事实有下列经查证属实的证据证明：

1. 到案经过。证明：上诉人吕某甲于 2017 年 10 月 26 日 9 时许自动到公安机关投案，交代了其利用虚假材料申办工商银行家装信用卡的事实。

2. 证人谭某 2 的证言。证明：2013 年 4 月 1 日，吕某（实为吕某甲）在中国工商银行股份有限公司娄底市分行银园支行办理了一张家装信用卡，卡号为

62××63。经过审批，赋予吕某的信用卡信用额度为 20 万元，他没有去核实装修工地，只要求吕某提供了装修工程合同。2013 年 5 月，吕某正式启用家装信用卡，在娄底市鸿基装饰工程有限公司通过 POS 机刷卡 20 万元，一次性先行扣掉了 16000 元手续费。在刷卡时直接在 POS 机上做了分期还款业务。截至 2015 年 5 月 21 日，吕某所申请的家装信用卡累计透支本金 91663 元，利息 8859.69 元，滞纳金 4713.16 元，合计 105235.85 元。家装信用卡还款逾期后，他所在银行多次以电话和挂号信函进行催收，他还到吕某的住处娄星区百亩乡雅塘村和吕某的公司进行了催收，都找不到吕某本人。他于 2015 年 6 月 10 日向娄底市公安局娄星分局经济犯罪侦查大队报案。

3. 住宅装饰装修工程施工合同、家装信用卡账户信息表、还款明细、申请审核表、申请家装信用卡调查报告、催收记录及图片、工商银行存款凭证。证明：吕某甲申请家装信用卡所使用的资料、逾期未归还及催收贷款情况；2017 年 10 月 26 日，吕某甲存入 5 万元至家装信用卡。

4. 证人王某的证言。证明：他是经营娄底市粤艺品味装饰工程有限公司的负责人，该公司与吕某于 2013 年 4 月 6 日签订的一份住宅装修工程施工合同，是不真实的，没有这笔业务。

5. 证人吕某的证言。证明：他从没有提供自己的身份证给吕某甲使用过。2014 年年初，他去办身份证时，发现他哥哥吕某甲冒用他的身份信息在娄底市公安局娄星分局办理了一张身份证，身份证头像是吕某甲的。他对吕某甲冒用他的名义申请车贷信用卡和家装信用卡完全不知情，直到有人跟吕某甲在法院打官司时才知道吕某甲以他的名义在银行申请了贷款。

6. 上诉人吕某甲的供述。证明：2013 年 4 月，他到中国工商银行股份有限公司娄底市分行银园支行使用名为吕某的身份证申请办理了一张家装信用卡，卡号为 62××63，并提供了其在长沙购买的联排别墅的购房合同以及装修合同，这张卡的额度是 20 万元。他收到卡后便启动了这张卡，并透支了 20 万元的本金，分 24 期偿还，每期偿还 8000 多元。偿还 13 期欠款后，公司恶化，无力偿还，还欠 90000 多元没有偿还。2014 年上半年，他更换了手机号码。

| 二审裁判结果 | 一、撤销湖南省娄底市娄星区人民法院（2019）湘 1302 刑初 269 号刑事判决第一、第二项。

二、上诉人吕某甲犯骗取贷款罪，判处有期徒刑 1 年，并处罚金 1 万元；犯贷款诈骗罪，判处有期徒刑 3 年，并处罚金 4 万元。数罪并罚，合并决定执行有期徒刑 3 年 6 个月，并处罚金人民币 5 万元（刑期从判决执行之日起计算，判决执行前先行羁押的，羁押 1 日折抵刑期 1 日，即从 2019 年 5 月 15 日起至 2022 年 11 月 14 日止；罚金限判决生效之日起 1 个月内缴纳）。

三、责令上诉人吕某甲退赔中国工商银行股份有限公司娄底市分行城南支行 268274.26 元，退赔中国工商银行股份有限公司娄底市分行银园支行 91663 元（已退赔 50000 元）。

｜裁判理由｜ 二审法院认为：上诉人吕某甲以欺骗的手段取得银行购车贷款，逾期未归还款项 268274 元，其行为构成骗取贷款罪，且给银行造成重大损失。吕某甲以非法占有为目的，提供假证明，虚构事实、掩盖真相，骗取银行家装贷款，违规套现，未按约定使用贷款，造成 91663 元损失，其行为还构成贷款诈骗罪，且数额巨大。一审定性错误，二审予以纠正。上诉人吕某甲自动投案并如实供述犯罪事实，系自首。根据上诉人吕某甲的犯罪情节、案件起因，对其所犯骗取贷款罪从轻处罚，对其所犯贷款诈骗罪减轻处罚。上诉人吕某甲归案后，认罪态度较好，退赔了 5 万元的家装贷款，可酌情从轻处罚。

上诉人吕某甲及其辩护人提出，一审定性错误，吕某甲的行为构成骗取贷款罪。经查：吕某甲使用车贷信用卡、家装信用卡获得银行贷款资金的行为，实质上是银行借用信用卡的形式一次性发放贷款，发放"信用卡"的主要功能是作为贷款载体而非用于透支消费，不符合信用卡的本质特征。吕某甲取得车贷、家装贷资金并办理了分期还贷业务，实质上就是按揭贷款，逾期未归还信用贷款资金的行为主要属于不及时归还贷款，应按照相关贷款的法律规定界定其性质。吕某甲提供假证明而获得车贷资金的事实有证人张某及谭某 3 的证言、车贷信用卡交易流水、购车专项分期付款合同、购车发票、抵押合同等证据证实，吕某甲亦供认，足以认定，应对其以骗取贷款罪定罪处罚。吕某甲以非法占有为目的，骗取家装贷款的事实有证人谭某 2、吕某、王某的证言，装修合同、还款明细、催款记录及图片等证据证实，吕某甲亦供认，足以认定，应对其以贷款诈骗罪定罪处罚。故对上诉人吕某甲及其辩护人所提的该上诉理由和辩护意见，法院予以部分采纳。

上诉人吕某甲及其辩护人提出，吕某甲系骗取车贷资金的从犯。经查：在吕某甲骗取车贷资金的事实中，现有证据不能充分证实曾某有提供虚假证明材料和虚构事实的行为，曾某实际支付了大部分购车款，并无骗取贷款的主观故意，因此，曾某不构成骗取贷款的共犯，吕某甲依法应对自己的行为承担责任。故上诉人吕某甲及其辩护人所提的该上诉理由和辩护意见均不成立。

上诉人吕某甲及其辩护人还提出，吕某甲有自首、归还 5 万元贷款本金、初犯等情节，一审量刑偏重，请求二审改判。法院根据上诉人吕某甲的犯罪事实、性质、案件起因，结合自首、退赔等从宽处罚情节，依法予以改判。故对上诉人吕某甲及其辩护人所提的该上诉理由和辩护意见均予以采纳。

（二）律师评析

银行借信用卡之名发放个人信用贷款，信用卡只是借款的凭证，宜以借贷法律关系处理。骗取贷款罪与贷款诈骗罪从犯罪手段上看有相似之处，但是在主观目的、实质危害等方面有较大不同。刑法应保持谦抑，法院在审理骗取贷款罪案件时，要慎重对待，不可随意扩大打击范围。判断行为人是否具有"非法占有目的"，是区分骗取贷款罪与贷款诈骗罪的关键，即骗取贷款是借而欲还，而贷款诈骗是借而不还。[1]

我国《刑法》第一百七十五条之一对骗取贷款罪的欺骗手段没有进行规定，《最高人民检察院 公安部关于公安机关管辖的刑事案件立案追诉标准的规定（二）》第二十二条只规定了构成骗取贷款罪立案的数额，对欺骗手段也没有进行限制。通说观点认为，骗取贷款罪对欺骗手段没有任何限制。实践中，司法机关在审理骗取贷款罪案件时，行为人以任何欺骗手段骗取贷款 100 万元以上或者多次以欺骗手段取得贷款的，就构成骗取贷款罪。

但是，有学者对司法机关的这种做法提出反对，认为根据骗取贷款罪的保护法益与"严重情节"的要求，以下三种情形不能入罪：有足额担保的骗贷行为不应构成犯罪；案发前主动归还本息的骗贷行为不构成犯罪；"以贷还贷"（借新还旧）的数额不应认定为骗贷数额。还有学者指出，行为人针对金融机构、担保人实施双重欺骗的，担保人代为还款的，贷款到期日前行为人明显具有还贷经济能力的，都不成立骗取贷款罪。

笔者认为，以上观点都有一定道理，为保持刑法的谦抑性，避免打击过重，可以从以下三个方面把握骗取贷款罪的入罪与出罪：

1. 欺骗手段需针对可以识别真假的自然人，只有当行为人的欺骗手段足以使金融机构的工作人员错误地认为其符合放贷条件时，才属于采取了欺骗手段。

---

[1] 孙国祥：《骗取贷款罪司法认定中的三个问题》，载《政治与法律》2012 年第 5 期，第 42 页。

单纯的贷款材料存在虚假不能认定为采取了欺骗手段。[1]

2. 只有当虚假手段属于《刑法》第一百九十三条规定的内容，并且达到足以使金融机构工作人员将原本不应发放的贷款发放给行为人时，才能认定该行为符合骗取贷款罪的构成要件。[2]

3. 骗取贷款罪只能是故意犯罪，且只能是结果犯。此处的结果是指行为人取得银行或者其他金融机构贷款，而不是指造成银行或者其他金融机构重大损失。"重大损失"与"严重情节"不是犯罪成立条件，而是客观处罚条件。针对"多次骗取贷款"，不应包括"以贷还贷"（借新还旧）的数额与次数。

（三）相关法条及司法解释

《中华人民共和国刑法》

第一百七十五条之一 以欺骗手段取得银行或者其他金融机构贷款、票据承兑、信用证、保函等，给银行或者其他金融机构造成重大损失的，处三年以下有期徒刑或者拘役，并处或者单处罚金；给银行或者其他金融机构造成特别重大损失或者有其他特别严重情节的，处三年以上七年以下有期徒刑，并处罚金。

单位犯前款罪的，对单位判处罚金，并对其直接负责的主管人员和其他直接责任人员，依照前款的规定处罚。

第一百九十三条 有下列情形之一，以非法占有为目的，诈骗银行或者其他金融机构的贷款，数额较大的，处五年以下有期徒刑或者拘役，并处二万元以上二十万元以下罚金；数额巨大或者有其他严重情节的，处五年以上十年以下有期徒刑，并处五万元以上五十万元以下罚金；数额特别巨大或者有其他特别严重情节的，处十年以上有期徒刑或者无期徒刑，并处五万元以上五十万元以下罚金或者没收财产：

（一）编造引进资金、项目等虚假理由的；

（二）使用虚假的经济合同的；

（三）使用虚假的证明文件的；

（四）使用虚假的产权证明作担保或者超出抵押物价值重复担保的；

（五）以其他方法诈骗贷款的。

---

[1] 张明楷：《骗取贷款罪的构造》，载《清华法学》2019 年第 5 期，第 32 页。
[2] 张明楷：《骗取贷款罪的构造》，载《清华法学》2019 年第 5 期，第 32 页。

《中华人民共和国刑事诉讼法》

第二百三十六条 第二审人民法院对不服第一审判决的上诉、抗诉案件，经过审理后，应当按照下列情形分别处理：

（一）原判决认定事实和适用法律正确、量刑适当的，应当裁定驳回上诉或者抗诉，维持原判；

（二）原判决认定事实没有错误，但适用法律有错误，或者量刑不当的，应当改判；

（三）原判决事实不清楚或者证据不足的，可以在查清事实后改判；也可以裁定撤销原判，发回原审人民法院重新审判。

原审人民法院对于依照前款第三项规定发回重新审判的案件作出判决后，被告人提出上诉或者人民检察院提出抗诉的，第二审人民法院应当依法作出判决或者裁定，不得再发回原审人民法院重新审判。

第八章　票据诈骗罪

一、票据诈骗罪概述

我国《刑法》第一百九十四条对构成票据诈骗罪的情形进行了规定。"票据诈骗罪是指在票据交易活动中，行为人以非法占有为目的，故意使用不符合法律规定的票据（文中票据指汇票、本票、支票），骗取他人财物数额较大的行为。"[1]与一般的诈骗罪不同，该罪名在现行《刑法》中属于破坏社会主义市场经济秩序类中的金融诈骗罪类型。

诈骗罪与票据诈骗罪具有高度的相似性，二者都是采取"骗"的手段，行为人主观上都具备非法占有的直接故意，在犯罪的过程中都需要不同程度地虚构事实、隐瞒真相，都使得对方因自愿处分财物而受到损失，行为人也都是因为对方的处分财物行为而获利。但究其内涵，诈骗罪的内涵更加宽泛，票据诈骗罪为诈骗罪的特殊情形。

票据诈骗罪与一般诈骗罪最大的不同在于，票据诈骗罪中行为人从被害人手中获得财物的真正原因系通过使被害人相信其使用的虚假汇票、本票、支票为真实，或者相信其使用的是自己持有的汇票、本票、支票。这一行为本质上破坏了国家对于票据的管理秩序。

（一）票据诈骗罪的构成要件

1. 本罪的主体

本罪的主体是一般主体，凡达到刑事责任年龄并具有刑事责任能力的自然

---

[1] 刘剑军：《票据诈骗罪在司法认定中的界限解析》，载《山西高等学校社会科学学报》2014 年第 12 期，第 64 页。

人均可构成票据诈骗罪。根据《刑法》第二百条之规定，单位亦能成为本罪的主体。

银行或其他金融机构的工作人员与票据诈骗的犯罪分子串通，为诈骗犯罪分子提供诈骗帮助的，应以票据诈骗罪共犯论处。主要理由是，犯罪分子进行票据诈骗活动实现其非法骗取他人财物的意图，往往离不开银行或其他金融机构内部工作人员利用职务上的便利。

但需要注意，对于银行等金融机构工作人员的上述行为，不能一概以票据诈骗罪而论，也可能会构成其他犯罪。例如：仅仅帮助伪造票据的，视票据的用途还可能成立一般诈骗罪；利用自己的职务之便，造成本单位经济损失的，应当按照贪污罪或职务侵占罪定性。

2. 本罪的主观方面

票据诈骗罪在主观方面表现为直接故意。本罪的主观方面需要综合判断。首先，行为人明知自己实施的是虚假票据行为，也清楚其行为将产生危害票据管理秩序或者侵害他人财物的结果，仍希望此结果发生。[1]其次，行为人在主观上具有"非法占有目的"。[2]最高人民法院于 2001 年印发的《全国法院审理金融犯罪案件工作座谈会纪要》中明确指出："金融诈骗犯罪都是以非法占有为目的的犯罪。"这是本罪要求具有"非法占有目的"之依据。

3. 本罪的客体

本罪属于《刑法》第三章"破坏社会主义市场经济秩序罪"中的犯罪，系金融诈骗罪的一种，涉及的金融票据是可流通转让的信用支付工具。

作为一种可流通转让的有价证券，金融票据具有有价性、物权性、无因性、要式性等特点。由于金融票据具有上述特点，使用金融票据可以使资金的使用效率大大提高。但金融票据的上述特点也使犯罪分子出于贪利目的而想方设法利用票据或者使用伪造、变造的票据骗取他人财物的犯罪日益突出。这类犯罪往往是在金融票据的流通和使用过程中进行的，因而它不仅侵犯了他人的财产权利，更影响了金融票据的信誉，妨害了金融票据的正常流通和使用，破坏了国家对金融票据业务的管理制度。

---

〔1〕 刘剑军：《票据诈骗罪在司法认定中的界限解析》，载《山西高等学校社会科学学报》2014 年第 12 期，第 65 页。

〔2〕 刘剑军：《票据诈骗罪在司法认定中的界限解析》，载《山西高等学校社会科学学报》2014 年第 12 期，第 65 页。

4. 本罪的客观方面

根据《刑法》第一百九十四条的规定，票据诈骗罪主要有五种表现形式：

（1）明知是伪造、变造的汇票、本票、支票而使用。构成这种形式的犯罪要求行为人在使用票据时，"明知"票据是伪造、变造的。

（2）明知是作废的汇票、本票、支票而使用。这里所说的"作废"的票据，是指根据法律和有关规定不能使用的票据，包括过期的票据，也包括无效的以及被依法宣布作废的票据，还包括银行根据国家有关规定予以作废的票据。

（3）冒用他人的汇票、本票、支票。这里所说的"冒用"通常表现为以下三种情况：一是行为人使用以非法手段获取的票据，如以欺诈、偷盗或者胁迫等手段取得的票据，或者明知是以上述手段取得的票据而使用进行诈骗活动；二是行为人没有代理权而以代理人名义或者超越代理权限进行票据行为；三是行为人使用他人委托代为保管的或者捡拾他人遗失的票据，骗取财物。

（4）签发空头支票或者与其预留印鉴不符的支票，骗取财物。

（5）汇票、本票的出票人签发无资金保证的汇票、本票或者在出票时作虚假记载，骗取财物。出票人签发汇票、本票时，必须具有可靠的资金保证，若无资金保证或存在虚假记载，则构成本罪。

（二）票据诈骗罪的现状分析

在中国裁判文书网以票据诈骗罪为案由进行检索，共检索到 4677 篇文书。[1]从审判程序来看，涉及管辖 13 件，刑事一审 1027 件，刑事二审 491 件，刑事审判监督 122 件，刑罚与执行变更 1845 件，执行 1175 件，其他 4 件。这些案例中，不少涉及金融机构及其工作人员。自 2010 年至 2021 年，涉及票据诈骗罪裁判文书的制作年份与数量统计如表 8.1 所示。

表 8.1 2010—2021 年票据诈骗罪裁判文书制作年份与数量统计

年 份	文书数量/件	年 份	文书数量/件
2010	14	2014	523
2011	20	2015	798
2012	59	2016	881
2013	95	2017	623

---

〔1〕 中国裁判文书网（https：//wenshu.court.gov.cn），检索日期 2024 年 5 月 19 日。

续表

年　份	文书数量/件	年　份	文书数量/件
2018	552	2020	380
2019	514	2021	156

二、对法条竞合的关系要予以关注

票据诈骗罪中票据的使用分为直接使用和间接使用两种情况。直接使用指的是，行为人在犯罪中使用票据的支付、结算功能。行为人或者虚构事实，或者隐瞒票据的一些真实情况，对方因为相信票据是真实出具、合法有效的，自愿将自己的财物交付行为人，行为人获得财物，从而完成整个犯罪过程。在这种情形下，票据被行为人作为支付、结算工具用于欺骗对方，这是对票据的直接使用，也是最为典型的票据诈骗犯罪手段。[1]有学者主张："在本罪的立法以及其他金融诈骗罪立法都缺乏明确性的情况下，本罪所谓'使用'行为应通过司法解释限定在'直接使用'范围内。"[2]在直接使用的情形下，应当以票据诈骗罪对行为人进行评价。

与此相对应，若票据并没有被直接用于支付，而是被行为人用于向被害人展示自己的付款能力、资金实力，从而骗取对方信任，或行为人仅将票据用作担保或其他，则属于对票据的间接使用。在间接使用时，用票据作担保的，担保并不涉及票据关系和票据权利，其所指向的是被担保的经济关系，所以侵犯的不是票据权利和正常的票据管理制度这一票据诈骗罪所保护的法益，而是票据担保背后的经济关系。[3]在间接使用的情形下，票据本身不能被认定为诈骗的手段，只能被认为辅助措施，是诈骗罪中让被害人相信"谎言"的一种加强手段。因此，在间接使用票据的情形下，不应当将行为人的行为评价为票据诈骗罪，而应当以诈骗罪进行评价。

---

[1] 李寅：《诈骗罪与票据诈骗罪之辨析——不同情形下签发空头支票行为性质的认定》，载《法制与社会》2020年第5期，49页。

[2] 刘生荣、但伟主编：《破坏市场经济秩序犯罪的理论与实践》，中国方正出版社2001年版，第407页。

[3] 田宏杰：《票据诈骗罪客观行为特征研究》，载《中国人民公安大学学报》，2003年第3期，第35页。

（一）典型案例

☞ 俞某诈骗案[1]

【关键词】法条竞合　此罪与彼罪

| 基本案情 | 2010 年 9 月中旬，被告人俞某先后两次向被害人郭某借钱，谎称其买车需要用钱，并称愿意支付人民币 3 万元利息。郭某先后两次在塘沽滨海新村渤海一中附近其汽车里给付被告人俞某人民币共计 27 万元。2010 年 9 月 16 日，被告人俞某向郭某出具借款 30 万元的借据一张，并给付郭某两张数额分别为 20 万元和 10 万元的空头支票作抵押，谎称到期后可以支票偿还借款。被告人俞某将该人民币共计 27 万元用于偿还个人债务，后逃匿，借款到期后未向郭某偿还债务。

被告人俞某的辩护人提出以下辩护意见：（1）对起诉书中指控的犯罪数额 27 万元有异议，实际犯罪数额为 25.5 万元；（2）被告人能如实供述自己的罪行，认罪、悔罪态度较好，且系初犯，没有前科劣迹，社会危害性相对较小。请求对被告人俞某从轻处罚。

| 裁判结果 | 天津市滨海新区人民法院于 2013 年 5 月 24 日作出（2013）滨塘刑初字第 313 号刑事判决：被告人俞某犯诈骗罪，判处有期徒刑 5 年，并处罚金人民币 5 万元（刑期从判决执行之日起计算，判决执行以前先行羁押的，羁押 1 日折抵刑期 1 日，即自 2012 年 9 月 7 日起至 2017 年 9 月 6 日止；罚金自本判决生效后 1 个月内向本院缴纳）。

宣判后，被告人俞某未提起上诉，检察院亦未抗诉，判决已发生法律效力。

| 裁判理由 | 被告人俞某以非法占有为目的，采用虚构事实、隐瞒真相的方法骗取他人钱财，数额巨大，其行为已构成诈骗罪。公诉机关指控的罪名成立。被告人俞某及其辩护人辩称被告人犯罪数额为 25.5 万元，但未能提供相应证据予以证实，故法院不予采纳；公诉机关提供了被害人郭某陈述、证人余某锋证言及借据证实被告人俞某犯罪数额为 27 万元，证据充分，法院予以确认。辩护人所提其他辩护意见的合理部分，法院予以采纳。

----

〔1〕 最高人民法院中国应用法学研究所编：《人民法院案例选》（2014 年第 3 辑 总第 89 辑），人民法院出版社 2015 年版。

（二）律师评析

1. 诈骗罪与票据诈骗罪之间属于法条竞合的关系

从诈骗罪与票据诈骗罪的关系来看，其属于包含式的法条竞合关系。票据诈骗罪是从诈骗罪中分离出来的，票据诈骗罪与诈骗罪具有特殊与一般的关系。

票据诈骗罪与诈骗罪的共同诈骗发展进程为：实施欺诈行为→使他人产生或者继续维持错误认识→他人由此实施处分（或交付）财产行为→行为人获得或者使第三人获得财产→被害人遭受财产损失。[1]只是票据诈骗罪在诈骗过程中使用了票据。此外，二者都要求行为人具有非法占有的目的。

因此，构成票据诈骗罪也必然符合诈骗罪的构成特征。在处理案件时，某一案件同时符合两个罪名的，应当依据特别法优于普通法的原则，以票据诈骗罪进行评价。某一案件若不符合票据诈骗罪构成的，应当按照诈骗罪进行评价。

2. 此罪与彼罪的区分

普通诈骗罪所侵害的客体只是单一的公私财产所有权。虽然行为人有时在诈骗的方法或手段上附带实施了伪造、变造票据等辅助行为，但其犯罪行为并没有进入金融流通领域，没有侵害到票据管理制度，而只是将伪造、变造的票据凭证作为展示自己经济实力或进行担保的工具。

在本案中，被告人以非法占有为目的，仅将票据作为借款的担保工具，使被害人产生了被告人有能力还款的错误认知，从而将钱借给被告人使用。根据《刑法》之规定，票据诈骗罪的构成需要行为人实施"使用""冒用""签发"等一系列行为，这一系列行为必将导致票据管理制度在票据运转的过程中受到破坏。反之，票据被用于辅助诈骗的工具，行为人没有前述一系列行为，票据就不会通过银行等金融机构进入商品的交换、流通或资金货币的结算运转中以及金融机构的往来活动中，即不会破坏票据诈骗罪所保护的法益。

（三）相关法条及司法解释

《中华人民共和国刑法》

第一百九十四条 有下列情形之一，进行金融票据诈骗活动，数额较大的，处五年以下有期徒刑或者拘役，并处二万元以上二十万元以下罚金；数额巨大

---

[1] 胡静：《商票资管业务中欺骗性行为的刑法评价——以票据诈骗罪的构成要件为视角》，载《法制博览》2022年第7期，第22页。

或者有其他严重情节的，处五年以上十年以下有期徒刑，并处五万元以上五十万元以下罚金；数额特别巨大或者有其他特别严重情节的，处十年以上有期徒刑或者无期徒刑，并处五万元以上五十万元以下罚金或者没收财产：

（一）明知是伪造、变造的汇票、本票、支票而使用的；

（二）明知是作废的汇票、本票、支票而使用的；

（三）冒用他人的汇票、本票、支票的；

（四）签发空头支票或者与其预留印鉴不符的支票，骗取财物的；

（五）汇票、本票的出票人签发无资金保证的汇票、本票或者在出票时作虚假记载，骗取财物的。

使用伪造、变造的委托收款凭证、汇款凭证、银行存单等其他银行结算凭证的，依照前款的规定处罚。

第二百六十六条　诈骗公私财物，数额较大的，处三年以下有期徒刑、拘役或者管制，并处或者单处罚金；数额巨大或者有其他严重情节的，处三年以上十年以下有期徒刑，并处罚金；数额特别巨大或者有其他特别严重情节的，处十年以上有期徒刑或者无期徒刑，并处罚金或者没收财产。本法另有规定的，依照规定。

三、票据诈骗罪与经济纠纷要加以区别

票据诈骗罪与一般经济纠纷的区别实质上就是罪与非罪的区别。认定构成票据诈骗罪，需要行为人具备非法占有的目的，并且客观上实施了《刑法》第一百九十四条规定的行为。而在经济纠纷中，双方当事人均有履行合同的意愿和行为意思表示，但因为客观因素不能履行或不能完全履行，最终资金链断裂导致合同无法履行。在此情形下，显然行为人不具有非法占有的目的，不构成票据诈骗罪。

认定是否存在非法占有的目的，《全国法院审理金融犯罪案件工作座谈会纪要》明确了以下几点："（1）明知没有归还能力而大量骗取资金的；（2）非法获取资金后逃跑的；（3）肆意挥霍骗取资金的；（4）使用骗取的资金进行违法犯罪活动的；（5）抽逃、转移资金、隐匿财产，以逃避返还资金的；（6）隐匿、销毁账目，或者搞假破产、假倒闭，以逃避返还资金的；（7）其他非法占有资金、拒不返还的行为。"在处理具体案件的时候，对于有证据证明行为人不具有非法占有目的的，不能单纯以财产不能归还就按金融诈骗罪处罚。

(一) 典型案例

👉 郭某某票据诈骗罪案[1]

【关键词】票据诈骗罪　案发前归还数额扣除　数额特别巨大

| **基本案情** | 山东省淄博市临淄区人民检察院指控称：2016 年 4 月，被告人郭某某经李某某介绍，用 42 万余元从天津购买了一张面额为 230 万元的变造的银行承兑汇票。2016 年 4 月 22 日，郭某某通过齐某某、孙某某、代某某将该变造的银行承兑汇票贴现给被害人付某，骗取付某贴现款 2258600 元，郭某某将贴现款用于归还个人债务。被害人付某发现受骗后于 2016 年 5 月 23 日报案，被告人郭某某与齐某某、李某某、代某某等人陆续归还付某 1716200 元。淄博市公安局临淄分局于 2016 年 12 月 7 日立案侦查。2016 年 12 月 11 日，付某收到还款 500000 元。

被告人郭某某对公诉机关指控的犯罪事实和罪名均有异议，辩解称其事先不知道涉案汇票系假票据，其行为不构成票据诈骗罪。其辩护人辩护称：本案系民间票据交易，涉案汇票系郭某某租赁而来，在被付某退票前不知道该汇票系假票据，且该票据没有被权威鉴定机构认定为假票，被告人郭某某的行为不构成票据诈骗罪。

被害人付某认为，其从山东钢铁股份有限公司莱芜分公司拿回假汇票时支付 230 万元，其经济损失应包括拿回假汇票时的损失，还有 85850 元未归还。

法院审理查明：2016 年 4 月，被告人郭某某经李某某介绍，自称用 42 万余元从天津购买了一张面额为 230 万元的变造的银行承兑汇票。2016 年 4 月 22 日，郭某某通过齐某某、孙某某、贾某某、代某某将该变造的银行承兑汇票贴现给被害人付某，骗取付某贴现款 2258600 元，郭某某将贴现款用于归还个人债务。被害人付某发现受骗后于 2016 年 5 月 23 日报案，上诉人郭某某与齐某某、李某某、代某某等人陆续归还付某 1714650 元。淄博市公安局临淄分局于 2016 年 12 月 7 日立案侦查。2016 年 12 月 11 日，付某收到还款 500000 元。

| **裁判结果** | 山东省淄博市临淄区人民法院于 2019 年 9 月 16 日作出 (2019) 鲁 0305 刑初 478 号刑事判决：被告人郭某某犯票据诈骗罪，判处有期徒刑 11 年，

---

〔1〕 山东省淄博市中级人民法院 (2020) 鲁 03 刑终 17 号。

并处罚金人民币 15 万元。责令被告人郭某某退还被害人付某人民币 43950 元。

宣判后，被告人郭某某提起上诉。

山东省淄博市中级人民法院于 2020 年 3 月 18 日作出（2020）鲁 03 刑终 17 号刑事判决：1. 维持山东省淄博市临淄区人民法院（2019）鲁 0305 刑初 478 号刑事判决第一项的定罪部分和第二项。2. 撤销山东省淄博市临淄区人民法院（2019）鲁 0305 刑初 478 号刑事判决第一项的量刑部分。3. 上诉人郭某某犯票据诈骗罪，判处有期徒刑 5 年 6 个月，并处罚金人民币 8 万元。

| 裁判理由 | 法院生效裁判认为：

关于上诉人郭某某及其辩护人所提"不知道涉案承兑汇票系伪造或变造票据，不构成票据诈骗罪"的上诉理由和辩护意见，经查：上诉人郭某某供述，涉案金额 230 万元的承兑汇票系其支付 42 万余元从他人处拿到的，票据提供人明确说明承兑汇票可以抵押使用但不能贴现，其不清楚票据提供人的基本情况，与票据提供人之间无任何协议、约定、收条、抵押、保证及背书转让等手续，且在取得汇票时未查询票据真伪。上述交易行为不符合民间票据交易习惯。上诉人郭某某将汇票转让给齐某某时，未将自己没有票据贴现权的情况如实告知齐某某，但告知他如果承兑汇票能用就可以归还欠他和他朋友的钱，并嘱咐他用票时要多注意一点。虽然郭某某和齐某某到临淄农村商业银行进行汇票查询，但查询结果仅证实付款行中国银行晋中市分行承兑过该汇票，并不能证实汇票的真假。证人孙某某、代某某均证实在涉案票据被退票后曾找过郭某某，其承认知道承兑汇票是假的。上诉人郭某某知道被公安机关网上追逃后，更换手机号码，尽量不使用身份证，主观上有逃避侦查的故意。综上所述，根据涉案票据非正常的来源渠道、非正常的使用情况、郭某某非正常的表现等情形，足以认定郭某某主观上具有非法占有的故意，明知涉案汇票系伪造或变造而使用骗取他人财物，其行为构成票据诈骗罪。

关于上诉人郭某某的辩护人所提"原审判决认定涉案票据系假票的证据不足"的辩护意见，经查：中国银行晋中市分行作为涉案票据的付款行，有能力辨别自己出具的承兑汇票真伪，该行通过将票据与底卡联核对，认定涉案票据的票号、大写金额、小写金额存在变造，该真伪辨别客观有效。

关于上诉人郭某某的辩护人所提"即使认定构成票据诈骗罪，应扣除案发前归还的 1714650 元，票据诈骗数额为 543950 元，且不属于数额特别巨大"的辩护意见，经查：在具体认定金融诈骗犯罪的数额时，应当以行为人实际骗取的数额计算，但应当将案发前已归还的数额扣除，本案票据诈骗数额扣除立案前已归还的 1714650 元，应当认定为 543950 元。关于票据诈骗罪"数额特别巨大"的标准，尚没有司法解释作出具体规定，山东省也没有统一的数额标准。根据《山东省高级人民法院 山东省人民检察院 山东省公安厅关于确定诈骗罪具体数额标准的通知》，诈骗公私财物价值 6000 元以上的，为"数额较大"；诈骗公私财物价值 50 万元以上的，为"数额特别巨大"。作为同为诈骗类犯罪的票据诈骗罪与诈骗罪相比较，其立案追诉标准远高于诈骗罪立案追诉标准，因此票据诈骗罪"数额特别巨大"的数额标准也应当远高于诈骗罪"数额特别巨大"50 万元以上的标准，本案中票据诈骗数额为 543950 元，不应认定为"数额特别巨大"。

上诉人郭某某明知是伪造或变造的银行承兑汇票而使用，进行金融票据诈骗活动，数额巨大，其行为构成票据诈骗罪。上诉人郭某某与他人退赔了被害人大部分损失，可对其酌情从轻处罚。原审判决定罪准确，审判程序合法，但查明已还款的数额及认定数额特别巨大和量刑不当，依法应当予以纠正。

（二）律师评析

1. 判定被告人"明知"系伪造、变造的票据仍然使用对定罪很重要

在票据诈骗罪的定罪量刑过程中，行为人是否"明知"系伪造、变造的票据而使用，是判断行为人是否具有非法占有目的之重要标准。

在本案中，被告人对票据提供人的基本情况不知情，且其明知该票据仅能用于抵押而不能用于贴现，这表明被告人对票据存在问题这一情况是知情的。被告人在明知票据真实性存在疑问的情形下，不与票据提供人签订协议，不要求票据提供人进行背书，亦不查询票据的真实性，这表明被告人对票据的伪造、变造情况是明知的。

2. 案发前被告人已归还的金额是否应该在定罪时予以扣除？

票据诈骗罪案发前被告人已归还的金额是否应该在定罪时予以扣除？对于这个问题，1991 年 4 月 23 日《最高人民法院研究室关于申付强诈骗案如何认定诈骗数额问题的电话答复》中有所提及。该答复明确："在具体认定诈骗犯罪数额时，应把案发前已被追回的被骗款额扣除，按最后实际诈骗所得数额计算。但在处罚时，对于这种情况应当作为从重情节予以考虑。"但该答复中的"被追回"和"案发前"如何理解均存在争议，即被追回是指被动退还还是主动退还、案发前是指报案之前还是抓获之前。

对于争议事项的理解，应当从票据诈骗罪的构成要件和刑罚的目的进行分析。首先，票据诈骗罪要求被告人具有非法占有的目的，即最终定罪的金额系被告人想要占有的金额。其次，刑罚的目的不仅在于让犯罪分子"遭到报应"，更应该尽可能地挽回被害人的损失。本案中，对于被告人在被害人报案后已偿还被害人的部分钱款，不宜认定为其具有非法占有的目的，应在定罪量刑时予以扣除。

（三）相关法条及司法解释

《中华人民共和国刑法》

第一百九十四条　有下列情形之一，进行金融票据诈骗活动，数额较大的，处五年以下有期徒刑或者拘役，并处二万元以上二十万元以下罚金；数额巨大或者有其他严重情节的，处五年以上十年以下有期徒刑，并处五万元以上五十万元以下罚金；数额特别巨大或者有其他特别严重情节的，处十年以上有期徒刑或者无期徒刑，并处五万元以上五十万元以下罚金或者没收财产：

（一）明知是伪造、变造的汇票、本票、支票而使用的；

（二）明知是作废的汇票、本票、支票而使用的；

（三）冒用他人的汇票、本票、支票的；

（四）签发空头支票或者与其预留印鉴不符的支票，骗取财物的；

（五）汇票、本票的出票人签发无资金保证的汇票、本票或者在出票时作虚假记载，骗取财物的。

使用伪造、变造的委托收款凭证、汇款凭证、银行存单等其他银行结算凭证的，依照前款的规定处罚。

《最高人民检察院 公安部关于公安机关管辖的刑事案件立案追诉标准的规定（二）》（2022 年修订）

第四十六条　〔票据诈骗案（刑法第一百九十四条第一款）〕进行金融票据诈骗活动，数额在五万元以上的，应予立案追诉。

四、不能依靠"推论"进行入罪

行为人主观上是否明知，是区别票据诈骗罪的罪与非罪的重要标准。《刑法》第一百九十四条为避免混淆罪与非罪的界限，对犯罪的客观方面进行了明确的规定，目的在于防止票据诈骗罪的扩大化适用。行为人在主观上是否明知其所使用的汇票、本票、支票是伪造、变造或者作废的，签发的票据是否有足额担保，是判断是否构成本罪的重要标准之一。

如果行为人在使用汇票、本票、支票时，在主观上确实不知道该票据是伪造、变造或者作废的，则不构成本罪。应当注意的是，在司法实践中判断行为人主观上是否明知，不是仅依据行为人自己的供述，而是要在全面了解整个案件的基础上进行综合分析后得出结论。这里的"全面了解"，应当严格依照《刑事诉讼法》关于证据的规定，而不能仅凭办案机关或者办案人员的所谓"常识"或者"推定"来直接对嫌疑人进行罪与非罪的判定。

（一）典型案例

☞ 俞某甲票据诈骗罪案[1]

【关键词】 事实不清　证据不足　无罪判决

｜基本案情｜ 广东省广州市人民检察院指控：2013 年 1 月，被害单位上海中油某油品有限公司（以下简称"上海中油公司"）与广东振海某有限公司（以下简称"广东振海公司"）和中国建设银行广州白某支行（以下简称"建行广州白某支行"）签订《合作协议书》，约定由建行广州白某支行为广东振海公司提供授信，授信方式为银行承兑汇票（出票人：广东振海公司；付款行：建行广州白某支行；收款人：上海中油公司），定向用于向某乙中油公司购货，上海中油公司为该授信承担连带保证责任。2013 年 5 月 10 日，被告人俞某甲以广东振海公司的名义联系陈某甲向某甲公司法定代表人俞某乙提供人民币 7000 万元的借款，并以建行广州白某支行开出的承兑汇票 8000 万元作为抵押担保，借款期限 15 天。

2013 年 5 月 19 日，被告人俞某甲伙同俞某乙在广东振海公司的董事长办公室内使用伪造的"上海中油某油品有限公司财务专用章"和"庞某丁印"私章，冒用上海中油公司的名义将面额共计 8000 万元的 8 张银行承兑汇票背书交给陈某甲，陈某甲又将上述银行承兑汇票转让，后上述银行承兑汇票于 2013 年

〔1〕 广东省高级人民法院（2015）粤高法刑二终字第 329 号。

5月21日在广发银行北京望京支行被贴现，造成上海中油公司向建行广州白某支行承担8000万元连带保证责任的损失。

2013年12月9日，被告人俞某甲在广东省珠海市被抓获归案。

广东省广州市人民检察院就上述指控向法院提供了抓获经过、户籍材料、企业注册基本资料、银行查询资料、《合作协议书》、银行承兑汇票、借款合同等书证，证人俞某丙、陈某甲、雷某、郭某、陆某、刘某乙、吴某甲、赤某某、张某甲、张某乙、仪某某、陈某乙、张某丙、邹某、王某、李某甲的证言，被害人庞某丙的陈述以及被告人俞某甲的供述等证据。

广东省广州市人民检察院认为：被告人俞某甲以非法占有为目的，冒用上海中油公司的汇票进行金融票据诈骗活动，数额特别巨大，其行为触犯了《中华人民共和国刑法》第一百九十四条第一款第三项，应当以票据诈骗罪追究其刑事责任。俞某甲伪造上海中油公司的印章，其行为触犯了《中华人民共和国刑法》第二百八十条第二款，应当以伪造公司印章罪追究其刑事责任。俞某甲一人犯数罪，应当数罪并罚。提请法院依法判处。

被告人俞某甲对起诉书的指控提出异议：1. 其没有参与签订《合作协议书》，不知道该协议。2. 2013年5月19日，其没有到过广东振海公司，在起诉书指控的时间，其均不在广州。3. 其不是广东振海公司的财务总监，不认识广东振海公司、上海中油公司、建行广州白某支行的员工和业务员，从未接触过涉案汇票，不可能在票据上盖章。4. 其没有获取任何利益，不清楚涉案票据的情况。

辩护人提出如下俞某甲无罪的意见：

1. 俞某甲不构成票据诈骗罪：（1）关于上海中油公司向建行广州白某支行承担8000万元连带保证责任的损失，无事实依据。广东振海公司为开具涉案8张票据及其余12张票据，已向建行广州白某支行提供了8000万元的保证金以及价值6813.05万元的房产抵押，上海中油公司根本无须向建行广州白某支行赔偿8000万元。上海中油公司委托信达资产深圳分公司购买的1.2亿元债权，属于独立民事合同关系，与本案的8000万元无关。故建行广州白某支行、上海中油公司、陈某甲均不存在经济损失，事实是上海中油公司目前仍欠广东振海公司1.2亿元货款未归还。（2）俞某甲没有票据诈骗的主观故意。现有证据表明，俞某甲没有故意利用票据诈骗上海中油公司财物的可能，俞某甲只是利用陈某甲等人的私人借款作为银行保证金进而取得银行授信，从而缓解广东振海公司的资金压力。（3）广东振海公司将合法取得的8张总金额为8000万元的承兑票据交给陈某甲是正常的票据质押行为，属于民事违约，非犯罪行为。2. 没有直接证据证实俞某甲实施了伪造公司印章的行为。

法院审理查明：

1. 广东振海公司前身是成立于 2004 年 11 月 12 日的广东时代龙腾文化传媒投资有限公司，企业类型为自然人独资有限责任公司，法定代表人、投资人为俞某丙，注册资本 6600 万元。俞某丙还是广西宇海隆产权交易中心有限公司、正海控股集团有限公司（以下简称"正海集团公司"）、广东正海物业管理有限公司的负责人或股东。被告人俞某甲是俞某丙的弟弟，未在广东振海公司任职。

2. 2013 年 1 月 16 日，广东振海公司、上海中油公司、建行广州白某支行签订了《合作协议书》，约定：（1）建行广州白某支行向广东振海公司提供授信，定向用于向某乙中油公司购买货物，上海中油公司根据建行广州白某支行的指示向广东振海公司发送相应价值的货物，如授信到期尚未发完货物，上海中油公司将承担未发货部分的退款或商品回购责任。（2）广东振海公司每次提取货物时，需向建行广州白某支行申请，同时在保证金账户存入相当于该次提货金额的保证金（或归还相当于该次提货金额的融资款项）。（3）上海中油公司收到建行广州白某支行出具的《发货通知书》后发出《发货通知书收到确认函》，同时按通知金额向广东振海公司发货。（4）建行广州白某支行出具的《发货通知书》是上海中油公司向广东振海公司发货的唯一凭证。

2013 年 3 月、5 月，俞某乙以越秀区庙前西街 15 号之八 202 房作抵押，为广东振海公司对建行广州白某支行的一系列债务提供了最高额为 6813.05 万元的抵押担保及最高限额为 42000 万元的保证，正海集团公司亦提供了 42000 万元的保证。

其间，广东振海公司在不完全有真实贸易的情况下，陆续向建行广州白某支行申请开具银行承兑汇票。上海中油公司亦未遵守《合作协议书》中关于发放货物的约定，而是自行决定是否向广东振海公司发货。

3. 2013 年 5 月，俞某丙要求被告人俞某甲为广东振海公司筹借资金。经俞某甲与陈某甲多次商谈，当月 10 日，陈某甲与俞某丙、广东振海公司及居间人黄某乙签订《融资居间合同》《借款合同》，约定：俞某丙向陈某甲借款 7000 万元，用于建行广州白某支行保证金（50%）开立银行承兑汇票，借期 15 天，利息每天 0.2%，广东振海公司为保证人。俞某丙、广东振海公司借款后，银行当天开出承兑汇票 8000 万元，后 8000 万元承兑汇票被作为抵押担保交给陈某甲保管。

2013 年 5 月 15 日，陈某甲按约定将 7000 万元转入上海宏盛石油化工有限公司在平安银行广州天河支行的账户，当天俞某丙从该账户转账给广东振海公司 4926.6 万元、其自己 400 万元、广州漳南贸易有限公司 500 万元、广东锦崇投资有限公司 1000 万元。

4. 2013 年 5 月 15 日，建行广州白某支行与广东振海公司签订建穗白某 (2013) 承字 015 号、016 号《银行承兑协议》，约定建行广州白某支行承兑的前提条件是广东振海公司已按协议支付承兑手续费、承兑承诺费，符合建行广州白某支行的担保要求（包括但不限于保证、抵押、质押、保证金），已生效且持续有效。建行广州白某支行据此开出了 10 张银行承兑汇票（每张面额 1000 万元，每张保证金 300 万元，出票人为广东振海公司，付款行为建行广州白某支行，收款人为上海中油公司）。俞某丙为此提供了最高额为 6813.05 万元的抵押担保并办理了抵押登记手续，正海集团公司提供连带责任保证担保。次日，广东振海公司安排雷某自行领取了其中 8 张银行承兑汇票（票号为 21630747、21630748、21630749、21630750、21630752、21630754、21630756、21630757，以下统称"涉案 8 张汇票"），并由雷某将该 8 张没有任何背书内容的汇票交给陈某甲，安排陈某甲到上海，陈某甲在上海背书未果后返回广州。

2013 年 5 月 21 日，涉案 8 张汇票在广发银行北京望京支行被贴现。同月 29 日，中国民生银行股份有限公司太原分行（以下简称"民生银行太原分行"）与贵州银行办理回购加到期买断业务，由此成为涉案 8 张汇票的正当持票人。

2013 年 8 月，建行广州白某支行发函要求上海中油公司、中国燃气控股有限公司分别承担退款责任、连带担保责任。

2013 年 11 月 13 日，涉案 8 张汇票到期后，民生银行太原分行直接向付款行建行广州白某支行提示承兑（发出托收）回款。

2013 年 10 月 9 日、10 日、16 日及 11 月 14 日，建行广州白某支行与信达资产深圳分公司先后签订了四份《买断型债权转让合同》，转让了该行因开具汇票对广东振海公司所享有的全部债权（扣除保证金），转让总价款为 12006 万元，其中前述 2015 年 5 月 15 日开出的 10 张汇票的转让总价款为 7003.5 万元（本金 7000 万元，利息 3.5 万元）。

2013 年 10 月 8 日至 11 月 19 日，上海中油公司分 7 次共付给信达资产深圳分公司 1.2206 亿元，用途为委托收购款、受托代理费、委托代理费。

5. 2013 年 9 月 16 日，上海中油公司向广州市公安局经侦支队报案，并提供了该公司自 2008 年 10 月 1 日起使用的印文内容为"上海中油某油品有限公司财务专用章""庞某丁印"的样本。同年 10 月 15 日，广州市公安局决定对俞某甲、俞某丙骗取票据承兑案立案侦查。同年 12 月 8 日，珠海市拱北出入境边防检查站检查员在录入俞某甲资料时，生成在逃人员信息报警。次日，俞某甲被移送广州市公安局经侦支队。

经查，涉案 8 张汇票在广发银行北京望京支行被贴现时的背书情况均一致。经鉴定，涉案 8 张汇票背书中的"背书人签章"栏盖有印文内容为"上海中油某油品有限公司财务专用章"及"庞某丁印"的印章印迹，与上海中油公司报案时提供的样本中的相应印文、印章印迹不是由同一印章所盖。

┃裁判结果┃ 广东省广州市中级人民法院于 2015 年 10 月 19 日作出（2014）穗中法刑二初字第 153 号刑事判决：宣判被告人无罪。宣判后，广东省广州市人民检察院以现有证据足以证实原审被告人俞某甲犯票据诈骗罪和伪造公司印章罪、广东省广州市中级人民法院的一审判决确有错误为由提出抗诉，后广东省人民检察院认为抗诉不当，撤回抗诉。

┃裁判理由┃ 法院认为：根据法律规定，票据诈骗罪是指用虚构事实或隐瞒真相的方法，利用金融票据骗取财物，数额较大的行为。其中，"冒用他人的汇票、本票、支票"是指行为人擅自以合法持票人的名义，支配、使用、转让自己无支配权利的票据。伪造公司印章罪是指无制作权的人，冒用公司名义，非法制作公司印章的行为。本案中：

1. 签订《合作协议书》的各方均未完全遵守协议约定：（1）广东振海公司、上海中油公司之间的汇票并非全都有真实的油品贸易背景，上海中油公司知道广东振海公司以开具银行承兑汇票的方式套取银行资金周转；（2）上海中油公司自行决定放货，并非根据建行广州白某支行的通知放货；（3）建行广州白某支行在未核实是否有真实贸易背景的情况下，即只是根据广东振海公司申请、提供的合同及上海中油公司提供的发票开具银行承兑汇票。

2. 现有的证据未能证实俞某甲从公诉机关指控的 7000 万元借款中获取利益：2013 年 5 月，俞某丙要求被告人俞某甲为广东振海公司筹借资金。经俞某甲与陈某甲多次商谈，当月 10 日，陈某甲与俞某丙签订了 7000 万元的借款合同，并约定俞某丙、广东振海公司向建行广州白某支行申请 8000 万元承兑汇票，作为抵押担保交给陈某甲保管。当月 15 日，陈某甲按约定将 7000 万元转入上海宏盛石油化工有限公司账户后，俞某丙随即转账给广东振海公司、其自己、广州漳南贸易有限公司、广东锦崇投资有限公司。广东振海公司在建行广州白某支行的对公活期存款账户流水显示，2013 年 7 月 1 日，该账户收到俞某甲转账存入 297 万元。

3. 2013 年 5 月 15 日，建行广州白某支行向广东振海公司开出了包括涉案 8 张汇票在内的共 10 张汇票，广东振海公司缴纳了 3000 万元保证金，俞某丙提供了最高额为 6813.05 万元的抵押担保并办理了抵押登记，正海集团公司提供连带责任保证担保。俞某丙安排员工雷某领取了涉案 8 张汇票并将背书空白的汇票交给陈某甲。被告人俞某甲没有参与商谈、签署前述《合作协议书》及申请开立银行承兑汇票，涉案 8 张汇票也不是由俞某甲从银行领取交付给陈某甲的。

4. 关于涉案 8 张汇票造成的损失，经查：（1）广东振海公司为涉案 8 张汇票预存了 2400 万元保证金，俞某丙提供了最高额为 6813.05 万元的抵押担保，并办理了房产抵押登记。（2）建行广州白某支行将扣除保证金后对广东振海公司所享有的全部债权转让给了信达资产深圳分公司，其中涉案 8 张汇票的转让价款为本金 5600 万元及利息。该行确认信达资产深圳分公司已在规定时间支付转让金，该行没有因向广东振海公司开具银行承兑汇票而产生损失。（3）上海中油公司确认，建行广州白某支行开具了收款人为该公司的 20 张银行承兑汇票共 2 亿元，该公司仅收到 12 张共 1.2 亿元的汇票。该公司被迫委托信达资产深圳分公司定向代为收购该 2 亿元汇票所涉债权，为此共支付了 12006 万元委托收购款，由此取得了估值为 6813.05 万元的房产抵押权。由于该抵押房产存在评估价值虚设及已被多家法院在先轮候查封的情况，即使该公司最终收购的抵押权能足额实现，也不扣除收购、实现债权的支出，俞某丙、俞某甲的行为仍造成上海中油公司 1186.95 万元的损失无法弥补。综上，现有证据足以证实广东振海公司在向建行广州白某支行申请开立涉案 8 张汇票时提供了足额保证金、抵押物作为担保。

5. 2013 年 5 月 16 日，陈某甲按广东振海公司的安排到上海，未能为涉案 8 张汇票背书后返回广州。当月 21 日，涉案 8 张汇票在广发银行北京望京支行被贴现，贴现时汇票的背书情况均相同，其中第一手背书为上海中油公司转让给广西宇海隆产权交易中心有限公司，第二手背书为广西宇海隆产权交易中心有限公司转让给南京裕应利贸易有限公司。

关于前述第一、第二手背书，经查，陈某甲、雷某、黄某乙均陈述，2015 年 5 月 19 日，陈某甲按雷某电话要求，带涉案 8 张汇票到雷某在广东振海公司的办公室，黄某乙、俞某甲、俞某丙也在场，俞某丙先离开，随后陈某甲、俞某甲一起离开财务部去俞某丙办公室。现有证据不足以证实涉案 8 张汇票的第一、第二手背书情况及是否虚假背书，亦不能证实俞某甲参与实施了背书或虚假背书行为。

6. 案发后，公安机关未缴获涉案 8 张汇票上有关上海中油公司的印章，现有证据不足以证实涉案 8 张汇票上的第一手背书的相关印章系俞某甲冒用上海中油公司名义非法制作。

综上所述，法院认为，公诉机关指控被告人俞某甲犯票据诈骗罪、伪造公司印章罪的证据尚未达到确实、充分的程度，指控被告人俞某甲犯票据诈骗罪、伪造公司印章罪的事实不清、证据不足，指控不能成立。对被告人俞某甲及其辩护人所提俞某甲不构成犯罪的意见，法院予以采纳。

（二）律师评析

1. 对于在案证据，办案机关应当综合考虑

对于案件中的证据，办案机关的工作人员应当全面审查，不应该断章取义。就本案而言，公诉机关的指控并没有充分的证据支撑。

指控本案被告人构成犯罪的三个关键点：一是证明俞某甲存在私刻印章的行为，二是证明俞某甲的行为符合《刑法》第一百九十四条第五款规定的犯罪行为，三是证明俞某甲行为造成了损害后果。本案中，虽然俞某甲冒用他人票据具有表面上的违法外观，但在案证据未能证实其从公诉机关指控的 7000 万元借款中获取利益。本案中，广东振海公司与上海中油公司之间的银行承兑汇票并非都有真实的交易背景，部分仅仅是广东振海公司为了票据套现，建行广州白某支行不顾交易是否真实直接放款，这一行为与俞某甲没有任何关系。

2. 应重视"疑罪从无"的审判规则

2023 年 3 月 7 日，时任最高人民法院院长周强向第十四届全国人民代表大会第一次会议作最高人民法院工作报告。报告中提到，党的十九大以来的 5 年，全国法院审结一审刑事案件 590.6 万件，判处罪犯 776.1 万人。报告中还提到，全国法院贯彻罪刑法定、疑罪从无、证据裁判等原则，对 2675 名公诉案件被告人和 2097 名自诉案件被告人依法宣告无罪。[1]

在实践中，阻碍无罪判决产生的因素除部分入罪思想较重的办案人员之外，还有部分被害人无法接受无罪判决的结果和事实，因此"疑罪从轻"成为办案

----

[1] 《最高人民法院工作报告——2023 年 3 月 7 日在第十四届全国人民代表大会第一次会议上》，载最高人民法院网 2023 年 5 月 11 日，https://www.court.gov.cn/hudong-xiangqing-393751.html。

机关的主要原则。本案中，广东省广州市中级人民法院合理审查了在案证据，对指控俞某甲有罪的证据进行了充分的质证和论证后，认为事实不清、证据不足，指控不成立，系坚持疑罪从无的一大体现。

（三）相关法条及司法解释

《中华人民共和国刑法》

第一百九十四条 有下列情形之一，进行金融票据诈骗活动，数额较大的，处五年以下有期徒刑或者拘役，并处二万元以上二十万元以下罚金；数额巨大或者有其他严重情节的，处五年以上十年以下有期徒刑，并处五万元以上五十万元以下罚金；数额特别巨大或者有其他特别严重情节的，处十年以上有期徒刑或者无期徒刑，并处五万元以上五十万元以下罚金或者没收财产：

（一）明知是伪造、变造的汇票、本票、支票而使用的；

（二）明知是作废的汇票、本票、支票而使用的；

（三）冒用他人的汇票、本票、支票的；

（四）签发空头支票或者与其预留印鉴不符的支票，骗取财物的；

（五）汇票、本票的出票人签发无资金保证的汇票、本票或者在出票时作虚假记载，骗取财物的。

使用伪造、变造的委托收款凭证、汇款凭证、银行存单等其他银行结算凭证的，依照前款的规定处罚。

《中华人民共和国刑事诉讼法》

第二百条 在被告人最后陈述后，审判长宣布休庭，合议庭进行评议，根据已经查明的事实、证据和有关的法律规定，分别作出以下判决：

（一）案件事实清楚，证据确实、充分，依据法律认定被告人有罪的，应当作出有罪判决；

（二）依据法律认定被告人无罪的，应当作出无罪判决；

（三）证据不足，不能认定被告人有罪的，应当作出证据不足、指控的犯罪不能成立的无罪判决。

第二百三十二条 地方各级人民检察院对同级人民法院第一审判决、裁定的抗诉，应当通过原审人民法院提出抗诉书，并且将抗诉书抄送上一级人民检察院。原审人民法院应当将抗诉书连同案卷、证据移送上一级人民法院，并且将抗诉书副本送交当事人。

上级人民检察院如果认为抗诉不当，可以向同级人民法院撤回抗诉，并且通知下级人民检察院。

《最高人民法院关于适用〈中华人民共和国刑事诉讼法〉的解释》

第二百九十五条 对第一审公诉案件，人民法院审理后，应当按照下列情形分别作出判决、裁定：

（一）起诉指控的事实清楚，证据确实、充分，依据法律认定指控被告人的罪名成立的，应当作出有罪判决；

（二）起诉指控的事实清楚，证据确实、充分，但指控的罪名不当的，应当依据法律和审理认定的事实作出有罪判决；

（三）案件事实清楚，证据确实、充分，依据法律认定被告人无罪的，应当判决宣告被告人无罪；

（四）证据不足，不能认定被告人有罪的，应当以证据不足、指控的犯罪不能成立，判决宣告被告人无罪；

（五）案件部分事实清楚，证据确实、充分的，应当作出有罪或者无罪的判决；对事实不清、证据不足部分，不予认定；

（六）被告人因未达到刑事责任年龄，不予刑事处罚的，应当判决宣告被告人不负刑事责任；

（七）被告人是精神病人，在不能辨认或者不能控制自己行为时造成危害结果，不予刑事处罚的，应当判决宣告被告人不负刑事责任；被告人符合强制医疗条件的，应当依照本解释第二十六章的规定进行审理并作出判决；

（八）犯罪已过追诉时效期限且不是必须追诉，或者经特赦令免除刑罚的，应当裁定终止审理；

（九）属于告诉才处理的案件，应当裁定终止审理，并告知被害人有权提起自诉；

（十）被告人死亡的，应当裁定终止审理；但有证据证明被告人无罪，经缺席审理确认无罪的，应当判决宣告被告人无罪。

对涉案财物，人民法院应当根据审理查明的情况，依照本解释第十八章的规定作出处理。

具有第一款第二项规定情形的，人民法院应当在判决前听取控辩双方的意见，保障被告人、辩护人充分行使辩护权。必要时，可以再次开庭，组织控辩双方围绕被告人的行为构成何罪及如何量刑进行辩论。

第三百八十五条 人民检察院在抗诉期限内要求撤回抗诉的，人民法院应当准许。

人民检察院在抗诉期满后要求撤回抗诉的，第二审人民法院可以裁定准许，但是认为原判存在将无罪判为有罪、轻罪重判等情形的，应当不予准许，继续审理。

上级人民检察院认为下级人民检察院抗诉不当，向第二审人民法院要求撤回抗诉的，适用前两款规定。

第九章　集资诈骗罪

一、集资诈骗罪概述

随着我国经济社会的快速发展，金融领域中不合法、不规范的现象日益突出，一些违法甚至犯罪活动层出不穷，尤其是集资诈骗罪成为近年来的高频犯罪之一。

集资诈骗罪属于一种特殊的诈骗罪，它既有一般诈骗罪所具有的共性，也有其自身的特性。"集资诈骗罪是指以非法占有为目的，使用诈骗方法非法集资，数额较大的行为。"[1]这个罪名与一些罪名容易混淆，在适用的时候需要特别注意。

（一）关于集资诈骗罪的立法

1995年出台的《全国人民代表大会常务委员会关于惩治破坏金融秩序犯罪的决定》第一次将非法吸收公众存款行为和集资诈骗行为升级为独立罪名，后来1997年《刑法》继续作了规定。

《刑法》原先的（2020年《刑法》修正之前）第一百九十二条规定："以非法占有为目的，使用诈骗方法非法集资，数额较大的，处五年以下有期徒刑或者拘役，并处二万元以上二十万元以下罚金；数额巨大或者有其他严重情节的，处五年以上十年以下有期徒刑，并处五万元以上五十万元以下罚金；数额特别巨大或者有其他特别严重情节的，处十年以上有期徒刑或者无期徒刑，并处五万元以上五十万元以下罚金或者没收财产。"《刑法修正案（十一）》（2020年

---

〔1〕　韩玉胜主编：《刑法学原理与案例教程》（第4版），中国人民大学出版社2018年版，第351页。

12 月 26 日第十三届全国人民代表大会常务委员会第二十四次会议通过）对该条的内容作了修改。

《刑法修正案（十一）》第十五条规定，将《刑法》第一百九十二条修改为："以非法占有为目的，使用诈骗方法非法集资，数额较大的，处三年以上七年以下有期徒刑，并处罚金；数额巨大或者有其他严重情节的，处七年以上有期徒刑或者无期徒刑，并处罚金或者没收财产。""单位犯前款罪的，对单位判处罚金，并对其直接负责的主管人员和其他直接责任人员，依照前款的规定处罚。"这是最新的《刑法》条文。就条文的内容来看，《刑法》第一百九十二条的修改主要体现在以下三点：第一，将法定刑由三档调整为两档；第二，删除了罚金刑的具体数额的规定；第三，增加了第二款，对单位犯罪作了专门规定，以与金融诈骗罪相区分。

（二）集资诈骗罪的构成要件

集资诈骗罪是司法实践中常见的一种融资型犯罪，在适用时往往容易存在争议，如非法吸收公众存款罪与本罪就比较容易混淆。

1. 本罪的主体

集资诈骗罪的主体是一般主体，自然人和单位都可以构成本罪。

2. 本罪的主观方面

《刑法》第一百九十二条对本罪有比较明确的规定，即以"非法占有"为目的。而为了达到占有集资款的目的，行为人只能是故意，不可能存在过失。目前，刑法学界通说认为，以非法占有为目的是本罪的必要要件。[1]

3. 本罪的客体

关于集资诈骗罪的客体，通说认为，集资诈骗罪的客体是复杂客体，既扰乱了国家正常的金融管理秩序，又侵犯了公私财产所有权。[2]对此，在学理上还有不同的看法，比较有代表性的观点主要有：（1）本罪的客体是公私财产权和社会经济管理秩序[3]；（2）本罪的客体是国家金融秩序和公私财产[4]；

〔1〕 高铭暄、马克昌主编：《刑法学》，北京大学出版社 2000 年版，第 428 页。
〔2〕 高铭暄、马克昌主编：《刑法学》，北京大学出版社 2000 年版，第 427 页。
〔3〕 赵长青主编：《新编刑法学》，西南师范大学出版社 1997 年版，第 538 页。
〔4〕 曲新久：《金融与金融犯罪》，中信出版社 2003 年版，第 277 页。

（3）本罪的客体是国家有关资金募集管理秩序和公私财产权益[1]。这些观点的共通之处是认为本罪的客体是复杂客体，其分歧主要在于对主要客体和次要客体范围的认定不同。

4. 本罪的客观方面

集资诈骗罪的客观方面主要表现为使用诈骗方法非法集资且数额较大，对于这一点可以从以下三个方面进行理解：

（1）行为人做出了非法集资的行为。从狭义上理解，"集资"就是企事业单位或者个人依照法律、法规规定的特定方式在市场上向特定或不特定的人筹集资金的一种行为。集资的形式是多种多样的，如发行股票、发行债券、融资租赁、合资经营、民间借贷等。

未经有权机关批准，任何单位或个人向不特定的社会大众募集资金都属于"非法集资"。

（2）行为人在集资过程中采用了诈骗的方法。对于"诈骗"一词，一般的理解是虚构事实、隐瞒真相。《最高人民法院关于审理诈骗案件具体应用法律的若干问题的解释》中明确了"诈骗方法"，即"指行为人采取虚构集资用途，以虚假的证明文件和高回报率为诱饵，骗取集资款的手段"。其中，虚构资金用途是最为常见的方式，行为人为了获得资金往往把集资项目吹得天花乱坠，实际上根本不是如宣传的那般。

（3）行为人集资达到"数额较大"的标准。"数额较大"是判断行为人是否构成犯罪的标准。根据《立案追诉标准（二）》的规定，个人集资诈骗数额在10万元以上的为"数额较大"，达到此标准的集资诈骗行为才能被认定为犯罪。

（三）集资诈骗罪的现状分析

我国司法机关对集资诈骗行为的打击力度是不断加大的，监管部门也一致努力加强了监管。在中国裁判文书网以集资诈骗罪为案由进行检索，共检索到15052篇文书。[2]从审判程序来看，涉及管辖55件，刑事一审5686件，刑事二审3729件，刑事审判监督557件，刑罚与执行变更3636件，刑罚与执行变更监督1件，执行1304件，申请没收违法所得1件，其他83件。集资诈骗行为冲击

---

〔1〕 陈泽宪主编：《经济刑法新论》，群众出版社2001年版，第278页。
〔2〕 中国裁判文书网（https：//wenshu. court. gov. cn），检索日期2024年5月19日。

了国家的金融监管秩序，对金融行业、金融机构的影响非常大，需要加大打击力度。自 2006 年起至 2021 年，涉及集资诈骗罪裁判文书的制作年份与数量统计如表 9.1 所示。

表 9.1　2006—2021 年集资诈骗罪裁判文书制作年份与数量统计

年　份	文书数量/件	年　份	文书数量/件
2006	1	2015	1099
2009	2	2016	1902
2010	2	2017	2203
2011	12	2018	2294
2012	59	2019	2489
2013	127	2020	2725
2014	643	2021	946

就上述案件的情况来说，2012 年至 2020 年，集资诈骗罪案件数量总体上呈现快速增长的趋势，且每年都有增长。这些犯罪案件的发生与我国金融领域的改革是密切相关的，也与我国的经济活动密切相关。在这些案件中，有很多是打着金融创新的幌子来实施犯罪的，比较典型的就是"P2P"项目。

二、集资诈骗罪数额巨大的可判无期徒刑

对于集资诈骗罪来说，犯罪数额既是犯罪构成要件，也是量刑的情节。数额巨大或者有其他严重情节的，行为人可能会被判处无期徒刑，"陈某犯集资诈骗罪案"就是一个被判处无期徒刑的案例。

（一）典型案例

☞ 陈某犯集资诈骗罪案[1]

【关键词】集资　诈骗　损失

| **基本案情** | 公诉机关：浙江省宁波市人民检察院。

被告人：陈某。因涉嫌犯诈骗罪于 2014 年 6 月 26 日被宁波市公安局抓获，

---

[1]　浙江省宁波市中级人民法院（2015）浙甬刑一初字第 97 号。

次日被刑事拘留，同年 8 月 1 日被逮捕。现羁押于宁波市看守所。

辩护人：童某某、山某，浙江某律师事务所律师。

浙江省宁波市人民检察院以甬检刑诉〔2015〕98 号起诉书指控被告人陈某犯集资诈骗罪，于 2015 年 9 月 10 日向浙江省宁波市中级人民法院提起公诉。浙江省宁波市中级人民法院依法组成合议庭，公开开庭审理了本案。浙江省宁波市人民检察院指派检察员陈某林出庭支持公诉，被告人陈某及其辩护人童某某、山某到庭参加诉讼。经浙江省高级人民法院、最高人民法院批准，共延长审限 6 个月。现已审理终结。

浙江省宁波市人民检察院指控：2007 年以来，被告人陈某利用其银行工作人员的身份，以帮助企业转贷、资金拆借、冲存款、理财等名义，以支付年息 20% 或者日息 1‰ 至 4‰ 不等的高额利息为诱饵，先后从被害人夏某、柴某甲、陈某丙、毕某等人处募集资金共计 596544.01 万元，以支付利息、返还本金的形式归还 527458.64 万元，实际骗得 69085.37 万元，主要用于出借给他人、归还借款、支付高额借款利息和银行冲存款利息以及购买房产、珠宝等高档消费品。

为证明上述事实，公诉机关提供了书证、证人证言、被害人陈述、鉴定意见、电子数据、被告人供述等证据。公诉机关认为，被告人陈某以非法占有为目的，使用诈骗方法非法集资，数额特别巨大，其行为已触犯《中华人民共和国刑法》第一百九十二条之规定，应当以集资诈骗罪追究其刑事责任。提请法院依法判处。

被告人陈某对起诉书指控的事实无异议，但辩称：其在投资人和企业之间搭建了一个资金拆借平台，出发点是帮助企业解决资金上的困难。由于自己轻信这些知名企业有偿还能力，加上市场形势的变化，最终局面无法控制。但其没有从中获利，没有非法占目的。请求法庭在定性方面综合考量，并对其从轻处罚。

辩护人认为：(1) 陈某吸收大量民间资金，大部分用于投资企业，收取利息或投资回报，没有挥霍、抽逃、转移、隐匿资金，直至案发前仍在梳理账目，催讨对外投资，申报债权，争取减少投资人的损失，没有逃避返还资金等非法占有资金的行为；(2) 陈某前期的投资比较顺利，吸收的资金也均已归还，后来因为使用资金的企业经营不善濒临破产，未能及时归还陈某所投款项，陈某需另筹资金用于归还到期资金及利息，最终无法归还后期借款，即客观原因造成陈某未能及时归还吸收的部分资金；(3) 陈某在吸收资金时告知客户是"转贷"或者"投资理财",实际投资行为虽与之不完全吻合,但仍属投资理财范畴,不足以认定其虚构事实、隐瞒真相。综上,陈某没有非法占有资金的主观故意,没有使用诈骗手段非法集资,其行为不符合集资诈骗罪的构成要件,应界定为非法吸收公众存款罪。陈某有坦白情节,认罪态度好,并得到部分被害人的谅解,恳请法庭考虑上述情节和其家庭特殊情况,对陈某从轻或者减轻处罚。

辩护人提供了9名被害人的谅解书。

经审理查明:2007年以来,被告人陈某利用其银行工作人员的身份,以帮助企业转贷、资金拆借、冲存款、理财等名义,以支付年息20%或者日息1‰至4‰不等的高额利息为诱饵,先后从被害人夏某、柴某甲、陈某丙、毕某等人处募集资金共计596544.01万元,以支付利息、返还本金的形式归还527458.64万元,实际骗得69085.37万元,主要用于出借给他人、归还借款、支付高额借款利息和银行冲存款利息以及购买房产、珠宝等高档消费品。案发后,9名被害人对陈某予以谅解。

上述事实,有公诉机关、辩护人向法庭提交并经庭审质证、认证的证据予以证实。主要有:调取证据通知书、调取证据清单、协助查询财产通知书、银行资金往来明细、司法审计报告,证明侦查机关依法调取被告人陈某与本案被害人、债权债务人等资金往来明细,并依此委托会计师事务所进行司法审计。浙江德威会计师事务所有限公司接受侦查机关宁波市公安局的委托,根据侦查机关提供的银行资金往来明细等证据进行司法审计,并出具了审计报告。平安银行提供的材料,证明平安银行宁波分行提供"平安银行股份有限公司宁波分行授信合同专用章"印章模板及关于该印章的管理规定。破案经过、户籍证明,证明本案案发经过以及陈某的身份情况和归案经过。谅解书,证明本案9名被害人对陈某表示谅解。被告人陈某对上述事实供认不讳,所供能与本案其他证据相印证。

| 裁判结果 | 一、被告人陈某犯集资诈骗罪,判处无期徒刑,剥夺政治权利终身,并处没收个人全部财产。

二、被告人陈某的违法所得人民币69085.37万元,继续予以追缴,返还各被害人。

| 裁判理由 | 法院认为:被告人陈某以非法占有为目的,使用诈骗方法非法集资,数额特别巨大,其行为已构成集资诈骗罪。公诉机关指控的罪名成立。陈某前期将募集的资金出借给企业,在企业无力及时归还时,不仅未能妥善处

理，反而以帮助企业转贷等为由继续募集资金，用于归还之前所欠的本金和利息，导致其所欠债务不断扩大，后债还前债的比例也越来越高；其后期所募集的资金主要用于前债的还本付息，造成被害人数亿元的损失。陈某明知借后债还前债的模式难以为继而持续为之，应当认定其有非法占有的故意。因此，陈某的行为符合集资诈骗罪的构成要件，陈某及其辩护人关于其行为不构成集资诈骗罪的辩解和辩护意见，不予采纳。基于陈某归案后集资诈骗罪的量刑标准已被修改，修改后的标准有利于被告人，根据从旧兼从轻的原则，应当按照新的标准对陈某进行处罚。陈某归案后如实供述自己的罪行，有坦白情节，并取得部分被害人的谅解，但不足以对其从轻处罚。

（二）律师评析

集资诈骗罪的量刑与犯罪数额是息息相关的，不同的犯罪数额对应不同的刑期。

1. 诈骗方法的认定

为了规制非法集资活动，《刑法》中设立了几个罪名予以处罚。这些罪名包括非法吸收公众存款罪（《刑法》第一百七十六条），擅自发行股票、公司、企业债券罪（《刑法》第一百七十九条），集资诈骗罪（《刑法》第一百九十二条），等等。这些罪名在客观方面的表现是一致的，即违反规定向社会公众吸收资金。司法实践中，对于集资诈骗罪和非法吸收公众存款罪的关系还存在争议，虽然最高司法机关颁布了几个相关的司法解释，但对于这两个罪名在客观方面的具体区别大多语焉不详。

集资诈骗的方法是从普通犯罪的一般手段演变而来的，只是更加专业化、复杂化了，对集资参与者的诱惑力也更大了。在集资诈骗罪案件中，对诈骗方法的认定是很重要的。《最高人民法院关于审理诈骗案件具体应用法律的若干问题的解释》第三条第二款规定："'诈骗方法'是指行为人采取虚构集资用途，以虚假的证明文件和高回报率为诱饵，骗取集资款的手段。"这仅是概括性的规定，还需要结合具体案件予以综合认定。

2. 刑法中的从旧兼从轻原则

刑法理论一般认为，刑事司法的主要任务是保证刑法的正确适用。而在刑法的适用过程中，需要遵循一些原则，如罪刑法定原则、从旧兼从轻原则等。

有些案件中的犯罪行为是发生在现行《刑法》生效之前的，但是案发时现行《刑法》已经生效，在这样的情况下就会出现适用旧法还是新法的争议，这就涉及从旧兼从轻原则。《刑法》第十二条第一款规定："中华人民共和国成立以后本法施行以前的行为，如果当时的法律不认为是犯罪的，适用当时的法律；如果当时的法律认为是犯罪的，依照本法总则第四章第八节的规定应当追诉的，按照当时的法律追究刑事责任，但是如果本法不认为是犯罪或者处刑较轻的，适用本法。"就该条规定的精神而言，应区别三种情况予以不同处理：第一，如果犯罪行为发生当时的法律不认为是犯罪的，适用当时的法律，也即新《刑法》没有溯及力。第二，如果犯罪行为发生当时的法律认为是犯罪，新《刑法》不认为是犯罪的，依照新《刑法》规定就不能再追究行为人的刑事责任。第三，如果犯罪行为发生当时的法律和新《刑法》都认为是犯罪，尚未超过追诉时效的，选择适用对该行为处罚较轻的《刑法》。就以上三种不同的情形来看，不管哪一种情形，都只能适用一种法律追究行为人的刑事责任。

同样，对于一些犯罪行为发生在刑法修正案颁布之前，案发于刑法修正案颁布以后的案件，一般情况下也是运用从旧兼从轻原则予以处理。就本案而言，由于陈某归案后集资诈骗罪的量刑标准已作修改，修改后的标准有利于被告人陈某，因此法院根据从旧兼从轻的原则确定了陈某的刑事责任。

（三）相关法条及司法解释

《中华人民共和国刑法》

第十二条　中华人民共和国成立以后本法施行以前的行为，如果当时的法律不认为是犯罪的，适用当时的法律；如果当时的法律认为是犯罪的，依照本法总则第四章第八节的规定应当追诉的，按照当时的法律追究刑事责任，但是如果本法不认为是犯罪或者处刑较轻的，适用本法。

本法施行以前，依照当时的法律已经作出的生效判决，继续有效。

第六十四条　犯罪分子违法所得的一切财物，应当予以追缴或者责令退赔；对被害人的合法财产，应当及时返还；违禁品和供犯罪所用的本人财物，应当予以没收。没收的财物和罚金，一律上缴国库，不得挪用和自行处理。

第一百九十二条　以非法占有为目的，使用诈骗方法非法集资，数额较大的，处三年以上七年以下有期徒刑，并处罚金；数额巨大或者有其他严重情节的，处七年以上有期徒刑或者无期徒刑，并处罚金或者没收财产。

单位犯前款罪的，对单位判处罚金，并对其直接负责的主管人员和其他直接责任人员，依照前款的规定处罚。

《最高人民检察院 公安部关于公安机关管辖的刑事案件立案追诉标准的规定（二）》（2022 年修订）

第四十四条 〔集资诈骗案（刑法第一百九十二条）〕以非法占有为目的，使用诈骗方法非法集资，数额在十万元以上的，应予立案追诉。

三、对集资诈骗罪而言非法占有目的的认定很关键

有的银行工作人员利用其身份虚构帮助储户理财的事实并隐瞒资金用途，募集大量的资金用于各种目的，这往往就会出现违法犯罪行为，"纪某某集资诈骗案"就是这样一个典型案例。

（一）典型案例

☞ **纪某某集资诈骗案**[1]

【关键词】帮助理财　投案　虚构事实　隐瞒真相

｜基本案情｜ 公诉机关：福建省尤溪县人民检察院。

被告人：纪某某，女，1970 年 8 月 22 日出生于福建省尤溪县，×族，大专文化，中国建设银行股份有限公司尤溪县支行办公室原主任，住福建省尤溪县。因本案于 2014 年 2 月 13 日被尤溪县公安局刑事拘留，同年 3 月 18 日被依法逮捕。现羁押于尤溪县看守所。

辩护人：肖某某，福建某律师事务所律师。

福建省尤溪县人民检察院以尤检诉刑诉〔2014〕1164 号起诉书指控被告人纪某某犯集资诈骗罪，于 2014 年 9 月 22 日向福建省尤溪县人民法院提起公诉。福建省尤溪县人民法院依法适用普通程序，并组成合议庭，公开开庭审理了本案。福建省尤溪县人民检察院指派代理检察员陈某出庭支持公诉，被告人纪某某及其辩护人肖某某到庭参加诉讼。2014 年 12 月 17 日，经福建省尤溪县人民检察院建议福建省尤溪县人民法院决定延期审理，2015 年 1 月 16 日恢复庭审。

----

〔1〕 福建省尤溪县人民法院（2014）尤刑初字第 261 号。

现已审理终结。

福建省尤溪县人民检察院指控：2011 年以来，被告人纪某某明知无偿还能力，仍利用其银行工作人员身份，虚构帮助理财的事实和隐瞒资金用途，以给付高额利息为诱饵，骗取被害人刘某、郑某甲、郑某乙、周某甲、林某甲、周某、周某乙、林某乙、朱某甲、林某丙、林某等人共计 488 万元人民币，并将募集的款项用于投注"六合彩"、偿还投注"六合彩"欠债及支付借款利息。

2014 年 1 月 13 日，被告人纪某某逃离尤溪县前往福州、上海、浙江等地，同年 2 月 13 日主动到尤溪县公安局投案。

福建省尤溪县人民检察院向法院移送了指控被告人纪某某犯集资诈骗罪的书证、证人卢某某等人的证言、被害人刘某等人的陈述、被告人纪某某的供述和辩解、辨认及搜查笔录等证据，认为被告人纪某某以非法占有为目的，虚构事实或隐瞒真相，非法集资 488 万元，数额特别巨大，其行为已触犯《中华人民共和国刑法》第一百九十二条，应以集资诈骗罪追究其刑事责任。被告人纪某某犯罪后自动投案，并如实供述自己的罪行，是自首，可以从轻或减轻处罚。提请法院依法惩处。

被告人纪某某对指控的犯罪事实和罪名没有异议。

辩护人提出如下辩护意见：（1）被告人纪某某按约向各被害人付息，其中支付刘某利息约 15 万元，支付郑某甲利息 20 万元，从借款之日起至 2014 年 1 月 11 日、12 日每 10 天支付一次利息给郑某乙，至 2013 年 12 月按月付息给周某甲，支付周某乙利息 12 万元，支付林某利息 15 万元，支付林某丙利息约 80 万元。（2）被告人纪某某对借款没有以非法占有为目的，其行为不构成集资诈骗罪，应当定性为非法吸收公众存款罪。（3）被告人纪某某具有自首、初犯、支付高额利息、得到部分被害人谅解的法定或酌定从轻或减轻处罚情节，建议对被告人纪某某减轻处罚。

经审理查明，2011 年以来，被告人纪某某利用其银行工作人员身份，虚构代为理财、理财缺少资金等事实或隐瞒资金用途，以给付高额利息为诱饵，骗取被害人刘某等人 487.5 万元，并将款项用于投注"六合彩"和偿还投注"六合彩"所欠的债务。具体事实如下：

（1）2012 年 5 月 17 日，被告人纪某某以月利息 2 分为诱饵，骗取被害人刘某借款 20 万元。同年 6 月 4 日，被告人纪某某以月利息 3 分为诱饵，骗取被害人刘某借款 15 万元。案发前，被告人纪某某已支付利息 14.85 万元。

（2）2012年12月30日，被告人纪某某以资金周转困难为由，以月利息1.5分为诱饵，骗取被害人郑某甲借款8万元，已支付利息2.16万元。2013年9月、10月，被告人纪某某两次分别骗取被害人郑某甲借款20万元、10万元。案发前，被告人纪某某已归还本金5万元。

（3）2014年1月，被告人纪某某以资金周转困难为由，共骗取被害人郑某乙借款25万元。

（4）2012年9月21日、2013年1月20日，被告人纪某某分别以资金周转困难为由，以月利息2分为诱饵，骗取被害人周某甲借款5万元、20万元，已支付利息共计4.7万元。2013年2月1日、2013年6月21日，被告人纪某某以月利息2分为诱饵，通过周某甲分别骗取被害人林某甲、周某借款10万元、25万元，已支付被害人林某甲利息0.6万元。

（5）2011年至2013年，被告人纪某某多次以需要周转资金为由，以月利息2分至3分为诱饵，骗取被害人周某乙借款共计34.5万元。

（6）2013年5月15日、2013年12月4日，被告人纪某某虚构代为理财的事实，分别骗取被害人林某乙10万元、15万元。案发前，被告人纪某某已返还5万元。

（7）2013年7月15日，被告人纪某某通过包某某介绍，以月利息2分、逾期还款月利息5分为诱饵，骗取被害人林某借款50万元。案发前，被告人纪某某已返还本金10万元，支付利息5万元。

（8）2012年9月8日、2012年9月20日、2013年3月1日、2013年7月1日、2013年9月16日，被告人纪某某以投资理财需要资金为由，以月利息4分至5分为诱饵，分别骗取被害人林某丙借款人民币20万元、30万元、50万元、50万元、50万元。案发前，被告人纪某某已支付利息72.25万元。

（9）2014年1月6日，被告人纪某某以帮助被害人朱某甲办理白金卡为由，骗取被害人朱某甲账户存款40万元。

2014年1月13日，被告人纪某某逃匿，同年2月13日主动到尤溪县公安局投案。被告人纪某某已取得被害人周某甲、林某、郑某甲、周某乙、朱某甲的谅解。

此外，公诉机关还向法庭宣读、出示了下列证据，经庭审质证，法院予以确认：

（1）被告人纪某某的供述和辩解证实：2004年她开始向蔡某某投注"六合彩"，2005年至2008年基本没有投注，2009年至2014年1月离开尤溪县到外地躲债，这段时间她基本都有向蔡某某投注。她转账给蔡某某的 292.8773 万元及让其帮忙套现的 2 万元，除她让蔡某某帮忙还给别人的不到 10 万元外，其余的都是投注"六合彩"的钱。此外，她曾因投注欠蔡某某 40 万元。2010 年至 2014 年 1 月，她陆续在周某丙处也有投注，她转账给周某丙的 85.5249 万元都是投注六合彩的钱，此外因投注还欠 26 万元。她转账给肖某某的 45.613 万元都是她向肖某某投注"六合彩"的钱。她共向以上三人投注了 445 万元左右。她在建设银行上班，年收入大概 15 万元，丈夫肖某凡在银监会上班，年收入大概 5 万元。2006 年前后，她投资基金 20 万元，后把基金都卖了，她还投资"纸黄金"，此外没有其他的投资收入。因为投注"六合彩"欠了不少钱，为了还债和再进行"六合彩"赌博以翻本赚钱，她就以各种理由开始向人借钱。直到 2014 年 1 月，她无法再调到资金，而债主们催债催得紧，她就和同事刘某萍商量好后于 2014 年 1 月 13 日晚一起离开尤溪县，前往福州、上海、浙江等地。直到 2014 年 2 月 12 日，她回到福州准备投案，次日主动到尤溪县公安局投案。因银行内部规定，银行职工不得与客户有资金往来，故 2011 年前后，她借胡某某的身份证在建设银行开户，账户为 6×××。胡某某知道此事。

（2）证人蔡某某的陈述证实，她从 2006 年开始收注"六合彩"，纪某某一共向她投注了 40 多期，共投注 310 多万元。

（3）证人陈某乙的证言证实，2014 年 1 月 12 日下午 5 时许，他在坂面镇时，蔡某某在他的店铺 POS 机上刷信用卡套现 2 万元。

（4）证人周某丙的证言证实：2008 年她开始收注"六合彩"时，纪某某就向她投注"六合彩"了。纪某某投注金额越来越大。纪某某共向她投注 90 期左右，投注资金往来都是通过银行转账。纪某某转账给她的 85.5249 万元都是"六合彩"投注资金，加上写给她的 26 万元借条，共向她投注 113.0349 万元。

（5）证人肖某某的证言证实，2009 年 8 月前后至 2012 年 6 月，纪某某共向她投注"六合彩"100 期左右，共投注 32 万元。

（6）户籍证明证实，被告人纪某某出生于 1970 年 8 月 22 日，犯罪时已达完全负刑事责任的年龄。

（7）银行证明证实，被告人纪某某自 1989 年 11 月至 2014 年 1 月系中国建设银行股份有限公司尤溪县支行职工，其中 2011 年 1 月至 2014 年 1 月系该行办公室主任。

（8）胡某某建设银行账户 6××× 于 2011 年 8 月 16 日至 2014 年 1 月 14 日往来明细、纪某某建设银行账户 6××× 于 2010 年 1 月 13 日至 2014 年 1 月 28 日往来明细证实，被告人纪某某利用以上两个账户与各被害人及证人进行资金往来。

（9）搜查笔录、搜查照片、扣押清单、借据复印件九张、草稿纸一张证实，从周某丙家中提取到纪某某向其出具的九张借据。

（10）搜查证、扣押清单、"六合彩"书籍六本证实，从肖某凡处扣押记有"六合彩"相关内容的笔记本六本、"六合彩"书籍六本。

┃裁判结果┃一、被告人纪某某犯集资诈骗罪，判处有期徒刑9年，并处罚金人民币9万元（刑期从判决执行之日起计算，判决执行以前先行羁押的，羁押1日折抵刑期1日，即自2014年2月13日起至2023年2月12日止；罚金应在判决生效后第二日缴纳）。

二、被告人纪某某犯罪所得赃款继续予以追缴，返还被害人。

┃裁判理由┃公诉机关指控被告人纪某某非法集资488万元，其中骗取被害人周某乙35万元。经查：被告人纪某某的供述、证人禹某某的证言和借据复印件之间相互印证证实，2013年10月11日，被告人纪某某向被害人周某乙借款10万元，被害人周某乙汇款9.5万元给被告人纪某某，剩余0.5万元作为之前借款利息予以扣除。根据《最高人民法院关于审理非法集资刑事案件具体应用法律若干问题的解释》第五条第三款的规定，集资诈骗的数额以行为人实际骗取的数额计算，案发前已归还的数额应予扣除。被告人纪某某在该次骗取借款中实际骗取9.5万元，该笔犯罪数额应当认定为9.5万元。被告人纪某某此前多次共骗取被害人周某乙25万元。综上，被告人纪某某共计骗取被害人周某乙34.5万元。综合本案其他已查明事实，被告人纪某某共非法集资487.5万元。公诉机关指控数额不当，予以纠正。

法院认为，被告人纪某某以非法占有为目的，使用诈骗方法非法集资487.5万元，其行为已构成集资诈骗罪，数额特别巨大。公诉机关指控的罪名成立。

关于辩护人提出的被告人纪某某对借款没有以非法占有为目的，其行为不构成集资诈骗罪，应当定性为非法吸收公众存款罪的辩护意见，经查：在案证据证实，被告人纪某某利用其银行工作人员身份，虚构代为理财、理财缺少资金等事实或隐瞒资金用途，以给付高额利息为诱饵，骗取被害人刘某等人487.5万元，并将款项全部用于投注"六合彩"和偿还投注"六合彩"所欠债务。根据《最高人民法院关于审理非法集资刑事案件具体应用法律若干问题的解释》第四条第二款第四项的规定，使用诈骗方法非法集资，将集资款用于违法犯罪活动的，可以认定为以非法占有为目的。据此，被告人纪某某使用诈骗方法非法集资 487.5 万元，将集资款用于违法犯罪活动，可以认定其以非法占有为目的。故辩护人的该节辩护意见和理由不成立，不予采纳。

被告人纪某某犯罪后自动投案，并如实供述自己的犯罪事实，是自首，可以减轻处罚。被告人纪某某退出部分赃款，并得到部分被害人的谅解，可以酌情从轻处罚。辩护人提出的被告人纪某某具有自首、初犯、得到部分被害人的谅解的法定或酌定从轻或减轻处罚情节，建议对被告人纪某某减轻处罚的辩护意见，理由成立，予以采纳。其余辩护意见和理由不成立，不予采纳。

（二）律师评析

作为涉众型经济犯罪，集资诈骗罪与非法吸收公众存款罪有许多相似之处，在认定的时候需要注意区分。从犯罪构成要件上看，行为人主观上是否具有非法占有目的是区分集资诈骗罪与非法吸收公众存款罪的关键因素。

1. 非法占有目的是认定构成集资诈骗罪的关键因素

刑法意义上的非法占有与民法意义上的非法占有有很大的区别，前者意图改变的是财物的所有权，后者意图改变的仅仅是财物的占有状态。在认定集资诈骗罪的"非法占有目的"时，不仅要看行为人是否有通过自己的欺诈行为控制他人资金的意图，还要看其是否有将所骗资金占为己有的意图。正如马克昌教授指出的："将不法占有理解为不法所有，才是各种金融诈骗罪中'以不法占有为目的'的真正含义。"[1]因此，需要结合具体的案件情形来分析被告人是否构成集资诈骗罪。

《最高人民法院关于审理非法集资刑事案件具体应用法律若干问题的解释》（2022 年修正）第七条第二款规定："使用诈骗方法非法集资，具有下列情形之一的，可以认定为'以非法占有为目的'：（一）集资后不用于生产经营活动或者用于生产经营活动与筹集资金规模明显不成比例，致使集资款不能返还的；（二）肆意挥霍集资款，致使集资款不能返还的；（三）携带集资款逃匿的；（四）将集资款用于违法犯罪活动的；（五）抽逃、转移资金、隐匿财产，逃避返还资金的；（六）隐匿、销毁账目，或者搞假破产、假倒闭，逃避返还资金的；（七）拒不交代资金去向，逃避返还资金的；（八）其他可以认定非法占有

---

[1] 马克昌：《金融诈骗罪若干问题研究》，载《人民检察》2001 年第 1 期，第 6 页。

目的的情形。"是否属于以上八种情形，需要根据具体案件具体分析。

需要注意的是，集资诈骗罪中，非法占有目的存在于行为人实施非法集资行为之前，或产生于行为人实施非法集资行为之时，但不能将行为人事后产生的非法占有目的溯及行为人行为时。

在一些情况下，行为人拆东墙补西墙、借新还旧的行为至少表明了行为人主观上有还款意愿，行为人并不希望将集资款全部占为己有，也没有携款潜逃，相比于将集资款用于个人挥霍、赌博等行为的社会危害性较小，就不应当认定为集资诈骗罪。

2. 认定自首可以减轻处罚

根据《刑法》第六十七条第一款关于"犯罪以后自动投案，如实供述自己的罪行的，是自首"的规定，自首应当符合两个基本条件：一是自动投案；二是如实供述罪行。如果犯罪嫌疑人如实供述自己的罪行后又翻供的，不管翻供几次，只要存在翻供就不能认定为自首。认定自首可以减轻处罚。

在司法实践中，常常会出现自然人个体认识与司法工作人员认识不一致的现象，如对行为性质认识不一致、对行为的严重程度认识不一致等。这不影响自然人个体如实供述的成立，司法工作人员不能强求自然人个体具有较高的法律认识水平。

（三）相关法条及司法解释

《中华人民共和国刑法》

第六十一条　对于犯罪分子决定刑罚的时候，应当根据犯罪的事实、犯罪的性质、情节和对于社会的危害程度，依照本法的有关规定判处。

第六十四条　犯罪分子违法所得的一切财物，应当予以追缴或者责令退赔；对被害人的合法财产，应当及时返还；违禁品和供犯罪所用的本人财物，应当予以没收。没收的财物和罚金，一律上缴国库，不得挪用和自行处理。

第六十七条　犯罪以后自动投案，如实供述自己的罪行的，是自首。对于自首的犯罪分子，可以从轻或者减轻处罚。其中，犯罪较轻的，可以免除处罚。

被采取强制措施的犯罪嫌疑人、被告人和正在服刑的罪犯，如实供述司法机关还未掌握的本人其他罪行的，以自首论。

犯罪嫌疑人虽不具有前两款规定的自首情节，但是如实供述自己罪行的，可以从轻处罚；因其如实供述自己罪行，避免特别严重后果发生的，可以减轻处罚。

第一百九十二条 以非法占有为目的，使用诈骗方法非法集资，数额较大的，处三年以上七年以下有期徒刑，并处罚金；数额巨大或者有其他严重情节的，处七年以上有期徒刑或者无期徒刑，并处罚金或者没收财产。

单位犯前款罪的，对单位判处罚金，并对其直接负责的主管人员和其他直接责任人员，依照前款的规定处罚。

《最高人民检察院 公安部关于公安机关管辖的刑事案件立案追诉标准的规定（二）》（2022 年修订）

第四十四条 〔集资诈骗案（刑法第一百九十二条）〕以非法占有为目的，使用诈骗方法非法集资，数额在十万元以上的，应予立案追诉。

《最高人民法院关于审理非法集资刑事案件具体应用法律若干问题的解释》（2022 年修正）

第二条 实施下列行为之一，符合本解释第一条第一款规定的条件的，应当依照刑法第一百七十六条的规定，以非法吸收公众存款罪定罪处罚：

（一）不具有房产销售的真实内容或者不以房产销售为主要目的，以返本销售、售后包租、约定回购、销售房产份额等方式非法吸收资金的；

（二）以转让林权并代为管护等方式非法吸收资金的；

（三）以代种植（养殖）、租种植（养殖）、联合种植（养殖）等方式非法吸收资金的；

（四）不具有销售商品、提供服务的真实内容或者不以销售商品、提供服务为主要目的，以商品回购、寄存代售等方式非法吸收资金的；

（五）不具有发行股票、债券的真实内容，以虚假转让股权、发售虚构债券等方式非法吸收资金的；

（六）不具有募集基金的真实内容，以假借境外基金、发售虚构基金等方式非法吸收资金的；

（七）不具有销售保险的真实内容，以假冒保险公司、伪造保险单据等方式非法吸收资金的；

（八）以网络借贷、投资入股、虚拟币交易等方式非法吸收资金的；

（九）以委托理财、融资租赁等方式非法吸收资金的；

（十）以提供"养老服务"、投资"养老项目"、销售"老年产品"等方式非法吸收资金的；

（十一）利用民间"会""社"等组织非法吸收资金的；

（十二）其他非法吸收资金的行为。

第七条 以非法占有为目的，使用诈骗方法实施本解释第二条规定所列行为的，应当依照刑法第一百九十二条的规定，以集资诈骗罪定罪处罚。

使用诈骗方法非法集资，具有下列情形之一的，可以认定为"以非法占有为目的"：

（一）集资后不用于生产经营活动或者用于生产经营活动与筹集资金规模明显不成比例，致使集资款不能返还的；

（二）肆意挥霍集资款，致使集资款不能返还的；

（三）携带集资款逃匿的；

（四）将集资款用于违法犯罪活动的；

（五）抽逃、转移资金、隐匿财产，逃避返还资金的；

（六）隐匿、销毁账目，或者搞假破产、假倒闭，逃避返还资金的；

（七）拒不交代资金去向，逃避返还资金的；

（八）其他可以认定非法占有目的的情形。

集资诈骗罪中的非法占有目的，应当区分情形进行具体认定。行为人部分非法集资行为具有非法占有目的的，对该部分非法集资行为所涉集资款以集资诈骗罪定罪处罚；非法集资共同犯罪中部分行为人具有非法占有目的，其他行为人没有非法占有集资款的共同故意和行为的，对具有非法占有目的的行为人以集资诈骗罪定罪处罚。

第八条 集资诈骗数额在 10 万元以上的，应当认定为"数额较大"；数额在 100 万元以上的，应当认定为"数额巨大"。

集资诈骗数额在 50 万元以上，同时具有本解释第三条第二款第三项情节的，应当认定为刑法第一百九十二条规定的"其他严重情节"。

集资诈骗的数额以行为人实际骗取的数额计算，在案发前已归还的数额应予扣除。行为人为实施集资诈骗活动而支付的广告费、中介费、手续费、回扣，或者用于行贿、赠与等费用，不予扣除。行为人为实施集资诈骗活动而支付的利息，除本金未归还可予折抵本金以外，应当计入诈骗数额。

四、参与非法集资的行为人因作用不同可能被判处不同罪名

参与非法集资的行为人因作用不同可能被判处不同罪名，比较常见的做法是对于主犯认定为集资诈骗罪，对于一些从犯认定为非法吸收公众存款罪，"李

某峰、陆某程等集资诈骗罪案"就是这样的一个案例。

（一）典型案例

☞ 李某峰、陆某程等集资诈骗罪案[1]

【关键词】违反国家规定　诈骗

| 基本案情 | 原公诉机关：浙江省杭州市人民检察院。

上诉人（原审被告人）：陆某程，男，1981年10月26日出生，×族，浙江省杭州市人，大学文化，原系中国银行股份有限公司杭州市庆春支行（以下简称"中国银行杭州市庆春支行"）、浙江稠州商业银行股份有限公司杭州西湖支行职员。因本案于2015年5月6日被刑事拘留，同年6月12日被逮捕。现羁押于杭州市下城区看守所。

辩护人：张某某，浙江泰某律师事务所律师。

上诉人（原审被告人）：贾某英，女，1962年9月17日出生，×族，浙江省杭州市人，初中文化，无业。因本案于2015年5月29日被刑事拘留，同年7月3日被逮捕。现羁押于杭州市看守所。

辩护人：沃某某、毛某某，浙江京某律师事务所律师。

上诉人（原审被告人）：钱某娣，女，1965年7月12日出生，×族，浙江省杭州市人，高中文化，无业。因本案于2015年5月29日被刑事拘留，同年7月3日被逮捕。现羁押于杭州市看守所。

上诉人（原审被告人）：翁某仙，女，1971年6月23日出生，×族，浙江省杭州市人，初中文化，无业。因本案于2015年5月29日被刑事拘留，同年7月3日被逮捕。现羁押于杭州市看守所。

辩护人：金某某、詹某某，浙江洪某律师事务所律师。

上诉人（原审被告人）：金某英，女，1970年6月10日出生，×族，浙江省杭州市人，高中文化，无业。因本案于2015年7月16日被刑事拘留，同年8月21日被逮捕。现羁押于杭州市看守所。

辩护人：谢某某，浙江中某律师事务所律师。

上诉人（原审被告人）：顾某英，女，1960年4月29日出生，×族，浙江

----

[1]　浙江省高级人民法院（2016）浙刑终562号。

省杭州市人，高中文化，杭州联合农村合作银行退休职工。因本案于 2015 年 7 月
16 日被刑事拘留，同年 8 月 21 日被逮捕。现羁押于杭州市看守所。

辩护人：洪某某，浙江震某律师事务所律师。

上诉人（原审被告人）：王某娟，女，1969 年 1 月 9 日出生，×族，浙江省
嵊州市人，初中文化，中国平安保险公司业务员。因本案于 2015 年 7 月 16 日被
刑事拘留，同年 8 月 21 日被逮捕。现羁押于杭州市看守所。

辩护人：金某，浙江杭某律师事务所律师。

原审被告人：李某峰，男，1973 年 11 月 16 日出生，×族，浙江省富阳市
（现为杭州市富阳区）人，初中文化，富阳市建程纸业有限公司实际控制人。因
本案于 2015 年 5 月 8 日被刑事拘留，同年 6 月 12 日被逮捕。现羁押于杭州市下
城区看守所。

原审被告人：方某明，女，1974 年 1 月 8 日出生，×族，江西省乐平市人，
小学文化，无业。因本案于 2015 年 5 月 8 日被刑事拘留，同年 6 月 12 日被逮
捕。现羁押于杭州市看守所。

原审被告人：李某明，男，1972 年 7 月 14 日出生，×族，浙江省富阳市
人，小学文化，农民。因本案于 2015 年 5 月 8 日被刑事拘留，同年 6 月 12 日被
逮捕。现羁押于杭州市下城区看守所。

原审被告人：朱某友，男，1979 年 6 月 9 日出生，×族，湖北省荆门市人，
初中文化，无业。因本案于 2015 年 6 月 4 日被刑事拘留，同年 7 月 3 日被逮捕。
现羁押于杭州市下城区看守所。

原审被告人：金某春，男，1969 年 2 月 22 日出生，×族，浙江省杭州市
人，初中文化，无业。因本案于 2015 年 7 月 1 日被刑事拘留，同年 8 月 5 日被
逮捕。现羁押于杭州市下城区看守所。

原审被告人：林某，男，1970 年 1 月 8 日出生，×族，福建省莆田市人，
高中文化，无业。因本案于 2015 年 7 月 15 日被刑事拘留，同年 8 月 5 日被逮
捕。现羁押于杭州市下城区看守所。

浙江省杭州市中级人民法院审理浙江省杭州市人民检察院指控被告人李某
峰、陆某程、方某明、李某明犯集资诈骗罪，被告人金某春、林某、贾某英、
钱某娣、翁某仙、朱某友、金某英、顾某英、王某娟犯非法吸收公众存款罪一
案，于 2016 年 11 月 3 日作出（2016）浙 01 刑初 40 号刑事判决。被告人陆某
程、贾某英、钱某娣、翁某仙、金某英、顾某英、王某娟不服，分别提出上诉。
浙江省高级人民法院依法组成合议庭，经阅卷、讯问被告人、听取辩护人意见，

认为本案事实清楚，不属于依法必须开庭审理的案件，决定不开庭审理。现已审理终结。

原判认定：2010 年前后，被告人李某峰在背负巨额债务无力偿还的情况下，结识了中国银行股份有限公司杭州市庆春支行工作人员即被告人陆某程，后李某峰及其同居女友即被告人方某明与陆某程共同商量，通过虚构陆某程所在银行存在贴息存款业务的事实，以高息为诱饵向社会公众非法集资。

2010 年至 2015 年 5 月，李某峰、陆某程、方某明伙同被告人李某明，利用陆某程的银行工作人员身份，出具伪造的中国银行杭州市庆春支行或浙江稠州商业银行杭州分行承诺存款 1 年到期后无条件支付本息的承诺函，隐瞒资金被李某峰等个人非法占有的真相，以年化收益 8%—15% 的高息为诱饵，通过被告人金某春、林某、贾某英、翁某仙、钱某娣、朱某友、金某英、顾某英、王某娟等中间人介绍或由方某明、陆某程直接出面，向被害人周某1、王某、吴某等 160 余人非法集资人民币 2 亿余元，最终造成周某1 等 140 余名被害人实际损失共计 1.35 亿余元。其中，李某峰控制、支配集资款；方某明、陆某程负责联系上述中间人并与被害人接洽，介绍该贴息存款业务，骗取被害人的银行卡或网银 U 盾、密码、身份证并出具伪造的银行承诺函等；李某明根据李某峰、方某明的指示负责资金转账等。李某峰、方某明、陆某程将骗取的集资款用于期货投资、偿还个人债务以及购买轿车和房产等，李某明按月从李某峰处领取数千元工资。

被告人金某春、林某、贾某英、翁某仙、钱某娣、朱某友、金某英、顾某英、王某娟为赚取好处费，先后多次介绍他人办理上述虚构的银行贴息存款业务，帮李某峰、方某明、陆某程等人向社会公众非法吸收资金。其中，贾某英参与非法吸收资金 1.17 亿余元，造成被害人实际损失 7246 万余元；钱某娣参与非法吸收资金 6199 万余元，造成被害人实际损失 4685 万余元；翁某仙参与非法吸收资金 6058 万余元，造成被害人实际损失 4599 万余元；朱某友参与非法吸收资金 3060 万余元，造成被害人实际损失 2501 万余元；金某英、顾某英参与非法吸收资金 1546 万余元，造成被害人实际损失 729 万余元；金某春、林某参与非法吸收资金 1580 万余元，造成被害人实际损失 602 万余元；王某娟参与非法吸收资金 730 万余元，造成被害人实际损失 596 万余元。

2015 年 5 月 6 日，被告人陆某程主动向公安机关投案，并如实供述了自己的主要犯罪事实。同年 5 月 5 日至 5 月 11 日，被告人贾某英、翁某仙、钱某娣、朱某友也分别至公安机关报案并交代了参与本案的主要犯罪事实，但公安机关未立即对该四名被告人采取强制措施。后经进一步查证，公安机关陆续将李某峰、方某明、李某明、金某春、林某、贾某英、翁某仙、钱某娣、朱某友、王某娟、金某英、顾某英抓获或传唤到案。

原审根据上述事实，依照相关法律规定，作出如下判决：（1）被告人李某峰犯集资诈骗罪，判处无期徒刑，剥夺政治权利终身，并处没收个人全部财产。（2）被告人方某明犯集资诈骗罪，判处无期徒刑，剥夺政治权利终身，并处没收个人全部财产。（3）被告人陆某程犯集资诈骗罪，判处有期徒刑 15 年，并处罚金人民币 100 万元。（4）被告人李某明犯集资诈骗罪，判处有期徒刑 8 年，并处罚金人民币 20 万元。（5）被告人贾某英犯非法吸收公众存款罪，判处有期徒刑 8 年，并处罚金人民币 50 万元。（6）被告人钱某娣犯非法吸收公众存款罪，判处有期徒刑 6 年，并处罚金人民币 30 万元。（7）被告人翁某仙犯非法吸收公众存款罪，判处有期徒刑 6 年，并处罚金人民币 30 万元。（8）被告人朱某友犯非法吸收公众存款罪，判处有期徒刑 5 年，并处罚金人民币 20 万元。（9）被告人金某英犯非法吸收公众存款罪，判处有期徒刑 4 年，并处罚金人民币 20 万元。（10）被告人顾某英犯非法吸收公众存款罪，判处有期徒刑 4 年，并处罚金人民币 20 万元。（11）被告人金某春犯非法吸收公众存款罪，判处有期徒刑 4 年，并处罚金人民币 30 万元。（12）被告人林某犯非法吸收公众存款罪，判处有期徒刑 4 年，并处罚金人民币 20 万元。（13）被告人王某娟犯非法吸收公众存款罪，判处有期徒刑 3 年，并处罚金人民币 15 万元。（14）责令各被告人退赔犯罪所得人民币 1.35 亿余元，按比例发还各被害人。

陆某程上诉及其辩护人辩护提出：本案系李某峰、方某明为利用陆某程的银行工作人员身份非法集资而有预谋地欺骗、拉拢陆某程，陆某程是为向李某峰借钱而被动卷入本案之中的，后因害怕事情暴露只能继续参与，陆某程参与集资诈骗具有被动性；陆某程受李某峰、方某明指使、安排而参与共同犯罪，无法支配、使用集资款，地位、作用较小，非法获利较少，应认定为从犯；陆某程有自首情节，投案后还向公安机关提供过同案犯的藏匿地点、联系方式等线索，且在投案前已自筹 300 余万元资金退赔被害人，原判量刑过重，请求从轻或减轻处罚。

贾某英上诉及其辩护人辩护提出：原判认定的部分事实不清，量刑过重；贾某英系被李某峰、方某明、陆某程等人所骗，主观上不知道李某峰等人是在非法集资，一直认为带客户办理的是银行贴息存款业务，没有非法吸收公众存款的故意；贾某英介绍的客户多为亲朋好友，没有向社会公众吸收存款；原判认定贾某英的犯罪数额有误；贾某英有自首情节，主观恶意不明显，请求查明事实并从轻或减轻处罚。

钱某娣上诉提出：其不知道李某峰、方某明、陆某程等人是在假借银行贴息存款的名义进行非法集资，一直认为自己带客户办理的是银行业务，主观上没有非法吸收公众存款的犯罪故意；其有自首情节，请求从宽处罚。

翁某仙上诉及其辩护人辩护提出：原判认定的部分事实不清，适用法律不当；翁某仙不知道李某峰等人是在非法集资，一直认为带客户办理的是银行贴息存款业务，主观上没有非法吸收公众存款的故意；原判认定的犯罪数额有误；翁某仙在犯罪过程中仅起到招揽客户、介绍作用，依法应认定为从犯；翁某仙名下杭州市余杭区良渚街道良渚文化村白鹭郡南68幢1单元501室房产并非用犯罪所得购买，判决拍卖并发还被害人不符合法律规定；翁某仙有自首情节，请求从轻处罚。

金某英上诉及其辩护人辩护提出：原判认定事实有误，适用法律不当，量刑畸重；金某英不知道客户的存款被转入李某明个人账户并被李某峰非法占用，一直认为客户办理的是银行业务，没有非法吸收公众存款的犯罪故意；金某英参与介绍的客户是自己的亲友，不属于社会不特定公众；原判认定金某英的犯罪数额有误；即便构成非法吸收公众存款罪，金某英亦属从犯，请求减轻处罚。

顾某英上诉及其辩护人辩护提出：原判认定的事实不清，证据不足；顾某英一直认为带客户办理的是银行业务，不知道是李某峰、方某明、陆某程等人在非法集资，主观上没有非法吸收公众存款的犯罪故意；顾某英、金某英结伙介绍的客户都是两人的亲友，不属于社会公众；原判认定顾某英的犯罪数额有误；顾某英所起作用较小，应认定为从犯，请求依法改判。

王某娟上诉及其辩护人辩护提出：王某娟以为带客户办理的是银行贴息存款业务，不知道是个人非法集资，主观上没有非法吸收公众存款的犯罪故意；王某娟介绍的客户都是自己的亲友，集资对象不属于社会公众；王某娟已经取得部分被害人谅解，请求查明事实依法改判。

经审理查明：原判认定被告人李某峰、方某明、陆某程、李某明集资诈骗及被告人贾某英、钱某娣、翁某仙、朱某友、金某英、顾某英、金某春、林某、王某娟非法吸收公众存款的事实，有被害人周某3等160余名被害人的报案陈述及其提供的银行承诺函、银行交易记录、电话录音说明等报案材料，证人周某2、施某、方某、蒋某、马某、江某、陆某、陈某等的证言，银行查询记录、交易明细、汇款凭证等，中国银行杭州市庆春支行及浙江稠州商业银行杭州分行出具的情况说明，期货账户开户信息、交易明细账单，专项审计报告，协助冻结财产通知书、协助查封通知书、协助查询财产通知书，机动车销售发票、房产买卖合同及发票、收据、房屋信息查询记录，搜查笔录、扣押决定书、扣押清单及照片，辨认笔录，富阳市人民法院的民事判决书、调解书，富阳市建程纸业有限公司、杭州建明投资管理有限公司的工商资料，公安机关出具的抓获经过、情况说明等证据证实。各被告人对各自参与的上述犯罪事实亦均供认在案，所供能相互印证，并与前述证据反映的情况相符。

｜裁判结果｜ 一、撤销浙江省杭州市中级人民法院（2016）浙01刑初40号刑事判决对被告人陆某程、金某英、顾某英、王某娟的量刑部分，维持判决其余部分。

二、被告人陆某程犯集资诈骗罪，判处有期徒刑15年，并处罚金人民币50万元（刑期从判决执行之日起计算，判决执行以前先行羁押的，羁押1日折抵刑期1日，即自2015年5月6日起至2030年5月5日止；罚金限于判决生效后1个月内缴纳）。

三、被告人金某英犯非法吸收公众存款罪，判处有期徒刑2年6个月，并处罚金人民币20万元（刑期从判决执行之日起计算，判决执行以前先行羁押的，羁押1日折抵刑期1日，即自2015年7月16日起至2018年1月15日止；罚金限于判决生效后1个月内缴纳）。

四、被告人顾某英犯非法吸收公众存款罪，判处有期徒刑2年6个月，并处罚金人民币20万元（刑期从判决执行之日起计算，判决执行以前先行羁押的，羁押1日折抵刑期1日，即自2015年7月16日起至2018年1月15日止；罚金限于判决生效后1个月内缴纳）。

五、被告人王某娟犯非法吸收公众存款罪，判处有期徒刑2年，并处罚金人民币15万元（刑期从判决执行之日起计算，判决执行以前先行羁押的，羁押1日折抵刑期1日，即自2015年7月16日起至2017年7月15日止；罚金限于判决生效后1个月内缴纳）。

｜裁判理由｜ 关于上诉理由、辩护意见，综合分析评判如下：

1. 关于陆某程参与集资诈骗的事实认定，经查：李某峰、方某明二被告人互为印证的供述证实，陆某程参与共同商量利用陆某程的银行工作人员身份，虚构银行贴息存款业务或银行小金库投资业务，以高息为诱饵向社会公众非法集资。陆某程到案后对其商量、参与实施集资诈骗的主要事实亦供认在案，足以认定。陆某程利用其银行工作人员身份向被害人介绍虚构的上述业务、隐瞒资金被李某峰等个人非法占有的真相，以高息诱骗被害人办理该业务从而骗取钱款，陆某程在集资诈骗中行为积极、作用重要，并分得部分赃款，不属于从犯。陆某程上诉及其辩护人提出的陆某程参与本案具有被动性、属从犯等相关意见不能成立，不予采信。

2. 关于非法吸收公众存款主观故意的认定，经查：李某峰、方某明、陆某程互为印证的供述证实，在通过中间人介绍客户办理该业务时，已告知中间人该业务不是银行的合规业务而是银行个别领导私下操作。身为中间人的各被告人亦供认知道该业务不是银行正规业务、客户资金实际被转入个人账户，且该业务办理的场所均不在银行之内、支付的利息远超银行正常利率水平。故作为中间人的各被告人足以认识到该业务的非法性质，具备非法吸收公众存款罪的主观构成要件。被告人贾某英、钱某娣、翁某仙、金某英、顾某英、王某娟及辩护人分别提出的主观上没有非法吸收公众存款的犯罪故意等上诉理由和相关辩护意见不能成立，不予采信。

3. 关于非法吸收公众存款的犯罪对象，经查：在案证据证明，作为中间人的各被告人为赚取好处费而向李某峰、方某明、陆某程等人介绍客户办理上述虚构的业务，但对介绍的客户身份、范围并未作限定，并非仅限于本人亲友，集资对象具有不特定性，符合向社会公众非法集资的构成特征。被告人贾某英、金某英、顾某英、王某娟及辩护人分别提出的吸收公众存款的对象不属于社会公众的上诉理由和相关辩护意见不能成立，不予采信。

4. 关于犯罪数额的认定，原判依据被害人的报案陈述及所提供的报案材料、专项审计报告、银行交易记录、承诺函等证据，结合各被告人的供述，根据各被告人具体参与情况分别认定犯罪数额，并无不妥，相关上诉理由和辩护意见亦不予采信。

综上，原判认定的事实清楚，证据确实、充分。

二审法院认为，被告人李某峰、方某明、陆某程、李某明以非法占有为目的，以高额利息为诱饵，采用诈骗方法向社会公众非法集资，数额特别巨大，其行为均已构成集资诈骗罪。被告人贾某英、钱某娣、翁某仙、朱某友、金某英、顾某英、金某春、林某、王某娟为赚取好处费，明知集资主体不是银行而是个人，仍为李某峰等人非法集资介绍客户，参与非法吸收公众存款数额特别巨大，其行为均已构成非法吸收公众存款罪。李某峰、方某明、陆某程共同商议、相互配合实施诈骗行为，骗取社会公众资金，贾某英、钱某娣、翁某仙、朱某友、金某春、林某为赚取好处费，积极、主动为李某峰等人非法集资介绍客户，均系主犯。李某明在共同犯罪中所起作用较小，系从犯，陆某程、贾某英、钱某娣、翁某仙、朱某友有自首情节，原判已对该六名被告人从轻或减轻处罚。

陆某程在案发前筹借资金赔偿被害人部分损失，自首后又向公安机关提供过同案犯可能的藏匿地点和联系方式，原判量刑时已充分考虑其上述情节和积极表现。原判定罪正确，审判程序合法。原判对李某峰、方某明、李某明、贾某英、钱某娣、翁某仙、朱某友、金某春、林某的量刑及对陆某程主刑量刑适当。陆某程、贾某英、钱某娣、翁某仙上诉及辩护人分别提出原判认定的部分事实不清、要求二审再予以从轻改判的理由不能成立，不予采纳。翁某仙参与非法吸收公众存款并赚取好处费，违法所得应予追缴，原审判决拍卖翁某仙名下房产符合法律规定，翁某仙上诉及其辩护人的相关意见亦不予采纳。原判对陆某程判处的罚金刑系适用法律有误，二审法院依法纠正。金某英、顾某英、王某娟均系经金某春、林某二人联系介绍后而参与非法吸收公众资金，介绍的客户相对较少，所起作用相对较小，实际获利也相对较少，可认定为从犯，王某娟还取得大部分被害人的谅解，充分考虑该三名被告人的主观恶性及行为危害等案件具体情况，对该三名被告人予以减轻处罚并进行改判，相关上诉理由、辩护意见中的部分内容予以采纳。

（二）律师评析

集资诈骗罪往往是共同犯罪，不同的人在犯罪中的地位、作用等是不同的。对于不同地位、作用的人，罪名和量刑也往往不同。一般主犯会被认定为集资诈骗罪，从犯会被认定为非法吸收公众存款罪。

1. 共同犯罪人的地位作用不同

根据我国《刑法》第二十五条第一款的规定，共同犯罪是指二人以上的共同故意犯罪。共同犯罪的立法与理论所解决的是归责问题，司法机关认定二人以上的行为是否成立共同犯罪也是为了解决二人以上行为的结果归属（客观归责）。[1]

自然人共同犯罪的成立条件主要有以下三点：第一，犯罪主体是两个以上的自然人；第二，两个以上的自然人具有共同的犯罪故意，故意是全面、双向的；第三，各个自然人之间有共同的犯罪行为，且行为人之间的行为是相互关

---

[1] 张明楷：《刑法学》（上 第6版），法律出版社2021年版，第495页。

联、配合的。

由于共同犯罪具有结构上的复杂性，在认定的时候，不同的人的作用是不同的，存在主犯、从犯、胁从犯的区别。在本案中，除主犯之外，对于几个从犯，因为所起作用相对较小，二审予以了从轻改判。

2. 二审不开庭较为普遍

《刑事诉讼法》第二百三十四条第一款规定："第二审人民法院对于下列案件，应当组成合议庭，开庭审理：（一）被告人、自诉人及其法定代理人对第一审认定的事实、证据提出异议，可能影响定罪量刑的上诉案件；（二）被告人被判处死刑的上诉案件；（三）人民检察院抗诉的案件；（四）其他应当开庭审理的案件。"根据上述规定，刑事案件的二审应当适当开庭审理。但司法实践中，不开庭审理的情况较多，开庭审理的仅占少数。当然，刑事案件在二审过程中不开庭审理的原因是多种多样的，如员额法官人少案多忙不过来、上诉审理期限压力、"重实体、轻程序"的思想仍存在等。

其实，在刑事案件的二审中，会有许多问题出现。比如：二审中检察官的作用和地位如何？律师如何阅卷？证人是否出庭？相关司法鉴定是否需要重做？等等。二审不开庭对于上诉人来说是较为不利的，因为法官作出判断的过程容易基于一审的审判情况产生思维定式，也会产生二审程序虚化的问题。

（三）相关法条及司法解释

《中华人民共和国刑法》

第二十五条 共同犯罪是指二人以上共同故意犯罪。

二人以上共同过失犯罪，不以共同犯罪论处；应当负刑事责任的，按照他们所犯的罪分别处罚。

第一百九十二条 以非法占有为目的，使用诈骗方法非法集资，数额较大的，处三年以上七年以下有期徒刑，并处罚金；数额巨大或者有其他严重情节的，处七年以上有期徒刑或者无期徒刑，并处罚金或者没收财产。

单位犯前款罪的，对单位判处罚金，并对其直接负责的主管人员和其他直接责任人员，依照前款的规定处罚。

《最高人民检察院 公安部关于公安机关管辖的刑事案件立案追诉标准的规定（二）》（2022 年修订）

第四十四条 〔集资诈骗案（刑法第一百九十二条）〕以非法占有为目的，

使用诈骗方法非法集资，数额在十万元以上的，应予立案追诉。

《中华人民共和国刑事诉讼法》

第二百三十六条 第二审人民法院对不服第一审判决的上诉、抗诉案件，经过审理后，应当按照下列情形分别处理：

（一）原判决认定事实和适用法律正确、量刑适当的，应当裁定驳回上诉或者抗诉，维持原判；

（二）原判决认定事实没有错误，但适用法律有错误，或者量刑不当的，应当改判；

（三）原判决事实不清楚或者证据不足的，可以在查清事实后改判；也可以裁定撤销原判，发回原审人民法院重新审判。

原审人民法院对于依照前款第三项规定发回重新审判的案件作出判决后，被告人提出上诉或者人民检察院提出抗诉的，第二审人民法院应当依法作出判决或者裁定，不得再发回原审人民法院重新审判。

第二百三十七条 第二审人民法院审理被告人或者他的法定代理人、辩护人、近亲属上诉的案件，不得加重被告人的刑罚。第二审人民法院发回原审人民法院重新审判的案件，除有新的犯罪事实，人民检察院补充起诉的以外，原审人民法院也不得加重被告人的刑罚。

人民检察院提出抗诉或者自诉人提出上诉的，不受前款规定的限制。

第十章　非国家工作人员受贿罪

一、非国家工作人员受贿罪概述

非国家工作人员受贿罪是一种比较常见的职务犯罪，对犯罪主体有特殊要求。我国《刑法》关于非国家工作人员受贿罪规定在第一百六十三条。

（一）关于非国家工作人员受贿罪的立法

非国家工作人员受贿罪是指，"公司、企业或其他单位的工作人员利用职务上的便利，索取他人财物或者非法收受他人财物，为他人谋取利益，数额较大的行为"[1]。该罪名属于"妨害对公司、企业的管理秩序罪"的一种。

立法上，《刑法》第一百六十三条规定第一款和第二款规定："公司、企业或者其他单位的工作人员，利用职务上的便利，索取他人财物或者非法收受他人财物，为他人谋取利益，数额较大的，处三年以下有期徒刑或者拘役，并处罚金；数额巨大或者有其他严重情节的，处三年以上十年以下有期徒刑，并处罚金；数额特别巨大或者有其他特别严重情节的，处十年以上有期徒刑或者无期徒刑，并处罚金。公司、企业或者其他单位的工作人员在经济往来中，利用职务上的便利，违反国家规定，收受各种名义的回扣、手续费，归个人所有的，依照前款的规定处罚。"《刑法》第一百八十四条第一款规定："银行或者其他金融机构的工作人员在金融业务活动中索取他人财物或者非法收受他人财物，为他人谋取利益的，或者违反国家规定，收受各种名义的回扣、手续费，归个人所有的，依照本法第一百六十三条的规定定罪处罚。"

---

[1]　韩玉胜主编：《刑法学原理与案例教程》（第4版），中国人民大学出版社2018年版，第333页。

2007 年 10 月 25 日，《最高人民法院 最高人民检察院关于执行〈中华人民共和国刑法〉确定罪名的补充规定（三）》发布，补充、修改了一些刑法罪名。该规定取消了"公司、企业人员受贿罪"罪名，并由"非国家工作人员受贿罪"予以替代。调整后的罪名于 2007 年 11 月 6 日起施行。

（二）非国家工作人员受贿罪的构成要件

非国家工作人员受贿罪是一种较为典型的职务类犯罪，对犯罪主体有特殊的要求，因此认定的时候需要注意。

1. 本罪的主体

本罪的主体是特殊主体，主要指公司、企业或者其他单位的工作人员。在刑法理论中，直接认定"非国家工作人员"的情况并不多见。

根据《最高人民法院 最高人民检察院关于办理商业贿赂刑事案件适用法律若干问题的意见》的规定，"其他单位"既包括事业单位、社会团体、村民委员会、居民委员会、村民小组等常设性的组织，也包括为组织体育赛事、文艺演出或者其他正当活动而成立的组委会、筹委会、工程承包队等非常设性的组织。因此，其他单位是个概括性的规定，包含的主体范围很广。

在认定本罪的主体时，有三类人员需要特别注意：第一类是银行或者其他金融机构的工作人员；第二类是医疗机构的工作人员；第三类是学校及其他教育机构的工作人员。

2. 本罪的主观方面

非国家工作人员受贿罪的主观方面只能是故意，并且存在为他人谋取利益的主观目的。

3. 本罪的客体

本罪的客体是复杂客体，"为公司、企业或其他单位的正常业务活动和公司、企业或其他单位工作人员业务活动的廉洁性"[1]。

4. 本罪的客观方面

非国家工作人员受贿罪在客观方面表现为"利用职务上的便利，索取他人

---

[1] 韩玉胜主编：《刑法学原理与案例教程》（第 4 版），中国人民大学出版社 2018 年版，第 334 页。

财物或者非法收受他人财物，为他人谋取利益，数额较大的行为"[1]。总结一下，该罪的客观方面表现为：第一，利用职务上的便利；第二，索取他人财物或者非法收受他人财物；第三，有为他人谋取利益的目的；第四，数额较大或数额巨大或数额特别巨大。上述四点必须同时具备。

（三）非国家工作人员受贿罪的现状分析

非国家工作人员受贿在社会生活中普遍存在，但是由于其具有很大的隐蔽性且行贿者往往不愿揭发、不愿承认等，真正被追究刑事责任的情况并不多见。

在中国裁判文书网以非国家工作人员受贿罪为案由进行检索，共检索到12134篇文书。[2]从审判程序来看，涉及管辖144件，刑事一审6692件，刑事二审1414件，刑事审判监督297件，刑罚与执行变更2322件，执行1230件，其他35件。这些案件中，很多涉及金融机构的工作人员。自2010年至2023年，涉及非国家工作人员受贿罪裁判文书的制作年份与数量统计如表10.1所示。

表 10.1　2010—2023 年非国家工作人员受贿罪裁判文书制作年份与数量统计

年　份	文书数量/件	年　份	文书数量/件
2010	26	2017	1459
2011	37	2018	1356
2012	132	2019	1490
2013	389	2020	1453
2014	1481	2021	626
2015	1546	2022	153
2016	1825	2023	100

二、金融机构的工作人员容易构成非国家工作人员受贿罪

银行在金融行业的地位很重要，其工作人员往往会面临复杂的形势、多样

---

[1]　韩玉胜主编：《刑法学原理与案例教程》（第4版），中国人民大学出版社2018年版，第333页。
[2]　中国裁判文书网（https://wenshu.court.gov.cn），检索日期2024年5月19日。

的诱惑，一旦把持不住就容易构成非国家工作人员受贿罪。"刘某某非国家工作人员受贿案"就是这样一个案例。

（一）典型案例

☞ 刘某某非国家工作人员受贿案[1]

【关键词】职务便利　谋取利益　损失

| **基本案情** | 公诉机关：广东省佛山市三水区人民检察院。

被告人：刘某某，男，46岁。因本案于2013年4月22日被羁押，同日被刑事拘留，同月28日被逮捕。现羁押于佛山市三水区看守所。

辩护人：薛某、张某，广东法制某某律师事务所律师。

广东省佛山市三水区人民检察院以佛三检刑诉〔2013〕501号起诉书指控被告人刘某某犯受贿罪，于2013年11月11日向广东省佛山市三水区人民法院提起公诉。广东省佛山市三水区人民法院依法组成合议庭，公开开庭审理了本案。广东省佛山市三水区人民检察院指派检察员曾某某出庭支持公诉，被告人刘某某及其辩护人到庭参加了诉讼。现已审理终结。

公诉机关指控：2009年1月至2013年2月，被告人刘某某利用担任某农信社党委书记、理事长的职务便利，分别为佛山市××实业发展有限公司、佛山市××阳酒店有限公司、广东×××氏集团有限公司、佛山市×盈投资有限公司、佛山市三水××海×房地产开发有限公司、佛山市××陶瓷有限公司、广东×××融资担保有限公司、佛山市三水××江实业发展有限公司、佛山市三水××纺织染有限公司、广东××投资有限公司三水×酒店、佛山市粤×实业有限公司、佛山市三水×方房产发展有限公司、佛山市×饲料实业有限公司、佛山市三水丽×房地产有限公司、原佛山市三水××燃料有限公司、佛山××纸业有限公司、广东××机器有限公司、佛山市三水区×南实业有限公司等谋取利益，帮助上述企业顺利获得某农信社贷款或顺利取得与某农信社合作开展贷款担保业务，非法收受上述企业人员梁某1、麦某某、禤某某、黄某某、陈某1、罗某1、张某1、郑某某、姚某某、金某某、何某某、叶某某、张某2、曹某某、陈某2、邝某某、卢某某、陈某3、何某2代表企业给予的财

---

[1]　广东省佛山市三水区人民法院（2013）佛三法刑初字第551号。

物共计人民币 22.18 万元、港币 102.7 万元及价值港币 6.48 万元的 ROLEX 手表一块。

案发后，被告人家属代为退回部分赃款。

针对上述指控，公诉机关提供了相关的证据予以证实，并认为被告人刘某某身为国家工作人员，利用职务上的便利，非法收受他人财物共计人民币 22.18 万元、港币 102.7 万元及价值港币 6.48 万元的 ROLEX 手表一块，为他人谋取利益，其行为构成受贿罪，特提请法院依法判决。

被告人刘某某对公诉机关指控的事实不持异议，但认为其不是国家工作人员。

被告人刘某某的辩护人认为：被告人不具有国家工作人员身份，其行为应当构成非国家工作人员受贿罪；被告人第四宗行为不是受贿，因被告人没有为行贿人佛山市×盈投资有限公司黄某某谋取利益；被告人刘某某属于自首并退回部分赃款，应当减轻处罚。

被告人刘某某的辩护人在庭上提交了如下证据：（1）广东省农村信用社联合社（以下简称"广东省农信社"）关于被告人身份的说明；（2）某农信社证明；（3）某农信社代表决议；（4）刘某某与某农信社劳动合同；（5）某农信社章程；（6）农村信用合作社管理规定；（7）刘某某社保缴费单；（8）某农信社章程修正案；（9）银监会关于某农信社变更注册资本的批复；（10）某农信社验资报告；（11）广东省农信社证明；（12）佛山市三水区某某发展有限公司工商登记及章程；（13）佛山市三水区某某发展有限公司变更登记。

经审理查明，2009 年 1 月至 2013 年 2 月，被告人刘某某利用担任某农信社党委书记、理事长的职务便利，分别为佛山市××实业发展有限公司、佛山市××阳酒店有限公司、广东×××氏集团有限公司、佛山市×盈投资有限公司、佛山市三水××海×房地产开发有限公司、佛山市××陶瓷有限公司、广东×××融资担保有限公司、佛山市三水××江实业发展有限公司、佛山市三水××纺织染有限公司、广东××投资有限公司三水×酒店、佛山市粤×实业有限公司、佛山市三水×方房产发展有限公司、佛山×饲料实业有限公司、佛山市三水丽×房地产有限公司、原佛山市三水××燃料有限公司、佛山××纸业有限公司、广东××机器有限公司、佛山市三水区×南实业有限公司等谋取利益，帮助上述企业顺利获得某农信社贷款或顺利取得与某农信社合作开展贷款担保业务，非法收受上述企业人员梁某1、麦某某、禤某某、黄某某、陈某1、罗某1、张某1、郑某某、姚某某、金某某、何某某、叶某某、张某2、曹某某、陈某2、邝某某、卢某某、陈某3、何某2代表企业给予的财物共计人民币22.18万元、港币102.7万元及价值港币6.48万元的ROLEX手表一块。

案发后，被告人家属代为退回赃款人民币66万元。

另查明：被告人刘某某原是中国人民银行广州分行干部，2002年9月至2006年6月分别在新某农信社、某某市区农信社、高某农信社、某市信用合作管理办公室任副主任、主任、理事长等职务；2006年6月至2008年6月任广东省农信社信贷管理部总经理助理；2008年6月由广东省农信社任命为某农信社党委书记；同年9月经广东省农信社提名、某农信社社员代表大会及理事会选举、中国银行业监督管理委员会佛山监管分局核准，任某农信社理事长，直至案发。被告人刘某某于2008年7月起与广东省农信社终止劳动关系，于同年8月与某农信社签订劳动合同。

广东省农信社于2005年11月改制为股份合作制企业，经省政府授权，负责对全省农村合作金融机构的行业管理、业务指导、协调服务等公务。某农信社于2006年12月改制为股份合作制企业，经营地方性金融业务，其股东除佛山市三水区某某发展有限公司为国有公司外，其他股东均为自然人及非国有公司、组织。佛山市三水区某某发展有限公司持有某农信社5.062%股份。

再查明，2013年3月，×××佛山市纪律检查委员会在调查其他案件时发现被告人刘某某涉嫌收受他人钱财，遂约谈被告人刘某某进行调查，被告人刘某某在调查过程中交代了自己收受他人钱财的违法事实。后×××佛山市纪律检查委员会将被告人刘某某移交司法机关处理。

上述事实，有公诉机关及辩护人提交，并经法庭质证、认证的证据予以证明。

|裁判结果| 一、被告人刘某某犯非国家工作人员受贿罪，判处有期徒刑5年，并处没收个人财产人民币5万元（刑期从判决执行之日起计算，判决执行以前先行羁押的，羁押1日折抵刑期1日，即自2013年4月22日起至2018年4月21日止；没收的财产自判处生效之日起30日内缴纳）。

二、移送的港币18万元、金银色劳力士手表一块及销售单、被告人家属代退还的人民币66万元，予以没收上缴国库。

|裁判理由| 对于公诉机关指控被告人构成受贿罪的意见，经查，被告人刘某某的身份不符合国家工作人员的条件，主要理由是：（1）根据某农信社的工商登记及章程，某农信社是股份合作制企业，非国家机关，也非国有公司或

者其他组织。（2）虽然被告人刘某某是经广东省农信社提名到某农信社任职的人员，但根据广东省农信社的工商登记及章程、有关政府文件，广东省农信社是股份合作制企业，非国家机关。其经广东省政府授权，负责对全省农村合作金融机构的行业管理、业务指导、协调服务等公务，其公务职权来源于其他国家机关的授权，再委托被告人刘某某代行使有关公务缺乏依据，且目前也没有证据显示广东省农信社有授权被告人代行使有关公务。（3）被告人刘某某已经与某农信社签订劳动合同，根据某农信社关于理事长岗位职责的规定，被告人刘某某所担任的理事长职务并无与公务有关的职责。公诉机关认定被告人刘某某从事公务的证据不足，故现有证据不能认定被告人是国家工作人员，本案不符合受贿罪的犯罪构成。

对于被告人刘某某的辩护人提出被告人第四宗受贿行为不构成犯罪的意见，经查，根据被告人刘某某的供述及行贿人黄某某的证言，黄某某的公司为取得某农信社贷款而找被告人帮忙，后黄某某的公司顺利在某农信社获得了贷款，为表示感谢而给予被告人刘某某钱财。被告人刘某某利用职务便利为他人谋取利益，收受他人财物的行为符合非国家工作人员受贿罪的犯罪构成。上述证据之间能够互相印证，足以认定。故该辩护意见与事实不符，本院不予采纳。

法院认为，被告人刘某某身为企业工作人员，利用职务上的便利，非法收受他人财物，为他人谋取利益，其行为构成非国家工作人员受贿罪。公诉机关所指控被告人刘某某构成受贿罪的证据不足，其指控的罪名不能成立。对于被告人刘某某提出其不是国家工作人员的意见，及辩护人提出被告人刘某某不具有国家工作人员身份，其行为应当构成非国家工作人员受贿罪的意见，法院均予以采纳。被告人刘某某在被司法机关采取强制措施前主动向办案机关交代受贿事实，是自首，可依法从轻处罚。被告人刘某某家属在案发后代为退还部分赃款，对被告人可酌情予以从轻处罚。移送的港币 18 万元、金银色劳力士手表一块及销售单、被告人家属代退还的人民币 66 万元均属于赃款赃物，应当依法没收上缴国库。

（二）律师评析

1. 非国家工作人员受贿罪的主体

根据《刑法》第一百六十三条第一款的规定，非国家工作人员受贿罪的主体是公司、企业或者其他单位的工作人员，包括国有公司、企业以及其他国有单位中的非国家工作人员。但是，国有公司、企业以及其他国有单位委派到非国有公司、企业以及其他单位从事公务的人员利用职务上的便利受贿的，不构成非国家工作人员受贿罪，而应依照《刑法》规定的受贿罪予以定罪处罚。

在本案中，关于犯罪主体的定性就出现了争议。检察机关认为被告人刘某某是国家工作人员，构成受贿罪。但是，经法庭审理，法院认为刘某某不具有国家工作人员身份。法官之所以认定刘某某不属于国家工作人员，主要是因为刘某某所在的某农信社是服务合作制企业，且刘某某与某农信社签订的是劳动合同，刘某某的职责与公务无关。因此，法院最终以非国家工作人员受贿罪对刘某某进行定罪处罚。

2. 退赃是酌定从轻量刑情节

在刑法中，所谓的"赃"是指被告人或犯罪嫌疑人通过犯罪手段非法获取的财物（既包括金钱又包括物品）。《刑法》第六十四条规定："犯罪分子违法所得的一切财物，应当予以追缴或者责令退赔；对被害人的合法财产，应当及时返还；违禁品和供犯罪所用的本人财物，应当予以没收。没收的财物和罚金，一律上缴国库，不得挪用和自行处理。"上述规定包含了处理赃款、赃物的几种常见形式，即追缴、责令退赔、没收、退赃。其中，前三种方式是司法机关依职权作出的，退赃是被告人的主动行为，能体现被告人的悔罪态度。因此，一般而言，案发后赃款、赃物仍在被告人控制之下时，就会产生追缴和退赃的相关问题。如果案发后，赃款、赃物已经不存在，那么在此后会产生责令退赔的问题。退赃、退赔常见于侵犯财产类犯罪或其他以谋取非法利益为目的之犯罪中。

退赃、退赔的行为既关系到被害人的损失能否挽回，又关系到被告人的悔罪态度，影响对被告人的量刑。"在我国当前的刑法立法和司法解释中，对于职务犯罪行为人积极退赃退赔的行为，已经做了从轻化考量甚至出罪化规定。"[1]最高人民法院的相关司法解释与座谈会纪要均体现了将退赃、退赔行为作为酌定从轻量刑情节的精神。

在司法实践中，退赃、退赔已成为法官审理案件时通常会考虑的酌定从宽量刑情节。这种做法的意义体现在三个方面：第一，有利于被害人挽回损失。第二，有助于推动被告人悔罪，降低其人身危险性。第三，有利于修复遭到破

---

[1] 庄绪龙：《职务犯罪退赃退赔事后表现对量刑的影响》，载《人民司法（应用）》2017年第34期，第34页。

坏的社会关系，有效地缓解、化解矛盾和对立情绪。本案中，被告人刘某某家属在案发后代为退还部分赃款，法院对被告人酌情予以了从轻处罚。

（三）相关法条及司法解释

《中华人民共和国刑法》

第六十四条　犯罪分子违法所得的一切财物，应当予以追缴或者责令退赔；对被害人的合法财产，应当及时返还；违禁品和供犯罪所用的本人财物，应当予以没收。没收的财物和罚金，一律上缴国库，不得挪用和自行处理。

第一百六十三条　公司、企业或者其他单位的工作人员，利用职务上的便利，索取他人财物或者非法收受他人财物，为他人谋取利益，数额较大的，处三年以下有期徒刑或者拘役，并处罚金；数额巨大或者有其他严重情节的，处三年以上十年以下有期徒刑，并处罚金；数额特别巨大或者有其他特别严重情节的，处十年以上有期徒刑或者无期徒刑，并处罚金。

公司、企业或者其他单位的工作人员在经济往来中，利用职务上的便利，违反国家规定，收受各种名义的回扣、手续费，归个人所有的，依照前款的规定处罚。

国有公司、企业或者其他国有单位中从事公务的人员和国有公司、企业或者其他国有单位委派到非国有公司、企业以及其他单位从事公务的人员有前两款行为的，依照本法第三百八十五条、第三百八十六条的规定定罪处罚。

《最高人民检察院 公安部关于公安机关管辖的刑事案件立案追诉标准的规定（二）》（2022 年修订）

第十条　〔非国家工作人员受贿案（刑法第一百六十三条）〕公司、企业或者其他单位的工作人员利用职务上的便利，索取他人财物或者非法收受他人财物，为他人谋取利益，或者在经济往来中，利用职务上的便利，违反国家规定，收受各种名义的回扣、手续费，归个人所有，数额在三万元以上的，应予立案追诉。

三、非国家工作人员受贿案中经常出现共同犯罪

在一些非国家工作人员受贿罪案件中，往往出现多个人共同犯罪的情况，属于"窝案"的情形。在某些情况下，共同犯罪中各被告人作用相当，不宜区

分主从犯，但是大多数情况下是要区分主从犯的。

（一）典型案例

☞ 曹某等四人非国家工作人员受贿案[1]

【关键词】资产委托管理　自首　立功

| **基本案情** | 原公诉机关：云南省昆明市五华区人民检察院。

上诉人（原审被告人）：曹某，男，1974 年 9 月 6 日出生，×族，云南省富源县人，原系中国工商银行股份有限公司某支行副行长。2015 年 2 月 4 日因本案被刑事拘留，同年 3 月 12 日被逮捕。现羁押于昆明市五华区看守所。

辩护人：王某，云南某某方圆律师事务所律师。

上诉人（原审被告人）：铁某某，女，1979 年 4 月 28 日出生，×族，大学文化，原系中国工商银行股份有限公司某支行行长。2015 年 2 月 9 日因本案被取保候审，同年 3 月 19 日被逮捕。现羁押于昆明市看守所。

辩护人：张某某，云南西某律师事务所律师。

原审被告人：伍某，女，1968 年 1 月 21 日出生，×族，重庆市人，大专文化，原系中国工商银行股份有限公司某支行个人客户经理。2015 年 2 月 4 日因本案被刑事拘留，同年 3 月 12 日被逮捕。2015 年 9 月 11 日被取保候审。

原审被告人：赵某，女，1964 年 8 月 1 日出生，×族，云南省昆明市人，大学文化，原系中国工商银行股份有限公司某支行个人客户经理。2015 年 2 月 4 日因本案被刑事拘留，同年 3 月 12 日被逮捕。2015 年 9 月 11 日被取保候审。

云南省昆明市五华区人民法院审理的云南省昆明市五华区人民检察院指控原审被告人曹某、铁某某、伍某、赵某犯非国家工作人员受贿罪一案，于 2015 年 9 月 9 日作出（2015）五法刑二初字第 173 号刑事判决。宣判后，原审被告人曹某、铁某某不服，提出上诉。云南省昆明市中级人民法院依法组成合议庭，经审阅本案卷宗材料，讯问上诉人曹某、铁某某，听取辩护人意见，核实全案证据，对一审判决认定的事实和适用法律进行了全面审查，认为本案不属于依法应当开庭审理的案件，决定不开庭审理。现已审理终结。

原判认定：2013 年 10 月，被告人曹某、铁某某、伍某、赵某在分别担任中

----

[1] 云南省昆明市中级人民法院（2015）昆刑一终字第 65 号。

国工商银行股份有限公司某支行副行长、行长及个人客户经理期间，介绍银行客户李某某、王某、邓某某投入资金到熊某、柳某某所在的上海仟家信投资管理有限公司云南分公司（以下简称"上海仟家信云南分公司"）进行资产委托管理，每年按照所介绍托管资金的1%收取介绍费。2014年1月至7月，被告人曹某、铁某某、伍某、赵某分三次收到三个季度的介绍费共计现金人民币190350元，并进行了分赃。案发后，四名被告人均退回全部涉案赃款。

原判认为，被告人曹某、铁某某、伍某、赵某身为公司工作人员，在经济往来中，利用职务便利，违反国家规定，收受回扣人民币190350元，其行为均已构成非国家工作人员受贿罪。被告人曹某、铁某某在共同犯罪中起主要作用，是主犯。被告人伍某、赵某在共同犯罪中起次要作用，是从犯，依法应当从轻处罚。被告人曹某协助公安机关抓捕同案犯，是立功，依法可以从轻处罚。被告人曹某、铁某某、伍某、赵某到案后如实供述自己的罪行并积极退赃，依法可以从轻处罚。本案系共同犯罪，各被告人应对犯罪结果共同承担责任。据此，依照《中华人民共和国刑法》第一百六十三条第二款、第二十五条第一款、第二十六条第一款、第二十七条、第六十八条、第六十七条第三款、第七十二条、第七十三条、第六十四条之规定，判决：1. 被告人曹某犯非国家工作人员受贿罪，判处有期徒刑4年；2. 被告人铁某某犯非国家工作人员受贿罪，判处有期徒刑4年6个月；3. 被告人伍某犯非国家工作人员受贿罪，判处有期徒刑3年，缓刑3年；4. 被告人赵某犯非国家工作人员受贿罪，判处有期徒刑3年，缓刑3年；5. 赃款人民币190350元依法予以没收。

宣判后，原审被告人曹某、铁某某不服，分别提出上诉。

曹某上诉称：（1）一审将其认定为共同犯罪中的主犯不当，本案不应区分主从犯；（2）其协助公安机关抓获同案犯，具有立功情节，且系初犯、偶犯，到案后如实供述犯罪事实，认罪态度好，并全额退缴了赃款，原判量刑过重。

曹某的辩护人除提出以上辩护意见外，还提出：（1）曹某患有甲状腺癌，2013年3月进行了手术，需要终身服药和定期复诊；（2）曹某受贿金额不满20万元，根据新的司法解释规定，属于数额较大，最高刑罚为3年以下有期徒刑或者拘役，根据从旧兼从轻的原则，建议二审法院对曹某的量刑予以改判。

铁某某上诉称：（1）一审判决认定其被公安机关抓获归案与客观实际不符，其是在得知公安人员到达某支行后，正准备主动到某支行向公安机关说明情况时，接到曹某电话的，其即赶到某支行并主动联系了公安人员，积极向公安机关作出供述，其行为符合《刑法》第六十七条第一款的规定，是自首；（2）一审判决认定其系共同犯罪中的主犯与客观事实不符，本案是曹某与上海仟家信云南分公司的柳某某事先商定好后，安排其所属翠湖分行开展这项业务的，收取介绍费的标准也是曹某事先与对方协商好的，具体业务由伍某、赵某与对方对接，客户是伍某、赵某向对方介绍的，其在共同犯罪中起次要作用，系从犯，原判量刑过重。

铁某某的辩护人提出：（1）在案证据证实，2015年2月3日14时许，上诉人铁某某接到电话通知到某支行接受调查，其即主动赶到指定地点如实交代了全部犯罪事实，其行为符合自首的构成要件，应认定为自首。（2）本案系一般的共同犯罪，各被告人作用相当，不宜区分主从犯，铁某某虽然是工商银行某支行行长，但并没有向上海仟家信云南分公司介绍客户，分到的钱也是最少的，一审认定铁某某是主犯与事实不符。（3）根据2016年4月18日生效的《最高人民法院 最高人民检察院关于办理贪污贿赂刑事案件适用法律若干问题的解释》第一条规定，受贿3万元以上20万元以下的，应认定为数额较大，判处3年以下有期徒刑。一审判处铁某某有期徒刑4年6个月，明显畸重。

经二审审理查明的事实与一审认定的事实一致，并有经一审庭审质证、认证的被告人户籍证明、刑事案件登记表及报案材料、抓获经过及到案经过、证人证言、被告人供述及辩解、营业执照及劳动合同复印件、电子检查工作记录、辨认笔录及照片、搜查证及搜查笔录、扣押决定书、扣押笔录及清单、资产委托管理协议、上海黄金交易所贵金属延期交易业务服务合作协议、银行账户流水、记账记录、情况说明等证据在卷证实。经审查，上述证据取证程序合法，证据之间能够相互印证，形成证据锁链，足以证实本案事实，法院依法予以确认。

｜二审裁判结果｜ 一、维持昆明市五华区人民法院（2015）五法刑二初字第173号刑事判决第五项，即"赃款人民币190350元依法予以没收"。

二、撤销昆明市五华区人民法院（2015）五法刑二初字第173号刑事判决第一、第二、第三、第四项。

三、上诉人（原审被告人）曹某犯非国家工作人员受贿罪，判处有期徒刑1年6个月（刑期自判决执行之日起计算，判决执行前羁押1日折抵刑期1日，即自2015年2月4日起至2016年8月3日止）。

四、上诉人（原审被告人）铁某某犯非国家工作人员受贿罪，判处有期徒刑1年2个月（刑期自判决执行之日起计算，判决执行前羁押1日折抵刑期1日，即自2015年3月19日起至2016年5月18日止）。

五、原审被告人伍某犯非国家工作人员受贿罪，判处有期徒刑1年，缓刑2年（缓刑考验期从判决确定之日起计算）。

六、原审被告人赵某犯非国家工作人员受贿罪，判处有期徒刑1年，缓刑2年（缓刑考验期从判决确定之日起计算）。

|裁判理由| 二审法院认为：上诉人曹某、铁某某及原审被告人伍某、赵某身为银行工作人员，利用职务上的便利，收受他人回扣190350元，数额较大，其行为均已构成非国家工作人员受贿罪，依法应予惩处。上诉人曹某、铁某某在共同犯罪中起主要作用，是主犯。原审被告人伍某、赵某在共同犯罪中起次要作用，是从犯，依法应当从轻处罚。案发后，上诉人曹某、铁某某及原审被告人伍某、赵某退缴了全部赃款，可酌情从轻处罚。

关于上诉人曹某及其辩护人所提"一审将其认定为共同犯罪中的主犯不当，本案不应区分主从犯"，上诉人铁某某及其辩护人所提"一审判决认定其系本案的主犯与客观事实不符……"的上诉理由及辩护意见，经查，在卷证据显示：介绍客户到上海仟家信云南分公司进行投资委托管理的事实是，上诉人曹某与对方公司柳某某事先协商好后，又随柳某某一同到翠湖分行与铁某某、伍某、赵某商谈如何开展该项业务，曹某还陪同柳某某向客户介绍投资项目的收益、操作规则等情况，其在本案中起到组织、策划作用。上诉人铁某某虽然是在翠湖分行的下属支行，但身为某支行的行长，当上诉人曹某与上海仟家信云南分公司的柳某某到其所属分行开展投资委托管理新业务时，在不了解该业务风险的情况下，积极响应，并与伍某、赵某一同向客户介绍该投资业务，收取上海仟家信云南分公司支付的介绍费，其在共同犯罪中起主要作用，也系本案的主犯。一审根据在卷证据和查明的事实，认定二上诉人是本案的主犯并无不当，故二上诉人及各自辩护人所提上诉理由及辩护意见法院不予采纳。

关于上诉人曹某及其辩护人所提"其协助公安机关抓获同案犯，有立功表现"的上诉理由及辩护意见，上诉人铁某某所提"一审判决认定其被公安机关抓获归案与客观实际不符，其是在得知公安人员已到达某支行，在前往某支行的途中接到曹某电话的，其即赶到某支行并主动联系了公安人员，积极向公安机关作出供述，其行为符合《刑法》第六十七条第一款的规定，是自首"的上诉理由，铁某某辩护人所提"在案证据证实，2015年2月3日14时许，上诉人铁某某接到电话通知到某支行接受调查，其即主动赶到指定地点如实交代了全部犯罪事实，其行为符合自首的构成要件，应认定为自首"的辩护意见，经查，公安机关出具的关于抓获铁某某经过补充说明材料可以证实，2015年2月3日

14 时许，上诉人铁某某是在接到曹某的电话通知后，及时赶到某支行，并主动联系了侦查人员，在调查中如实交代了主要犯罪事实。结合本案的其他证据，可以确认，上诉人曹某是在侦查人员的安排下打电话通知上诉人铁某某到某支行接受调查的，铁某某到后主动联系侦查人员，并不是曹某协助侦查人员抓获铁某某，曹某的行为不符合《刑法》第六十八条的构成要件，不具有立功表现。故上诉人曹某及其辩护人所提有立功表现的上诉理由及辩护意见法院不予采纳。上诉人铁某某的行为符合《刑法》第六十七条第一款的规定，系自首。故铁某某及其辩护人所提有自首情节的上诉理由及辩护意见与本案查明的事实相符，法院予以采纳。

上诉人曹某、铁某某及各自辩护人所提其他上诉理由及辩护意见法院已经注意。

综上，原审判决认定上诉人曹某、铁某某及原审被告人伍某、赵某的犯罪事实清楚，证据确实、充分，定罪准确，审判程序合法。鉴于在二审期间，《最高人民法院 最高人民检察院关于办理贪污贿赂刑事案件适用法律若干问题的解释》颁布实施，对非国家工作人员受贿罪的量刑标准作出了明确规定，根据从旧兼从轻的原则，并结合本案的实际情节，依法对量刑进行改判。

（二）律师评析

共同犯罪是两名以上的行为人共同作案，存在智力与行为上的互补，比单个主体犯罪更为复杂。在刑事司法实践中，如何区分各个共犯人在共同犯罪中的地位和作用，实现罚当其罪，具有重要的意义。

1. 从犯是刑事案件的重要辩护点

根据《刑法》第二十七条第一款的规定，在共同犯罪中起次要或者辅助作用的是从犯。根据该规定，认定从犯的标准总结起来就是"作用标准"。刑事立法对主从犯的界定采用的是"作用标准"，但司法实践中主要依据行为人在共同犯罪中的分工和地位来判断其作用的大小。例如，首要分子是犯罪集团或者聚众型犯罪中的组织者、领导者，所以司法实践中都将首要分子认定为主犯。

主犯与从犯的认定需要借助各个共同行为人之间的分工情况予以判断。分工本身属于事实问题，主犯与从犯的区分则属于刑法上的评价问题，所以单纯的分工本身不等同于作用，对各个行为人作用之判断需要以分工为依据，同时结合全案事实进行综合评价。从犯的辩护直接关系到当事人量刑的轻重，因而成为辩护律师在共同犯罪案件中实现罪轻辩护目标的主要路径。在本案中，法院认定上诉人伍某、赵某在共同犯罪中起次要作用是从犯，采取的就是综合判断的方式。

2. 立功的认定

《刑法》第六十八条规定："犯罪分子有揭发他人犯罪行为，查证属实的，或者提供重要线索，从而得以侦破其他案件等立功表现的，可以从轻或者减轻处罚；有重大立功表现的，可以减轻或者免除处罚。"该条文规定了立功和重大立功的情形，对于判断行为人是否立功具有指导意义。

共同犯罪中每个犯罪人之行为都是共同犯罪的一部分，因此，在认定共同犯罪中的自首时不能仅要求犯罪人只交代自己实施的那一部分犯罪活动，还应要求其交代与自己的罪行密切相关的其他共同犯罪人的罪行。换言之，犯罪人自首时交代、检举揭发其他共同犯罪人的共同犯罪事实，应认定属于自首，不能认定为立功。在共同犯罪中，部分犯罪人自动投案后，除如实交代其犯罪行为外，还向相关机关提供尚未归案的同案犯的窝藏点等线索，协助抓捕其他犯罪人的，应当认定为立功。本案中，上诉人曹某是在侦查人员的安排下打电话通知上诉人铁某某到某支行接受调查的，铁某某到后主动联系侦查人员，并不是曹某协助侦查人员抓获铁某某，因此其行为不构成立功。

在立功问题上还有一点比较关键，就是要准确地区分一般立功与重大立功。由于重大立功者在量刑方面可以减轻甚至免除处罚，优于一般立功，因此重大立功的成立条件比较严格。

根据《最高人民法院关于处理自首和立功具体应用法律若干问题的解释》第七条的相关规定，"犯罪分子有检举、揭发他人重大犯罪行为，经查证属实；提供侦破其他重大案件的重要线索，经查证属实；阻止他人重大犯罪活动；协助司法机关抓捕其他重大犯罪嫌疑人（包括同案犯）；对国家和社会有其他重大贡献等表现的，应当认定为有重大立功表现。前款所称'重大犯罪'、'重大案件'、'重大犯罪嫌疑人'的标准，一般是指犯罪嫌疑人、被告人可能被判处无期徒刑以上刑罚或者案件在本省、自治区、直辖市或者全国范围内有较大影响等情形。"根据以上规定可以看出，《最高人民法院关于处理自首和立功具体应用法律若干问题的解释》为重大立功提供了客观的、可操作性较强的判断标准。

（三）相关法条及司法解释

《中华人民共和国刑法》

第六十一条 对于犯罪分子决定刑罚的时候，应当根据犯罪的事实、犯罪的性质、情节和对于社会的危害程度，依照本法的有关规定判处。

第六十四条 犯罪分子违法所得的一切财物，应当予以追缴或者责令退赔；对被害人的合法财产，应当及时返还；违禁品和供犯罪所用的本人财物，应当予以没收。没收的财物和罚金，一律上缴国库，不得挪用和自行处理。

第六十七条 犯罪以后自动投案，如实供述自己的罪行的，是自首。对于自首的犯罪分子，可以从轻或者减轻处罚。其中，犯罪较轻的，可以免除处罚。

被采取强制措施的犯罪嫌疑人、被告人和正在服刑的罪犯，如实供述司法机关还未掌握的本人其他罪行的，以自首论。

犯罪嫌疑人虽不具有前两款规定的自首情节，但是如实供述自己罪行的，可以从轻处罚；因其如实供述自己罪行，避免特别严重后果发生的，可以减轻处罚。

第六十八条 犯罪分子有揭发他人犯罪行为，查证属实的，或者提供重要线索，从而得以侦破其他案件等立功表现的，可以从轻或者减轻处罚；有重大立功表现的，可以减轻或者免除处罚。

第一百六十三条 公司、企业或者其他单位的工作人员，利用职务上的便利，索取他人财物或者非法收受他人财物，为他人谋取利益，数额较大的，处三年以下有期徒刑或者拘役，并处罚金；数额巨大或者有其他严重情节的，处三年以上十年以下有期徒刑，并处罚金；数额特别巨大或者有其他特别严重情节的，处十年以上有期徒刑或者无期徒刑，并处罚金。

公司、企业或者其他单位的工作人员在经济往来中，利用职务上的便利，违反国家规定，收受各种名义的回扣、手续费，归个人所有的，依照前款的规定处罚。

国有公司、企业或者其他国有单位中从事公务的人员和国有公司、企业或者其他国有单位委派到非国有公司、企业以及其他单位从事公务的人员有前两款行为的，依照本法第三百八十五条、第三百八十六条的规定定罪处罚。

《最高人民检察院 公安部关于公安机关管辖的刑事案件立案追诉标准的规定（二）》（2022 年修订）

第十条 〔非国家工作人员受贿案（刑法第一百六十三条）〕公司、企业或者其他单位的工作人员利用职务上的便利，索取他人财物或者非法收受他人财物，为他人谋取利益，或者在经济往来中，利用职务上的便利，违反国家规定，收受各种名义的回扣、手续费，归个人所有，数额在三万元以上的，应予立案追诉。

四、刑事二审案件改判需要充分的理由

在司法实践中，大量刑事案件的二审结果都是维持一审判决。但是，在有些情况下，如果二审法院决定开庭审理案件，那么二审改判或者发回重审的可能性就比较大。

（一）典型案例

☞ 吴某波非国家工作人员受贿案[1]

【关键词】职务便利　贿赂　违法所得

| **基本案情** | 原公诉机关：湖南省株洲县（现为株洲市渌口区）人民检察院。

上诉人（原审被告人）：吴某波，男，1981年12月17日出生于湖南省湘潭市，×族，本科文化，原系中国建设银行长沙市芙蓉支行下属网点某支行（以下简称"建设银行长沙芙蓉支行某支行"）副行长。因涉嫌犯非国家工作人员受贿罪，2015年12月3日被指定监视居住，2016年2月1日被取保候审，2017年7月7日被逮捕。现羁押于株洲县看守所。

湖南省株洲县人民法院审理的湖南省株洲县人民检察院指控被告人吴某波犯非国家工作人员受贿罪一案，于2017年9月12日作出（2017）湘0221刑初63号刑事判决。宣判后，原审被告人吴某波不服，提出上诉。湖南省株洲市中级人民法院依法组成合议庭，根据《中华人民共和国刑事诉讼法》第二百二十三条第一款第一项之规定，于2017年12月13日公开开庭审理了本案。湖南省株洲市人民检察院检察员杨某平出庭履行职务，上诉人吴某波到庭参加诉讼。本案现已审理终结。

原判认定：2010年至2015年，被告人吴某波利用其先后担任建设银行长沙

---

[1] 湖南省株洲市中级人民法院（2017）湘02刑终295号。

芙蓉支行某支行客户经理和副行长的职务便利，先后收受业务单位贿赂178.6万元和香烟六条。具体情况如下：

1. 湖南中楚贸易公司在建设银行长沙芙蓉支行某支行成功办理贷款3000万元，该公司的实际控制人成某（另案处理）为感谢吴某波在办理该贷款中给予的关照，在贷款前后送给吴某波现金人民币和购物卡共计51万元。

2. 2010年至2013年，湖南惠远科技公司先后三次在建设银行长沙芙蓉支行某支行办理贷款，为感谢在办理贷款过程中吴某波给予的关照，公司法人代表成某自己或安排公司工作人员先后送给吴某波现金人民币和购物卡共计69.8万元。

3. 2013年至2014年，湖南虹智能源科技有限公司（以下简称"虹智能源公司"）的实际控制人成某在建设银行长沙芙蓉支行某支行办理了一笔1.9亿元的贷款，在办理贷款过程中，为感谢吴某波的帮助，成某或受公司委托的工作人员先后送给吴某波现金人民币12.6万元和两条"和天下"牌香烟。

4. 2012年11月至2013年，湖南兆丰混凝土公司两次在建设银行长沙芙蓉支行某支行申请小企业授信贷款，吴某波负责办理该业务，在办理业务过程中，先后收受该公司董事长熊某和受公司委托的工作人员的红包礼金共计2.6万元。

5. 2008年至2009年，吴某波为梵思狄服饰公司分两次办理了两笔1400万元的贷款，该公司法人代表郭某某为感谢吴某波在贷款中给予的关照，共送给吴某波现金人民币14.4万元和四条蓝色硬盒"芙蓉王"牌香烟。

6. 2009年至2013年，吴某波为湖南某大市场股份有限公司先后分三次办理三笔贷款，该公司为感谢吴某波在贷款过程中给予的关照，先后送给吴某波现金人民币3.7万元。

7. 收受湖南迅邦置业公司红包礼金2000元。2014年2月，湖南迅邦置业公司因房地产开发需要贷款，为了尽快将贷款申报材料做好，赶在贷款政策变化前将贷款办下来，该公司副总经理黄某代表公司分两次送给做授信调查的客户经理吴某波共2000元。

8. 收受湖南高平建筑公司红包礼金3000元。2014年，湖南高平建筑公司受湖南迅邦置业有限公司委托贷款4000万元。为使贷款尽快办理，在授信调查过程中，湖南高平建筑公司办公室主任丑某某代表公司分两次送给办理该贷款业务的银行客户经理吴某波共计3000元。

9. 2012年10月，湖南兆丰混凝土公司欲贷款600万元，吴某波帮助该公司法人代表熊某联系招商银行的唐某（另案处理），唐某为熊某贷款600万元，事后熊某付给唐某人民币24万元，唐某分给吴某波6万元，从而吴某波实得6万元。

案发后，被告人吴某波退缴赃款 120 万元。

2017 年 8 月 8 日，湖南省株洲县人民检察院追加起诉如下：2015 年 3 月的一天晚上，虹智能源公司实际控制人成某利用虹智能源公司名义向建设银行长沙芙蓉支行某支行申请授信 1.9 亿元。为加速办理授信事项及感谢吴某波帮助介绍民生银行配资参与湖南财富证券公司股改的定向增发，成某再次对吴某波行贿 200 万元现金。2015 年 5 月，审计署介入调查成某的贷款融资问题，成某因担心出事遂找吴某波要回其中的 170 万元。

证明上述事实的证据有：贷款资料、银行流水、身份证明等书证；证人成某等人的证言；同案人唐某的供述和辩解；被告人吴某波的供述和辩解。以上证据均经庭审举证、质证和认证，能够相互印证，足以认定。

原审法院根据上述事实和证据，对被告人吴某波适用《中华人民共和国刑法》第一百八十四第一款、第一百六十三条第一款、第二十五条第一款、第二十六条第一款和第四款、第四十五条、第六十四条、第六十七条第三款之规定，判决：被告人吴某波犯非国家工作人员受贿罪，判处有期徒刑 7 年，并处没收财产人民币 40 万元。被告人吴某波退缴的违法所得人民币 120 万元，依法予以没收，上缴国库；剩余赃款继续予以追缴，上缴国库。

宣判后，原审被告人吴某波不服，提出上诉。其上诉提出一审法院认定事实错误，收受唐某 6 万元、成某 200 万元不是受贿，量刑过重等理由，请求依法改判。

湖南省株洲市人民检察院出庭公诉人认为，原审判决认定吴某波收受唐某 6 万元事实清楚、证据确实充分，认定收受成某 200 万元事实不清、证据不足，建议二审法院依法裁判。

经二审开庭审理查明的原审被告人吴某波利用职务上的便利，先后收受业务单位贿赂 178.6 万元和香烟六条的事实（即原审判决认定的第一笔至第九笔事实）和证据与一审相同。

另审理查明：2013 年 8 月，湖南虹智能源科技有限公司在建设银行长沙芙蓉支行某支行申请办理 1.9 亿元的贷款授信额度。2013 年 9 月，该支行开始对湖南虹智能源科技有限公司进行授信尽职调查，原审被告人吴某波和该支行其他工作人员一起对该公司进行尽职调查和风险评估。湖南虹智能源科技有限公司以岳阳中石化长岭分公司的应收账款作保理。2014 年 6 月，建设银行湖南省分行审批授信湖南虹智能源科技有限公司 1.9 亿元贷款，贷款分四次发放：第一笔是 2014 年 10 月，放款 4000 万元；第二笔是 2015 年 3 月，放款 6000 万元；

第三笔是 2015 年 4 月，放款 5000 万元；第四笔是 2015 年 5 月，放款 4000 万元。在办理贷款授信额度过程中，为感谢吴某波的帮助，湖南虹智能源科技有限公司实际控制人成某先后送给吴某波现金人民币 12.6 万元。

2014 年 9 月，成某和吴某波说他正在参与湖南财富证券公司股改的定向增发，希望吴某波帮忙找银行或者公司来帮他融资。吴某波答应帮成某融资，并提出如配资成功其要收取 1 个点的佣金 300 万元至 600 万元，成某同意吴某波提出收取佣金的要求。吴某波联系其姨父彭某，彭某出面找到民生银行长沙分行，成某和该行工作人员洽谈配资业务并到湖南财富证券公司核实了股改的具体事项，后双方达成口头协议，民生银行配资 4 亿元给成某参加湖南财富证券公司的股改。由于湖南财富证券公司的股改增发方案没有出台，成某和民生银行长沙分行没有签订书面协议。2015 年 3 月中旬，成某分两次在长沙市银华酒店二楼成某住的房间内送给吴某波现金 200 万元（每次 100 万元），吴某波将 200 万元投入其中原证券账户进行炒股。2015 年 5 月，审计署对成某的公司进行贷款调查，成某向吴某波提出要其退还 200 万元，吴某波因炒股亏本，只退还了 170 万元给成某。

｜二审裁判结果｜ 一、维持湖南省株洲县人民法院（2017）湘 0221 刑初 63 号刑事判决第一项对上诉人（原审被告人）吴某波的定罪部分和第二项的判决部分。

二、撤销湖南省株洲县人民法院（2017）湘 0221 刑初 63 号刑事判决第一项对上诉人（原审被告人）吴某波的量刑部分。

三、上诉人（原审被告人）吴某波犯非国家工作人员受贿罪，判处有期徒刑 5 年 6 个月，并处没收财产 30 万元（刑期从判决执行之日起计算，判决执行以前先行羁押的，羁押 1 日折抵刑期 1 日，指定居所监视居住的，监视居住 2 日折抵刑期 1 日，即从 2017 年 7 月 7 日起至 2022 年 12 月 6 日止）。

｜裁判理由｜ 二审法院认为，上诉人吴某波身为银行工作人员，利用其担任建设银行长沙芙蓉支行某支行客户经理和副行长时，负责信贷业务贷前调查报送及贷后管理的职务之便，非法收受他人财物 178.6 万元和香烟 6 条，数额巨大，其行为已构成非国家工作人员受贿罪。吴某波当庭认罪，并能如实供述自己的犯罪事实，依法可以从轻处罚。吴某波主动退缴赃款 120 万元，可酌情从轻处罚。

关于上诉人吴某波上诉提出一审法院认定事实错误，收受唐某 6 万元不是受贿的理由，经审查：吴某波介绍熊某与唐某认识，主要是帮助熊某在招商银行能够贷到款，其和唐某、熊某共同商量收受贿赂的具体事宜，共同受贿的主观故意明显。吴某波虽没有直接利用职务上的便利，但利用了本人职权、岗位形成的地位，通过他人利用职务上的便利条件，共同非法收受他人的财物，为他人谋取利益。收受他人的财物无论其是否个人支出消费了，均不影响受贿事实的成立，吴某波的行为符合非国家工作人员受贿罪的构成要件。故该上诉理由不成立，法院不予采纳。

关于上诉人吴某波上诉提出一审法院认定事实错误，收受成某 200 万元不是受贿，量刑过重的理由，经审查：2014 年 9 月，上诉人吴某波在帮助成某参加湖南财富证券公司增资扩股、融资的过程中，通过其亲属的关系，帮助成某和民生银行长沙分行达成了融资口头协议，并为此收受成某所送的 200 万元，该行为与他的职权、岗位无关。吴某波帮助湖南虹智能源科技有限公司在建设银行长沙芙蓉支行某支行申请办理 1.9 亿元的贷款授信额度，是在 2013 年 8 月至 2014 年 6 月期间，其利用职务上的便利，为湖南虹智能源科技有限公司谋取利益的行为已经完成。现有证据无法证明吴某波帮助成某参加湖南财富证券公司增资扩股、融资的行为利用了职务上的便利，为他人谋取了利益。因此，应认定该行为不属于职务之便的范围，收受成某所送 200 万元的财物，不应以犯罪论处。故该上诉理由成立，法院予以支持。

原判事实清楚，证据确实、充分，定罪准确，审判程序合法。

（二）律师评析

虽然《刑事诉讼法》规定了几种特定情形下刑事二审案件应当开庭审理，但司法实践中，除一审判处死刑的案件二审必须开庭外，其他案件二审开庭审理的情况很少。

1. 刑事案件二审开庭需要各方努力

刑事案件二审开庭审理对上诉人而言非常重要，二审法院进行开庭审理，会使一审判决中存在的问题在二审时得到充分的展示，有助于对确有错误的判决进行改判。如何推动二审开庭审理呢？按照《刑事诉讼法》的相关规定，证据要经过开庭质证后才可以被作为定案证据使用。因此，辩护律师在二审辩护时可以合理地运用此规定，寻找新证据递交给二审法院，以达到二审开庭审理的目标。就司法实践来说，那些对案件事实有重大影响的新证据被递交给二审法院后，一般能够启动二审开庭审理程序，以更好地维护上诉人的利益。

2. 二审案件改判需要充分的理由

在司法实践中，二审法院一般会尊重原审法院法官的自由裁量权，以保障裁判的稳定性。如果原审判决的量刑在法定幅度内，没有其他问题的，二审法官一般会予以维持。有学者选取了全国各省市中级以上人民法院以及各直辖市基层人民法院 2017 年审结的刑事案件作为研究样本，通过比对一审结果与二审结果，来观察刑事案件二审改判的幅度与刑种变化情况。[1]他得出的结论是："数据分析结果说明，实践中二审发生改判的案件，更多是通过在对一审认定事实、适用法律的实质审查的基础上，纠正一审裁判的错误实现的。"[2]

刑事案件二审中，应当依法改判的情形主要有三种：第一，适用法律错误的案件应当依法改判，不应以事实证据方面的理由发回重审。第二，对于量刑事实不清、证据不足的案件，二审法官应当进行补查并直接改判。第三，二审期间被告人立功或者积极赔偿获得谅解的，可以直接改判。

（三）相关法条及司法解释

《中华人民共和国刑法》

第一百六十三条 公司、企业或者其他单位的工作人员，利用职务上的便利，索取他人财物或者非法收受他人财物，为他人谋取利益，数额较大的，处三年以下有期徒刑或者拘役，并处罚金；数额巨大或者有其他严重情节的，处三年以上十年以下有期徒刑，并处罚金；数额特别巨大或者有其他特别严重情节的，处十年以上有期徒刑或者无期徒刑，并处罚金。

公司、企业或者其他单位的工作人员在经济往来中，利用职务上的便利，违反国家规定，收受各种名义的回扣、手续费，归个人所有的，依照前款的规定处罚。

国有公司、企业或者其他国有单位中从事公务的人员和国有公司、企业或者其他国有单位委派到非国有公司、企业以及其他单位从事公务的人员有前两款行为的，依照本法第三百八十五条、第三百八十六条的规定定罪处罚。

第一百八十四条 银行或者其他金融机构的工作人员在金融业务活动中索取他人财物或者非法收受他人财物，为他人谋取利益的，或者违反国家规定，

---

〔1〕 涂龙科：《刑事二审的改判理由与功能检验》，载《东方法学》2022 年第 3 期，第 147 页。

〔2〕 涂龙科：《刑事二审的改判理由与功能检验》，载《东方法学》2022 年第 3 期，第 155 页。

收受各种名义的回扣、手续费，归个人所有的，依照本法第一百六十三条的规定定罪处罚。

国有金融机构工作人员和国有金融机构委派到非国有金融机构从事公务的人员有前款行为的，依照本法第三百八十五条、第三百八十六条的规定定罪处罚。

《中华人民共和国刑事诉讼法》

第二百三十六条 第二审人民法院对不服第一审判决的上诉、抗诉案件，经过审理后，应当按照下列情形分别处理：

（一）原判决认定事实和适用法律正确、量刑适当的，应当裁定驳回上诉或者抗诉，维持原判；

（二）原判决认定事实没有错误，但适用法律有错误，或者量刑不当的，应当改判；

（三）原判决事实不清楚或者证据不足的，可以在查清事实后改判；也可以裁定撤销原判，发回原审人民法院重新审判。

原审人民法院对于依照前款第三项规定发回重新审判的案件作出判决后，被告人提出上诉或者人民检察院提出抗诉的，第二审人民法院应当依法作出判决或者裁定，不得再发回原审人民法院重新审判。

第二百三十七条 第二审人民法院审理被告人或者他的法定代理人、辩护人、近亲属上诉的案件，不得加重被告人的刑罚。第二审人民法院发回原审人民法院重新审判的案件，除有新的犯罪事实，人民检察院补充起诉的以外，原审人民法院也不得加重被告人的刑罚。

人民检察院提出抗诉或者自诉人提出上诉的，不受前款规定的限制。

《最高人民检察院 公安部关于公安机关管辖的刑事案件立案追诉标准的规定（二）》（2022 年修订）

第十条 〔非国家工作人员受贿案（刑法第一百六十三条）〕公司、企业或者其他单位的工作人员利用职务上的便利，索取他人财物或者非法收受他人财物，为他人谋取利益，或者在经济往来中，利用职务上的便利，违反国家规定，收受各种名义的回扣、手续费，归个人所有，数额在三万元以上的，应予立案追诉。

第十一章　非法吸收公众存款罪

一、非法吸收公众存款罪概述

非法吸收公众存款罪"是指违反国家金融管理法规,非法吸收公众存款或者变相吸收公众存款,扰乱金融秩序的行为。"[1]非法吸收公众存款罪是出现频率比较高的一个罪名,近年来发生的大案、要案不断刷新人们的认识。该罪名与集资诈骗罪非常容易混淆,需要注意两者之间的区分。

(一) 关于非法吸收公众存款罪的立法

1979 年《刑法》并没有规定非法吸收公众存款罪这一罪名。随着改革开放的推进,我国经济发展日益迅速,在巨大的经济利益诱惑下,一些个人与单位通过各种方式在社会上针对大众进行非法集资,对社会经济秩序造成了严重损害。面对这种情形,1995 年 5 月颁布的《商业银行法》对筹集资金的主体进行了严格的限制。当时的《商业银行法》第十一条第二款规定:"未经中国人民银行的批准,任何单位和个人不得从事吸收公众存款等商业银行业务,任何单位不得在名称中使用'银行'字样。"

1995 年 6 月 30 日,《全国人民代表大会常务委员会关于惩治破坏金融秩序犯罪的决定》发布施行,其中第七条以单行刑法的形式规定了非法吸收公众存款罪,这一罪名正式确立。1997 年颁布的《刑法》则完全吸纳了该决定的规定,在第一百七十六条专门规定了非法吸收公众存款罪。

对于非法吸收公众存款罪的特征,《最高人民法院关于审理非法集资刑事案

---

[1] 韩玉胜主编:《刑法学原理与案例教程》(第 4 版),中国人民大学出版社 2018 年版,第 341 页。

件具体应用法律若干问题的解释》第一条第一款进行了明确规定。根据《非法集资解释》的规定，该罪的特征包括："（一）未经有关部门依法许可或者借用合法经营的形式吸收资金；（二）通过网络、媒体、推介会、传单、手机短信等途径向社会公开宣传；（三）承诺在一定期限内以货币、实物、股权等方式还本付息或者给付回报；（四）向社会公众即社会不特定对象吸收资金。"由上述描述可知，非法吸收公共存款罪的成立必须具备非法性、公开性、还本付息的承诺及犯罪对象不特定等四个特征。

（二）非法吸收公众存款罪的构成要件

非法吸收公众存款罪是一个常见的罪名，涉及的人数和资金数量往往很多，参与集资的人往往损失比较严重。在认定该罪名时，准确把握其构成要件非常重要。

1. 本罪的主体

本罪的主体是一般主体。根据《刑法》第一百七十六条之规定，单位和自然人都能成为本罪的主体。

2. 本罪的主观方面

法学界一致认为本罪的主观方面是故意，但本罪是否需要具备特定之目的是存在争议的。

3. 本罪的客体

根据体系解释理论，本罪的客体是指国家之金融管理秩序。刘宪权教授认为，非法吸收公众存款罪所保护的金融管理秩序具体表现为，国家对利率的管制制度和国有金融机构的垄断利益。[1]

4. 本罪的客观方面

本罪的客观方面是违反国家金融管理法规，非法吸收公众存款或者变相吸收公众存款的行为。其中，"非法吸收公众存款"是在没有资质的情况下以存款的形式吸收资金，并开具凭条，承诺一定期限内还本付息的行为。"变相吸收公众存款"的行为是比较复杂的，主要指不以存款的名义而是以其他名义向不特定的对象吸收资金，承诺还本付息的行为。

---

[1] 刘宪权：《论互联网金融刑法规制的"两面性"》，载《法学家》2014 年第 5 期，第 87 页。

（三）非法吸收公众存款罪的现状分析

随着市场经济的发展和金融的开放，我国非法集资类犯罪的形式逐渐多样化、手段不断翻新、迷惑性不断增强，呈现愈演愈烈之势。特别是"在互联网技术愈加成熟、互联网金融蓬勃发展的大背景下，利用信息网络实施的非法集资犯罪案件更呈井喷式爆发"[1]。目前，我国非法集资类犯罪的年立案数量由过去的两三千件跳跃至上万件，涉案金额由几百几千万元上升至过百亿元。特大规模的非法集资案件不断增多，给办案机关带来了新的压力。

在中国裁判文书网以非法吸收公众存款罪为案由进行检索，共检索到62367篇文书。[2]从审判程序来看，涉及管辖333件，刑事一审37636件，刑事二审13377件，刑事审判监督2479件，申请没收违法所得2件，刑罚与执行变更4696件，国家赔偿与司法救助2件，执行3488件，其他354件。自2010年至2020年，涉及非法吸收公众存款罪裁判文书的制作年份与数量统计如表11.1所示。

表 11.1　2010—2021 年非法吸收公众存款罪裁判文书制作年份与数量统计

年　份	文书数量/件	年　份	文书数量/件
2010	21	2016	6142
2011	37	2017	8934
2012	117	2018	10270
2013	425	2019	12243
2014	1766	2020	12746
2015	2960		

这些数据充分反映了非法吸收公众存款罪的案件数量较多，涉及的人员众多、资金庞大，社会影响力非常大，严重破坏了国家金融管理秩序。这些数据与检察机关公布的相关数据是可以相互印证的。据统计，全国检察机关办理涉嫌非法吸收公众存款犯罪案件，2016年起诉14745人，2017年起诉15282人，2018年起诉15302人。[3]从一定意义上说，非法集资类犯罪已成为审查起诉案

---

〔1〕　刘宪权：《金融犯罪刑法学原理》（第2版），上海人民出版社2020年版，第221—222页。

〔2〕　中国裁判文书网（https：//wenshu.court.gov.cn），检索日期2024年5月19日。

〔3〕　郑赫南：《检察机关办理非法集资犯罪案件数量逐年上升》，载《检察日报》2019年1月31日，https：//www.spp.gov.cn/zdgz/201901/t20190131_407036.shtml。

件数量较多的金融犯罪之一，其社会危害性不言自明。

二、银行的员工容易触犯非法吸收公众存款罪

银行的员工由于有其单位背书，容易获得客户的信赖，从而有条件以高额利息等为由引诱存款者，进而以存款的形式公开吸收或变相吸收社会公众的资金。

（一）典型案例

☞ **张某犯非法吸收公众存款罪案**[1]

【关键词】非法吸收公众存款　口口相传　损失

| **基本案情** | 公诉机关：安徽省合肥市包河区人民检察院。

被告人：张某，男，1963 年 3 月 3 日出生，×族，高中文化，安徽省全椒县人，原系中国某某银行股份有限公司合肥东陈岗支行（以下简称"某某银行合肥东陈岗支行"）客户经理。2014 年 9 月 1 日因涉嫌犯非法吸收公众存款罪经合肥市公安局包河分局决定刑事拘留，并于次日网上追逃；同年 9 月 7 日被苏州市公安局姑苏分局抓获归案；同月 12 日被合肥市公安局包河分局执行刑事拘留；同年 10 月 15 日经安徽省合肥市包河区人民检察院批准逮捕，次日由合肥市公安局包河分局执行逮捕。现羁押于合肥市第二看守所。

辩护人：殷某勇，安徽华某律师事务所律师。

辩护人：于某武，安徽华某律师事务所（实习）律师。

安徽省合肥市包河区人民检察院以包检公诉刑诉〔2015〕233 号起诉书指控被告人张某犯非法吸收公众存款罪，于 2015 年 5 月 20 日向安徽省合肥市包河区人民法院提起公诉。安徽省合肥市包河区人民法院依法组成合议庭，两次公开开庭审理了本案。安徽省合肥市包河区人民检察院指派检察员称某功出庭支持公诉，被告人张某及其辩护人殷某勇、于某武，被害人庄某、刘某乙到庭参加诉讼。其间，本案依法延长审理期限 3 个月，现已审理终结。

----

〔1〕 安徽省合肥市包河区人民法院（2015）包刑初字第 00353 号。

安徽省合肥市包河区人民检察院指控：

（一）非法吸收公众存款罪部分

2010 年 1 月至 2014 年 9 月，被告人张某在某某银行合肥东陈岗支行工作期间，利用社会公众对其银行工作人员身份的信任，以借款给担保公司作为资金周转，能获取高额利息为借口，按月利息 2 分至 6 分不等的高额利息等进行引诱，在社会上利用口口相传等方式，以存款的形式公开吸收及变相吸收被害人褚某某等 33 人存款 1632.1 万元人民币。非法吸收的资金被其用于放高利贷、支付高额利息、挥霍等，造成储户重大损失。

（二）诈骗罪部分

2014 年 3 月 31 日，在某某银行合肥东陈岗支行，被告人张某谎称其朋友在新疆做工程出事伤人，急需借钱住院治疗，骗取被害人刘某乙 25 万元人民币现金。骗取的款项被其用于归还个人借款，至今未被追回。

为证实上述指控事实，出庭支持公诉的公诉人当庭宣读或出示了如下证据材料：被害人报案经过及陈述、被告人供述及辩解、证人证言、借条、记账本、银行业务凭证及清单、手机短信息、抓获经过、羁押情况说明、户籍证明等。

公诉机关认为：被告人张某违反国家金融管理法律规定，在社会上采取公开吸纳公众存款、变相吸收公众存款的手段，共非法吸收公众存款 1632.1 万元人民币，造成被害人经济损失 1200 余万元，吸收公众存款对象达到 33 人，属数额巨大，情节严重，其行为已触犯《中华人民共和国刑法》第一百七十六条第一款，应当以非法吸收公众存款罪追究其刑事责任；同时，被告人张某以非法占有为目的，采用欺骗手段，骗取他人现金 25 万元人民币，属数额巨大，其行为已触犯《中华人民共和国刑法》第二百六十六条，应当以诈骗罪追究其刑事责任。提请法院依法惩处。

庭审中，被告人张某辩称：（1）褚某某的 70 万元中有 20 万元已归还，借条未收回，有 5 万元的借条是利息。（2）周某甲的 42 万元中已归还本金 15 万元。（3）刘某甲的 30 万元借条是其出具的，但是其并没有收到钱。（4）丁某甲的 230 万元绝大部分是利滚利形成的，本金最多 110 万元。（5）郑某甲的 15 万元借条是其出具的，但钱是庄某拿的，其并没有收到。（6）刘某乙有借条的 180 万元其认可，但其中 25 万元不是诈骗，是事先跟刘某乙讲好的借款。当天其要得比较急，但总是联系不上刘某乙，最后就编了个新疆工程出事的理由找他拿了 25 万元。另外，刘某乙还有 15 万元没有借条，其实是 25 万元，这是短期借款，其已经归还给刘某乙了，所以没有借条。（7）任某某的 18 万元已归还本金10万元。（8）尚某某的钱款不应扣除刘某甲的30万元，而且总数实际是87万元。（9）金某梅的20万元其已还清。

被告人张某辩护人提出：（1）被告人张某不构成诈骗罪；（2）被告人张某非法吸收公众存款犯罪给各被害人造成的实际损失不清，如张某使用的王乙银行卡账户流水显示，2014年1月28日张某向刘某乙银行卡转账5万元利息，与刘某乙陈述仅收回利息4.2万元不符；（3）被告人张某系初犯，认罪态度良好，犯罪的主观恶性相对较小，社会危害性较小，被害人损失已得到部分弥补。

庭审中，被害人庄某陈述：郑某甲的15万元是经她手借给张某的。经过其仔细核对和回想，张某向其非法吸收存款的本金为140万元。庄某向法庭提供了相关银行卡交易记录及张某记账单等证据。

被害人刘某乙陈述：15万元没有借条的款项是张某让其帮忙还他妹妹信用卡的，当时确实没有打借条。张某找其借最后一笔25万元时，其已经不信任他了，要不是他说新疆工程出事等着救人，其是不会给他的，所以其认为这25万元系张某诈骗其钱款。

经审理查明：

（一）非法吸收公众存款罪部分

2010年1月至2014年9月，被告人张某在某某银行合肥东陈岗支行工作期间，利用社会公众对其银行工作人员身份的信任，以借款给担保公司作为资金周转，能获取高额利息为借口，按月利息2分至6分不等的高额利息等进行引诱，在社会上利用口口相传等方式，以存款的形式公开吸收及变相吸收被害人褚某某等33人存款1563.76万元人民币。非法吸收的资金被其用于放高利贷、支付高额利息、挥霍等，造成储户重大损失。

（二）诈骗罪部分

2014年3月31日，在某某银行合肥东陈岗支行，被告人张某谎称其朋友在新疆做工程出事伤人，急需借钱住院治疗，骗取被害人刘某乙25万元人民币现金。骗取的款项被其用于归还个人借款，至今未被追回。

认定上述事实的证据有：被害人刘某乙的陈述及报案材料，证实张某第五次向其借款时，说新疆有朋友搞工程出事伤人，急需钱治病救人，让其快点转账25万元，其把钱转到了张某指定的王乙银行卡账户；被告人张某的供述与辩解，证实其虚构新疆工程出事救人急需用钱的事实，向刘某乙借款25万元，目前仍无法偿还；被告人张某出具的25万元借条，证实张某于2014年3月31日向刘某乙借款25万元，未约定利息，但注明一个星期归还；被告人张某的记账本，证实其最后一次向前述非法吸收公众存款犯罪中被害人支付利息的时间为2014年4月9日；被告人张某与被害人刘某乙的短信记录，证实张某说其朋友在新疆工商银行柜台等着拿钱去医院，让刘某乙转账至王乙工商银行卡账户，以及事后刘某乙多次向张某催要，其一直未还款；被害人刘某乙银行卡转账凭证、王乙银行卡交易明细单，证实刘某乙于2014年3月31日向王乙银行卡转账25万元；中国某某银行股份有限公司合肥银河支行出具的情况说明、终止（解除）劳动合同证明书、被告人张某的履历表，证实被告人张某于2014年7月21日离职，2014年7月31日、8月1日，被其非法吸收存款的被害人约30人，因资金无法收回前往某某银行合肥东陈岗支行拉横幅，聚众讨还资金；公安机关出具的抓获经过，证实案发后张某逃匿至苏州后被抓获。

本案综合证据有：公安机关出具的关于被告人张某羁押情况的说明，证实被告人张某于2014年9月7日在江苏被抓获后被临时羁押于当地看守所，同月12日被押解回合肥刑事拘留；户籍信息，证实被告人张某犯罪时已达负完全刑事责任年龄。

上述证据均经当庭举证、质证，能相互印证证实上述查明的事实，其客观性、关联性和合法性法院予以确认。

| **裁判结果** 一、被告人张某犯非法吸收公众存款罪，判处有期徒刑4年6个月，并处罚金15万元；犯诈骗罪，判处有期徒刑4年，并处罚金5万元。决定执行有期徒刑7年6个月，并处罚金20万元（刑期自判决执行之日起计算，判决执行前先行羁押的，羁押1日折抵刑期1日，即自2014年9月7日起至2022年3月6日止；罚金于判决生效后10日内缴纳）。

二、责令被告人张某退赔非法吸收公众存款罪各被害人经济损失共计1168.32万元；责令被告人张某退赔诈骗被害人刘某乙经济损失25万元。

| **裁判理由** 法院认为：被告人张某违反国家金融管理法律规定，未经有关部门依法批准，以高额回报为诱饵，通过借款方式变相吸收33名被害人存款1563.76万元，造成被害人实际损失约为1168.32万元，数额巨大，扰乱金融秩序，其行为构成非法吸收公众存款罪，论罪应处3年以上10年以下有期徒刑；另，被告人张某以非法占有为目的，采用虚构事实手段，骗取他人人民币25万元，数额巨大，其行为构成诈骗罪，论罪应处3年以上10年以下有期徒刑。公诉机关除指控被告人张某非法吸收公众存款犯罪金额及实际造成损失额有误，法院予以纠正外，指控的基本事实清楚，证据确实充分，罪名成立，法院予以支持。

被告人张某当庭自认非法吸收公众存款犯罪，可酌情予以从轻处罚；在案发前以"利息"形式退还被害人部分资金，略微减少了被害人的实际损失，量刑时可酌情予以考虑。综合本案被告人张某犯罪的事实、性质、情节和危害后果，以及认罪态度和悔罪表现，决定对其予以相应的处罚。被告人张某犯非法吸收公众存款罪、诈骗罪，应依法予以数罪并罚。辩护人提出的与以上相同的辩护意见成立，法院予以支持，提出的与以上不同的辩护意见，法院不予采纳。

（二）律师评析

在非法吸收公众存款罪的认定中，违反国家金融管理法律规定的认定很重要，但是在司法实践中，关于违反国家金融管理法律规定的范围常有争议。

1. 违反国家金融管理法律规定的范围

在我国《刑法》分则的罪名中，类似"违反……规定"的罪状表述是比较多的。在刑法理论上，这种情况被称为空白罪状，即条文指明要参照其他法律法规的规定来确定某一个犯罪的罪状。

"违反国家金融管理法律规定"是构成非法吸收公众存款罪的前提条件。对于"违反国家金融管理法律规定"的具体表现，也即非法吸收公众存款罪中"违规"的形式违法性问题，学界有不同的看法。刑法对"违反国家金融管理法律规定"没有作相应的立法解释，这就引发了理论界对"违反国家金融管理法律规定"之内涵外延的不同理解。存在这样一种观点，即"违反国家金融管理法律规定"不仅包括违反有关金融法律法规，还包括违反金融机构内部制定的有关规章制度。而与此相对的另一种观点则认为，不应当把行业内部规范以及银行等金融机构的内部工作指导细则考虑在内。从应然的角度讲，应当对"违反国家金融管理法律规定"作限制性解释，即违反规定仅包括违反有关金融法律法规的规定，不包含违反金融机构内部的规定。

2. "公众"的含义

非法吸收公众存款罪的行为对象是"公众"，因此"公众"的含义会影响本罪的认定。从词语的含义上看，"公众"一般指社会上的大多数人。理论界普遍认为，"社会公众"是指社会上的不特定多数人。而对于这种说法又有两种解释：一种是不特定且多数说。该学说认为所谓"公众"，就是指存款人是不特定的群体，如果存款人只是少数个人或者是特定的，如仅限本单位的人员等，不能认为是公众。[1]一种是不特定或多数说。这种学说认为，"公众"是指多数人或者不特定人，对于非法吸收某一单位内部成员存款的行为，应通过考察单位成员的数量、吸收方法等因素，判断是否面向多数人或者不特定人吸收存款。[2]

我们赞同不特定且多数说：第一，在认定"公众"时，必须注意其"公开性"。《非法集资解释》第一条第一款规定该罪的行为方式包括了通过网络、媒体、推介会、传单、手机短信等途径向社会公开宣传。只有不特定的群体才具有公开性，特定的多数人不符合该罪中"公众"的特征。第二，"公众"当然要求多数人。多数人是一个相对的概念，在特定的范围内才能够确定。根据《非法集资解释》第三条第一款第二项规定，非法吸收或者变相吸收公众存款对象150人以上的，应当依法追究刑事责任。可见，除了群体的不特定，人的数量也是认定该罪名时要考虑的因素。

（三）相关法条及司法解释

《中华人民共和国刑法》

第六十四条 犯罪分子违法所得的一切财物，应当予以追缴或者责令退赔；对被害人的合法财产，应当及时返还；违禁品和供犯罪所用的本人财物，应当予以没收。没收的财物和罚金，一律上缴国库，不得挪用和自行处理。

第六十九条 判决宣告以前一人犯数罪的，除判处死刑和无期徒刑的以外，应当在总和刑期以下、数刑中最高刑期以上，酌情决定执行的刑期，但是管制最高不能超过三年，拘役最高不能超过一年，有期徒刑总和刑期不满三十五年的，最高不能超过二十年，总和刑期在三十五年以上的，最高不能超过二十五年。

数罪中有判处有期徒刑和拘役的，执行有期徒刑。数罪中有判处有期徒刑和管制，或者拘役和管制的，有期徒刑、拘役执行完毕后，管制仍须执行。

数罪中有判处附加刑的，附加刑仍须执行，其中附加刑种类相同的，合并执行，种类不同的，分别执行。

第一百七十六条 非法吸收公众存款或者变相吸收公众存款，扰乱金融秩序的，处三年以下有期徒刑或者拘役，并处或者单处罚金；数额巨大或者有其他严重情节的，处三年以上十年以下有期徒刑，并处罚金；数额特别巨大或者

---

[1] 郎胜主编：《〈关于惩治破坏金融秩序犯罪的决定〉的讲话》，法律出版社1995年版，第35页。
[2] 刘芳主编：《刑事案例诉辩审评——破坏金融管理秩序罪》，中国检察出版社2005年版，第76—80页。

有其他特别严重情节的，处十年以上有期徒刑，并处罚金。

单位犯前款罪的，对单位判处罚金，并对其直接负责的主管人员和其他直接责任人员，依照前款的规定处罚。

有前两款行为，在提起公诉前积极退赃退赔，减少损害结果发生的，可以从轻或者减轻处罚。

《最高人民检察院 公安部关于公安机关管辖的刑事案件立案追诉标准的规定（二）》（2022 年修订）

第二十三条 〔非法吸收公众存款案（刑法第一百七十六条）〕非法吸收公众存款或者变相吸收公众存款，扰乱金融秩序，涉嫌下列情形之一的，应予立案追诉：

（一）非法吸收或者变相吸收公众存款数额在一百万元以上的；

（二）非法吸收或者变相吸收公众存款对象一百五十人以上的；

（三）非法吸收或者变相吸收公众存款，给集资参与人造成直接经济损失数额在五十万元以上的；

非法吸收或者变相吸收公众存款数额在五十万元以上或者给集资参与人造成直接经济损失数额在二十五万元以上，同时涉嫌下列情形之一的，应予立案追诉：

（一）因非法集资受过刑事追究的；

（二）二年内因非法集资受过行政处罚的；

（三）造成恶劣社会影响或者其他严重后果的。

三、非法占有目的的认定对部分案件很关键

在银行作为被害人的一些案件中，被告人是否具有非法占有目的涉及此罪与彼罪的问题。就非法吸收公众存款罪和集资诈骗罪而言，两者容易出现混淆，"陈某甲非法吸收公众存款案"就是这样一个典型的案例。

（一）典型案例

☞ 陈某甲非法吸收公众存款案[1]

【关键词】集资诈骗罪　非法吸收公众存款罪　非法占有目的　股票投资

---

〔1〕 江西省赣州市中级人民法院（2017）赣 07 刑终 52 号。

|基本案情| 江西省瑞金市人民检察院指控：2007 年，被告人陈某甲伙同其妻子温某某（刑拘在逃）在中信建投证券公司开户、转入资金，并通过网络交易的方式开始买卖股票，其间陈某甲不断亏空资金。为了继续炒股，陈某甲虚构承包房地产工程、开办化工厂等事实，向不特定的群众非法集资，许诺月息 1.5%—3.5%。案发后，向公安机关报案的集资人员共 59 人，集资总金额 1985.5 万元，其中 7 人所得本金及利息超过其借款本金总数，另外 52 人的集资本金合计人民币 1535.5 万元，已还本金人民币 222.8 万元，已付利息人民币 765.119 万元，截至案发，给集资群众造成损失共计人民币 547.581 万元。被告人陈某甲将非法集资所得款项均用于支付集资到期群众的本息及炒股。

2015 年 12 月 31 日，因炒股资金全部亏空，无力偿还他人借款本金及利息，陈某甲、温某某躲债外逃。2016 年 3 月 17 日，陈某甲主动到瑞金市公安局投案。

2015 年 5 月 29 日，陈某甲虚构瑞金市东方赣源饮用水有限公司（以下简称"饮用水公司"）与江西佳润塑料制品有限责任公司签订购销合同的事实，以饮用水公司的名义骗取瑞金市农村商业银行 320 万元贷款。

公诉机关认为：被告人陈某甲以非法占有为目的，使用虚构事实的方法非法集资，共骗取人民币 547.581 万元，数额特别巨大，构成集资诈骗罪；虚构事实，骗取银行贷款 320 万元，构成骗取贷款罪。建议对陈某甲判处有期徒刑 13 年 6 个月至 15 年 6 个月，并处罚金。

被告人（上诉人）陈某甲对指控的罪名及借款金额有异议。

被告人陈某甲的辩护人的辩护意见为：1. 被告人陈某甲主观上没有非法占有的目的，客观上没有将款项用于违法犯罪、挥霍，不构成集资诈骗罪。2. 虽然被告人陈某甲向银行贷款虚构事实，但虚构资料的行为是在银行工作人员的指使下实施的，银行也没有遭受损失，不构成骗取贷款罪。

法院经审理查明：2007 年，被告人陈某甲伙同其妻子温某某在中信建投证券公司开户、转入资金，并通过网络交易的方式开始买卖股票，其间陈某甲不断亏空资金。为了继续炒股，陈某甲虚构承包房地产工程、开办化工厂等事实，以口口相传的形式，向不特定的群众非法集资，许诺月息 1.5%—3.5%。案发后，向公安机关报案的集资人员共 59 人，集资总金额 1985.5 万元，其中 7 人所得本金及利息超过其借款本金总数，另外 52 人的集资本金合计人民币 1535.5 万元，已还本金人民币 222.8 万元，已付利息人民币 765.119 万元，截至案发，给集资群众造成损失共计人民币 547.581 万元。被告人陈某甲将非法集资所得款项均用于支付集资到期群众的本息及炒股。2015 年 12 月 31 日，因炒股资金全部亏空，无力偿还他人借款本金及利息，陈某甲、温某某躲债外逃。2016 年 3 月 17 日，陈某甲主动到瑞金市公安局投案。

2015 年年初，被告人陈某甲因急需资金用于偿还债务和炒股，便与饮用水公司的法定代表人陈某乙商量以饮用水公司名义向银行借款。2015 年 5 月 29 日，陈某甲虚构饮用水公司与江西佳润塑料制品有限责任公司签订购销合同的事实，以饮用水公司的名义向瑞金市农村商业银行申请 2 年期限 320 万元贷款，用途是为公司购买原材料，由瑞金市振兴小微企业信用担保有限责任公司作担保，陈某甲以房产作反担保抵押，谢某甲、钟某某、谢某乙为反担保人。瑞金市农村商业银行将上述款项发放至饮用水公司账户后，陈某甲没有按贷款申请的用途加以使用，而是在扣除相关费用后，通过转账或现金的方式付给陈某乙人民币 283000 元，剩余款项用于配资炒股和归还部分债务人借款。2016 年 2 月 6 日，因饮用水公司无力偿还贷款，瑞金市振兴小微企业信用担保有限责任公司代其偿还了向瑞金市农村商业银行的贷款人民币 320 万元，并支付利息人民币 25606.93 元。

江西省瑞金市人民法院于 2016 年 12 月 29 日作出（2016）赣 0781 刑初 192 号刑事判决：1. 被告人陈某甲犯集资诈骗罪，判处有期徒刑 12 年，并处罚金人民币 10 万元；犯骗取贷款罪，判处有期徒刑 2 年，并处罚金人民币 3 万元。两罪合并，决定执行有期徒刑 13 年，并处罚金人民币 13 万元。2. 继续追缴被告人犯罪所得，发还被害人。

宣判后，被告人陈某甲不服，向江西省赣州市中级人民法院提出上诉。

| 裁判结果 | 江西省赣州市中级人民法院于 2018 年 3 月 2 日作出（2017）赣 07 刑终 52 号刑事判决：

一、维持江西省瑞金市人民法院（2016）赣 0781 刑初 192 号刑事判决的第二项，即继续追缴被告人犯罪所得，发还被害人。

二、撤销江西省瑞金市人民法院（2016）赣 0781 刑初 192 号刑事判决的第一项：被告人陈某甲犯集资诈骗罪，判处有期徒刑 12 年，并处罚金人民币 10 万元；犯骗取贷款罪，判处有期徒刑 2 年，并处罚金人民币 3 万元。决定执行有期徒刑 13 年，并处罚金人民币 13 万元。

三、上诉人陈某甲犯非法吸收公众存款罪，判处有期徒刑 3 年 6 个月，并处罚金人民币 10 万元。

｜裁判理由｜ 二审法院认为：1. 股票投资属于合法的投资行为，既有盈利的可能，也有亏损的风险，现有证据不足以认定上诉人陈某甲在非法集资中具有非法占有的目的。陈某甲违反国家金融管理法律规定，向社会公众吸收数额巨大的资金，扰乱金融秩序，其行为构成非法吸收公众存款罪。原审判决认定陈某甲非法集资的行为构成集资诈骗罪错误，应予以纠正。

2. 虽然现有证据能证明陈某甲以欺骗手段取得银行贷款，但贷款担保机构实际上已经代为偿还贷款，陈某甲的行为并未给银行造成损失。因此，原审判决认定陈某甲套取贷款的行为构成骗取贷款罪错误，应予以纠正。

（二）律师评析

非法吸收公众存款罪和集资诈骗罪都是非法集资类的犯罪，这两类犯罪在罪与非罪、此罪与彼罪等方面存在很多争议，尤其是具体到刑事案件的个案中的时候。

1. 将非法集资款用于投资股票能否直接推定非法占有目的

《非法集资解释》就非法吸收公众存款罪和集资诈骗罪这两大类案件的审理作了专门规定。对于集资诈骗罪的主观构成要件中"以非法占有为目的"的认定，应坚持主客观相统一的原则，从行为人的具体行为来推定该行为人是否具有"以非法占有为目的"。《非法集资解释》第四条就集资诈骗罪中"以非法占有为目的"的认定进行了较为详细的列举式规定。

在司法实践中，行为人如果将募集的款项用于股票投资，是否可以认定行为人具有"以非法占有为目的"？对于这一问题，各地法院的司法观点并不相同，从而出现了不同的裁判结果。有的法院认为构成集资诈骗罪，如：浙江省常山县人民法院在刘某良集资诈骗案 [（2016）浙 0822 刑初 94 号] 中，认定刘某良将集资款用于高风险的期货、股票投资，构成集资诈骗罪；浙江省温州市中级人民法院在蒋某勇集资诈骗案 [（2015）浙温刑初字第 145 号] 中，认为集资款大部分被蒋某勇用于股票投资并最终导致严重亏损，构成集资诈骗罪。

同样的情形，有的法院却认为行为人构成非法吸收公众存款罪。例如：上海市第二中级人民法院在姚某荣、庄某煜等非法吸收公众存款案 [（2018）沪 02 刑终 280 号] 中，认定姚某荣、陆某德、陈某将吸收资金用于股票投资、支付客户本息、中间人佣金等，共计约 3700 余万元，构成非法吸收公众存款罪。

就目前的司法实践而言，能否以投资股票、期货等行为推定行为人具有非法占有之目的，需要结合具体案情来判定行为人集资前的主观心理、归还态度等进行分析。

2. 非法吸收公众存款罪与集资诈骗罪的区分

非法吸收公众存款罪与集资诈骗罪在客观罪行上具有一致性，其区分主要通过主观罪责来完成。[1] 有人指出，非法吸收公众存款罪和集资诈骗罪的区别"在于行为人的主观目的不同，前者主观上只是想对非法募集的资金加以使用，而后者则是以非法占有为目的"[2]。

2017 年，《最高人民检察院关于办理涉互联网金融犯罪案件有关问题座谈会纪要》第十四条规定，是否具有非法占有目的，是区分非法吸收公众存款罪与集资诈骗罪的关键要件。在实践中，检察机关也是按照此标准来认定的。

（三）相关法条及司法解释

《中华人民共和国刑法》

第六十四条　犯罪分子违法所得的一切财物，应当予以追缴或者责令退赔；对被害人的合法财产，应当及时返还；违禁品和供犯罪所用的本人财物，应当予以没收。没收的财物和罚金，一律上缴国库，不得挪用和自行处理。

第六十九条　判决宣告以前一人犯数罪的，除判处死刑和无期徒刑的以外，应当在总和刑期以下、数刑中最高刑期以上，酌情决定执行的刑期，但是管制最高不能超过三年，拘役最高不能超过一年，有期徒刑总和刑期不满三十五年的，最高不能超过二十年，总和刑期在三十五年以上的，最高不能超过二十五年。

数罪中有判处有期徒刑和拘役的，执行有期徒刑。数罪中有判处有期徒刑和管制，或者拘役和管制的，有期徒刑、拘役执行完毕后，管制仍须执行。

数罪中有判处附加刑的，附加刑仍须执行，其中附加刑种类相同的，合并执行，种类不同的，分别执行。

第一百七十六条　非法吸收公众存款或者变相吸收公众存款，扰乱金融秩序的，处三年以下有期徒刑或者拘役，并处或者单处罚金；数额巨大或者有其他严重情节的，处三年以上十年以下有期徒刑，并处罚金；数额特别巨大或者

---

[1]　李勤：《非法吸收公众存款罪与集资诈骗罪区分之问——以"二元双层次"犯罪构成理论为视角》，载《东方法学》2017 年第 2 期，第 149 页。

[2]　肖中华：《论非法集资犯罪的制度防范和刑法惩治》，载《人民检察》2000 年第 10 期，第 23 页。

有其他特别严重情节的，处十年以上有期徒刑，并处罚金。

单位犯前款罪的，对单位判处罚金，并对其直接负责的主管人员和其他直接责任人员，依照前款的规定处罚。

有前两款行为，在提起公诉前积极退赃退赔，减少损害结果发生的，可以从轻或者减轻处罚。

《最高人民检察院 公安部关于公安机关管辖的刑事案件立案追诉标准的规定（二）》（2022 年修订）

第二十三条 〔非法吸收公众存款案（刑法第一百七十六条）〕非法吸收公众存款或者变相吸收公众存款，扰乱金融秩序，涉嫌下列情形之一的，应予立案追诉：

（一）非法吸收或者变相吸收公众存款数额在一百万元以上的；

（二）非法吸收或者变相吸收公众存款对象一百五十人以上的；

（三）非法吸收或者变相吸收公众存款，给集资参与人造成直接经济损失数额在五十万元以上的；

非法吸收或者变相吸收公众存款数额在五十万元以上或者给集资参与人造成直接经济损失数额在二十五万元以上，同时涉嫌下列情形之一的，应予立案追诉：

（一）因非法集资受过刑事追究的；

（二）二年内因非法集资受过行政处罚的；

（三）造成恶劣社会影响或者其他严重后果的。

《最高人民法院关于审理非法集资刑事案件具体应用法律若干问题的解释》（2022 年修正）

第二条 实施下列行为之一，符合本解释第一条第一款规定的条件的，应当依照刑法第一百七十六条的规定，以非法吸收公众存款罪定罪处罚：

（一）不具有房产销售的真实内容或者不以房产销售为主要目的，以返本销售、售后包租、约定回购、销售房产份额等方式非法吸收资金的；

（二）以转让林权并代为管护等方式非法吸收资金的；

（三）以代种植（养殖）、租种植（养殖）、联合种植（养殖）等方式非法吸收资金的；

（四）不具有销售商品、提供服务的真实内容或者不以销售商品、提供服务为主要目的，以商品回购、寄存代售等方式非法吸收资金的；

（五）不具有发行股票、债券的真实内容，以虚假转让股权、发售虚构债券等方式非法吸收资金的；

（六）不具有募集基金的真实内容，以假借境外基金、发售虚构基金等方式非法吸收资金的；

（七）不具有销售保险的真实内容，以假冒保险公司、伪造保险单据等方式非法吸收资金的；

（八）以网络借贷、投资入股、虚拟币交易等方式非法吸收资金的；

（九）以委托理财、融资租赁等方式非法吸收资金的；

（十）以提供"养老服务"、投资"养老项目"、销售"老年产品"等方式非法吸收资金的；

（十一）利用民间"会""社"等组织非法吸收资金的；

（十二）其他非法吸收资金的行为。

四、"转贷过桥"也是构成非法吸收公众存款罪的一种形式

一些银行的客户经理往往能够接触到很多储户，在为银行吸收存款的同时也可能会私下做一些吸收资金的事情，并许诺高额的利息来吸引储户，从而吸收到很多资金。但是，一旦资金链断掉，往往就会成为刑事案件。

（一）典型案例

☞ **张某犯非法吸收公众存款罪案**[1]

【关键词】违反国家规定　非法吸收公众存款

| **基本案情** | 公诉机关：福建省福清市人民检察院。

被告人：张某，女，1976 年 4 月 15 日出生于福建省福清市，经商，住福建省福清市。因涉嫌犯非法吸收公众存款罪于 2015 年 5 月 28 日被刑事拘留，2015 年 7 月 1 日被逮捕。

辩护人：黄某清、夏某明，福建晓某律师事务所律师。

福建省福清市人民检察院以融检公诉刑诉〔2016〕207 号起诉书指控被告人张某犯非法吸收公众存款罪，于 2016 年 2 月 23 日向福建省福清市人民法院提

---

〔1〕　福建省福清市人民法院（2016）闽 0181 刑初 234 号。

起公诉。福建省福清市人民法院依法组成合议庭，公开开庭审理了本案。福建省福清市人民检察院指派检察员吴某出庭支持公诉，被告人张某及其辩护人黄某清到庭参加诉讼。现已审理终结。

福建省福清市人民检察院指控：

2013年至2014年9月，被告人张某在福清市某某银行担任客户经理期间，称其可为客户办理转贷业务且安全性高，以每月1.2%—3.2%不等的利息向被害人陈某丙、林某甲、李某甲、陈某丁、钟某甲等10余人吸纳资金，并允许被害人陈某丙、林某甲、李某甲、陈某丁、钟某甲等人再向他人筹借资金。被告人张某将上述向公众所筹款项以每月3%—3.6%的利息转借给陈某甲，由陈某甲经手将款项借给福建某某园林建筑有限公司、福建某某金属机械有限公司、福州某某动力有限公司用于企业转贷业务，从中赚取利息差额。至2014年9月，被告人张某向他人吸收资金共计人民币2663万元，向部分被害人归还本金、支付利息共计人民币495.82万元。后因上述企业无法归还借款，被告人张某资金链断裂，无法继续还款，造成被害人陈某丙、林某甲、李某甲、陈某丁、钟某甲等10余人经济损失共计人民币2167.18万元。

2015年5月28日17时许，被告人张某在福清市滨江小学门口附近被被害人陈某丙发现并扭送公安机关。

针对上述指控，公诉机关向法庭提供了相应的证据。经当庭举证、质证，公诉机关认为，被告人张某违反国家金融管理法律规定，向社会公众吸收资金共计人民币2663万元，数额巨大，造成他人经济损失共计人民币2167万余元，其行为触犯了《中华人民共和国刑法》第一百七十六条第一款的规定，应当以非法吸收公众存款罪追究其刑事责任。公诉机关建议对被告人张某判处6年6个月以上8年6个月以下有期徒刑，并处罚金。

被告人张某辩称：其没有允许被害人陈某丙、林某甲、李某甲、陈某丁、钟某甲等人再向他人筹借资金，还告诉他们不要跟任何人说其在做转贷过桥。其记得最后出具未返还的借条总金额是人民币2000万元左右，利息不止支付人民币400万元。其借款后，给陈某甲转过款，其大概赚取每月0.2分利差。其于2014年5月26日向被害人林某甲借的人民币200万元（另两笔未支付利息）、向被害人俞某借的钱均系按日计息，利息大约支付至2014年9月10日。其向其他被害人所借款项，均依借条按月支付利息，且2014年9月20日之前已足月部分的利息均已支付。2014年1月26日，被害人陈某戊借给其人民币32.01万元，后其返还本金及利息共计人民币2.97万元。2013年12月底，钟某甲借给其人民币 50 万元,三天后返还本息共计人民币 50.15 万元。事发后,其主动将其名下奥迪小轿车交予被害人陈某丁,并配合转卖人民币 24 万元抵还陈某丁;主动将其丈夫朱某名下轩逸小轿车交由被害人施某处理,抵债人民币大约 4.5 万元;主动将其在连江贵安新天地一单身公寓转给被害人钟某甲,抵债人民币 30 万元;主动将其丈夫与被害人钟某甲的丈夫共同投资鳗场的份额及收益于 2014 年年底抵还被害人钟某甲借款人民币 41 万元。被害人陈某丙只是跟其说让其跟他走,后其知道是去公安局,陈某丙没有强制其,并非扭送。

辩护人夏某明、黄某清提出的辩护意见为:被告人张某与本案被害人之间是亲友关系,没有通过媒体、推介会、传单、手机短信等途径公开宣传要求借款,不属于向社会不特定对象吸收存款情形,显然在指控罪名构成要件上不完备。被告人张某系初犯,其系投案而并非被扭送,其对大部分事实是如实供述的,应当认定为自首,且自愿认罪,应予以从轻、减轻处罚。被告人张某所借资金均系经陈某甲授意借款并由陈某甲使用,再由陈某甲向被告人张某支付相应服务费,故陈某甲应作为犯罪主体且系主犯,被告人张某只是从犯。被告人张某已经返还利息的事实应予以查清,折抵本金,并作为量刑情节考虑。

经审理查明:

2013 年至 2014 年 9 月,被告人张某在福清市某某银行担任客户经理期间,对外宣称其需要资金做银行过桥转贷业务且安全性高,以每月 1.2%—4.5% 不等的利息向被害人陈某丙、林某甲、李某甲、陈某丁、钟某甲、俞某等众人吸纳资金,并允许被害人林某甲、李某甲、钟某甲、俞某等人再向他人筹借资金。被告人张某将上述向公众所筹款项多数以每月 3%—3.6% 的利息转借给陈某甲,由陈某甲经手将款项再以更高的利息借给福建某某园林建筑有限公司、福建某某金属机械有限公司、福州某某动力有限公司等用于企业转贷业务,以此从中赚取利息差额。至 2014 年 9 月,被告人张某向他人吸收资金共计人民币 2745.01 万元,其间向部分被害人归还本金、支付利息共计约人民币 757 万元。后因上述借款企业无法归还借款,被告人张某资金链断裂,无法继续还款。事发后,被告人张某将其所有的车辆、公寓、投资出售或转让,抵还部分被害人借款约人民币 89.5 万元。

2015 年 5 月 28 日 17 时许,被告人张某在福清市滨江小学门口附近被被害人陈某丙发现并扭送至公安机关。

上述事实,有公诉机关提供的,并经法庭质证、认证的下列证据予以证明:

1. 银行交易凭证、银行交易历史流水记录明细,证实:涉案部分被害人提供的银行凭证及银行交易记录明细情况;张某、陈某甲、刘某、陈某辛、陈某乙涉案银行账目往来情况;赵某于2014年9月25日、9月27日两次共计向陈某丁汇款人民币24万元。

2. 企业登记基本情况表,证实福建某某园林建筑有限公司、福建某某金属机械有限公司、福州某某动力有限公司的经营、登记备案情况。

3. 户籍证明,证实被告人张某的基本身份情况,犯罪时其已达完全刑事责任年龄。

4. 抓获经过,证实2015年5月28日17时许,被害人陈某丙将被告人张某扭送至福清市公安局经侦大队。

5. 被告人张某在侦查阶段的供述:2013年下半年开始,其以1.8分、2分、2.2分、3分不等的利息(利息计算的方式有以天计算,也有按月计算)向亲朋好友借钱转贷给福建某某园林建筑有限公司、福建某某金属机械有限公司、福州某某动力有限公司等,从中赚取利差。其以每月1.8%—3%或每日1‰的利息向朋友借钱,以3%—3.6%的利息转借给福建某某园林建筑有限公司、福建某某金属机械有限公司、福州某某动力有限公司等。其分多次向陈某丙等人借钱,截至案发前,扣去已归还他们的钱,其仍欠陈某丙110万元、林某甲350万元、俞某200万元、杨某50万余元、张某明70万元、陈某丁400万余元、李某甲400万余元、施某50万元(欠款具体数额以借条上的金额为准)。对于这些借款,在2014年9月20日之前,其都按照原来和他们约定的借款利息支付利息,此后,因其借给福建某某园林建筑有限公司、福建某某金属机械有限公司、福州某某动力有限公司等的钱收不回来,其也无法向他们支付利息。目前,上述借款的本金都还没还。

借款时,其都告诉他们其做过桥业务需要资金临时周转,过桥业务稳赚不赔。其向陈某丙等人借款时,还跟他们说,如果他们钱不够可以向朋友借钱放在其这里;有时其会跟他们说客户有大单,缺口几十万元到上百万元,要他们帮忙借钱给其。陈某丙、陈某丁也曾打过电话表示想将钱借给其。其除向上述陈某丙等人借款用于转贷业务外,还向其他人借款用于转贷,但是记不清楚了。其将借到的款项转给了陈某甲。其和陈某甲是朋友关系,陈某甲跟企业的关系不错,有很多企业老板找陈某甲借款还贷。陈某甲那里还有其他款项来源,陈某甲会将其他来源款项和其款项转借给他人或企业,之后收取高利。其转给陈某甲每一笔钱都会跟陈某甲谈好利息,陈某甲会按约定时间(按月或按天)将利息转给其,其再转给债权人。其有时会赚一些利差,有时没有赚钱。陈某甲将其借给他的钱转贷给福建某某园林建筑有限公司（老板刘某）、福建某某金属机械有限公司（老板陈某壬、陈某癸）、福州某某动力有限公司（老板陈某子）等及个人，其跟三家公司老板都认识，也有多次接触，他们都是因为在银行贷款需要资金周转。现其借出的钱款收不回，就是因为福建某某园林建筑有限公司、福建某某金属机械有限公司、福州某某动力有限公司无法还款。福建某某金属机械有限公司曾向福清市某某银行申请贷款，但没有获得批准，其他两家没有。建设银行账户 62××× 04 和 62××× 71、中国银行账户 62××× 50 与陈某丙、林某甲、陈某丁等人的交易记录经其核实无误，但陈某丁转账 10 万元的汇款是他还其钱，不是其向他借款。其欠借款人 2000 多万元。其开给陈某丙、林某甲等人的借据只算本金，不包含利息。

6. 被告人张某在庭审中的陈述。

上述证据来源合法，内容客观真实，且与本案相关联，证据之间能够相互印证，形成一条完整的证据锁链，足以认定法院查明的案件事实。

| 裁判结果 | 一、被告人张某犯非法吸收公众存款罪，判处有期徒刑 7 年 6 个月，并处罚金人民币 30 万元（刑期从判决执行之日起计算，判决执行以前先行羁押的，羁押 1 日折抵刑期 1 日，即刑期自 2015 年 5 月 28 日起至 2022 年 11 月 27 日止；罚金限于本判决发生法律效力之日起 1 个月内缴纳）。

二、责令被告人张某继续退赔本案被害人陈某丙、杨某、林某甲、潘某、李某甲、李某乙、陈某庚、陈某丁、施某、钟某甲、钟某乙、林某乙、俞某、郭某甲、薛某、陈某己、吴某等人经济损失约人民币 1898 万元。

| 裁判理由 | 法院认为，被告人张某未经有关部门批准，通过工作、生活日常接触的人群进行渲染性宣传，许诺高息并及时安排返还，向社会不特定人员吸收资金共计人民币 2745.01 万元，数额巨大，造成约人民币 1898 万元无法归还，其行为已构成非法吸收公众存款罪。公诉机关指控罪名成立。被告人张某案发前归还部分被害人部分款项，依法酌情予以从轻处罚。公诉机关的量刑建议适当，予以采纳。

（二）律师评析

非法吸收公众存款罪在《刑法》分则第三章第四节"破坏金融管理秩序罪"中予以规定，表明非法吸收公众存款罪的立法意图是解决民间融资乱象、维护国家金融秩序。在涉及非法吸收公众存款罪的案件中，非法吸收公众存款与正常的民间借贷往往容易产生混淆。吸收存款后如果能正常还款，基本都会被认定为民间借贷，但无法还款而成为刑事案件的，基本都会被认定为非法吸收公众存款罪。

1. 非法吸收公众存款罪与民间借贷的界限

民间借贷是指在国家法定金融机构之外，出资人与受资人之间以取得利息与取得资金使用权并支付约定利息为目的之融资行为。根据《民法典》合同编的相关规定，建立在真实意思基础上且利率水平不超过合理限度的民间借贷合同受法律保护。由于民间借贷现象特别多，明确非法吸收公众存款罪与民间借贷之间的界限是非常重要的。两者的区别主要有以下两点：

（1）吸收资金之目的不同

非法吸收公众存款犯罪是指未经批准，通过还本付息的方式吸收公众资金用以从事资本及货币经营的行为，而民间借贷则是公民或其他组织出于生产、生活的需要在国家允许的利率范围内向他人借贷，两者主要是吸收资金的目的不同。[1] 两者吸收资金的目的有着本质的区别，因此需要结合具体的案件予以论证分析，不能笼统地将吸收资金行为定性为非法吸收公众存款罪，笼统地定性违背主客观相统一的原则，会造成刑法的扩张。

同时，要区分存款与资金的性质，对存款应从资本、货币经营意义上去理解。若行为人的目的在于维持企业生产经营活动或避免发生企业危机等，即使行为人的借贷或融资行为未经批准，但因没有从事金融信贷业务且未影响金融秩序，未侵害非法吸收公众存款犯罪所保护之法益，因而不应被认定为非法吸收公众存款罪。

（2）对遵守合同的态度不同

正常的民间借贷行为一般严格按照合同的约定进行还本付息，不会产生违约行为。但是，非法吸收公众存款涉及的人数和资金非常多，鉴于其"庞氏骗局"的属性，融资方一般无法遵守合同的约定，一旦资金链断裂就不可能按照合同的约定还本付息，从而产生无法兑付的情况。

如果融资的企业经营状况良好，严格遵守合同，按时或及时还本付息，一般不会被认定为非法吸收公众存款罪。但是，如果融资企业生产经营或者资金

---

[1] 周泽：《对孙大午"非法集资"案的刑法学思考——兼谈非法吸收公众存款罪的认定》，载《中国律师》2003 年第 11 期，第 77—78 页。

链出现问题，无法按照合同约定按时还本付息，一旦被举报，办案机关往往会以非法吸收公众存款罪定罪处罚。在实践中，大量非法吸收及变相吸收公众存款的刑事案件都是因为到期后合同无法兑现，经群众举报而被定性为犯罪行为的。因此，在实践操作中就形成了这样一个"以成败论英雄"的尴尬局面。[1]

2. 对非法吸收公众存款罪之"犯罪数额"的认定缺乏统一标准

犯罪数额的认定对非法吸收公众存款犯罪的定罪量刑是至关重要的，关系到被告人的人身自由。

从入罪的标准来看，《非法集资解释》规定非法吸收公众存款罪的犯罪数额入罪标准为：一般情况下，非法吸收或变相吸收公众存款数额达到 100 万元或者给存款人造成直接经济损失数额达到 50 万元；某些特殊情况下，非法吸收或变相吸收公众存款数额达到 50 万元或给存款人造成直接经济损失数额达到 25 万元。非法吸收公众存款罪案件的发案原因大多是非法集资行为人资金链断裂，不能按时还本付息，被集资人无法要回本息，只能报案依靠公安机关通过刑事手段进行追缴。那么，追缴回来的数额是否应计入犯罪数额？出资人放弃的数额应如何认定？

根据《非法集资解释》的相关规定：对于非法吸收公众存款罪，返还的部分都计入犯罪数额；而对于集资诈骗罪，返还的部分不计入犯罪数额。有学者提出了如下主张：行为人从事非法集资活动，以行为人吸收资金的总数作为犯罪数额，不得增减。无论是集资行为人偿还集资参与人的本金，还是集资行为人已实际支付的利息均不能扣除，集资参与人的资金被骗取后又返还的或又被追回的均应计入。[2]在司法实践中，对非法吸收公众存款罪的共同犯罪之犯罪数额的认定争议是比较大的，有按照犯罪所得总额进行定罪量刑的，有根据各自分账所得进行定罪量刑的。为维护公平，应在司法实践中统一犯罪数额的确定标准。

在一些非法吸收公众存款罪的案件中还存在重复投资行为，这一情况又增加了犯罪数额的认定难度。重复投资行为是指投资人在约定的周期结束后，获得了行为人返还的本金和约定的利息，又将返还的本金和另行加入的新资金继续投入非法集资当中。在司法实践中，不同的法院有不同的计算方法：有直接累计相加计算总额的，也有将实际的投资额和到期应当获得的利息相加进行计

〔1〕 王晓慧：《民间集资：请告别成王败寇》，载《新财经》2007 年第 1 期，第 66—68 页。
〔2〕 张明楷：《刑法学》（第 4 版），法律出版社 2011 年版，第 596 页。

算的。计算标准还是存在不统一的问题。

（三）相关法条及司法解释

《中华人民共和国刑法》

第六十四条 犯罪分子违法所得的一切财物，应当予以追缴或者责令退赔；对被害人的合法财产，应当及时返还；违禁品和供犯罪所用的本人财物，应当予以没收。没收的财物和罚金，一律上缴国库，不得挪用和自行处理。

第六十九条 判决宣告以前一人犯数罪的，除判处死刑和无期徒刑的以外，应当在总和刑期以下、数刑中最高刑期以上，酌情决定执行的刑期，但是管制最高不能超过三年，拘役最高不能超过一年，有期徒刑总和刑期不满三十五年的，最高不能超过二十年，总和刑期在三十五年以上的，最高不能超过二十五年。

数罪中有判处有期徒刑和拘役的，执行有期徒刑。数罪中有判处有期徒刑和管制，或者拘役和管制的，有期徒刑、拘役执行完毕后，管制仍须执行。

数罪中有判处附加刑的，附加刑仍须执行，其中附加刑种类相同的，合并执行，种类不同的，分别执行。

第一百七十六条 非法吸收公众存款或者变相吸收公众存款，扰乱金融秩序的，处三年以下有期徒刑或者拘役，并处或者单处罚金；数额巨大或者有其他严重情节的，处三年以上十年以下有期徒刑，并处罚金；数额特别巨大或者有其他特别严重情节的，处十年以上有期徒刑，并处罚金。

单位犯前款罪的，对单位判处罚金，并对其直接负责的主管人员和其他直接责任人员，依照前款的规定处罚。

有前两款行为，在提起公诉前积极退赃退赔，减少损害结果发生的，可以从轻或者减轻处罚。

《最高人民检察院 公安部关于公安机关管辖的刑事案件立案追诉标准的规定（二）》（2022 年修订）

第二十三条 〔非法吸收公众存款案（刑法第一百七十六条）〕非法吸收公众存款或者变相吸收公众存款，扰乱金融秩序，涉嫌下列情形之一的，应予立案追诉：

（一）非法吸收或者变相吸收公众存款数额在一百万元以上的；

（二）非法吸收或者变相吸收公众存款对象一百五十人以上的；

（三）非法吸收或者变相吸收公众存款，给集资参与人造成直接经济损失数额在五十万元以上的；

非法吸收或者变相吸收公众存款数额在五十万元以上或者给集资参与人造成直接经济损失数额在二十五万元以上，同时涉嫌下列情形之一的，应予立案追诉：

（一）因非法集资受过刑事追究的；

（二）二年内因非法集资受过行政处罚的；

（三）造成恶劣社会影响或者其他严重后果的。

第十二章　虚假诉讼罪

一、虚假诉讼罪概述

虚假诉讼罪是指自然人或者单位以捏造的事实提起民事诉讼，妨害司法秩序或者严重侵害他人合法权益的行为。从司法实践来看，虚假诉讼的表现形式是多样化的：有的表现为逃避履行给付义务而进行虚假的诉讼；有的表现为骗取人民法院判决、裁定或者调解书，从而非法占有他人财物；还有的表现为采用虚假的诉讼转移夫妻共同财产；等等。这些行为严重妨害了司法秩序且侵犯他人的合法权益，也造成了司法资源的极大浪费，需要进行惩处。

近年来，虚假诉讼迅速蔓延，大有愈演愈烈之势。党的十八届四中全会通过的《中共中央关于全面推进依法治国若干重大问题的决定》提出，加大对虚假诉讼、恶意诉讼、无理缠诉行为的惩治力度。据虚假诉讼情况相关调研不完全数据统计，其类型主要集中在房产、借贷、离婚、追索劳动报酬以及相关执行案件。[1]

（一）虚假诉讼罪的立法沿革

我国现行法律关于虚假诉讼行为的规定，主要集中在民事诉讼法。将虚假诉讼行为上升到刑法规制在我国的时间仍较为短暂。根据《刑法修正案（九）》第三十五条之规定，我国《刑法》新增了虚假诉讼罪，作为《刑法》第三百零七条之一，其罪状表述为："以捏造的事实提起民事诉讼，妨害司法秩序或者严重侵害他人合法权益的，处……"虚假诉讼罪罪状的完整表述，在《刑法修正

---

[1]　田宏杰：《虚假诉讼罪的认定：罪质、罪状与罪量》，载《人民法院报》2021年6月24日，第5版。

案（九）》的制定过程中历经反复征求意见和审慎论证才确定。

虚假诉讼行为往往非法侵占他人财产或者逃避合法债务，同时，虚假诉讼行为也存在谋取其他不正当利益的情形，且主要侵犯的是司法秩序，因此，将本罪规定在《刑法》分则第六章"妨害社会管理秩序罪"第二节"妨害司法罪"中是较为适宜的。

（二）虚假诉讼罪的构成要件

为遏阻虚假诉讼行为的频发、高发，最高人民法院、最高人民检察院以出台司法解释、发布指导案例等方式，为打击虚假诉讼罪明确了规范依据。即使如此，关于虚假诉讼罪仍有一些问题存在争议，因此有必要明确其犯罪构成要件。

1. 本罪的主体

虚假诉讼罪的主体为一般主体，凡年满 16 周岁、具有刑事责任能力的自然人均可以构成本罪，单位也可以构成本罪。

2. 本罪的主观方面

虚假诉讼罪在主观方面表现为故意，正如有学者所总结的："虚假诉讼罪的罪过形式只能是直接故意。"[1]因此，过失是不构成本罪的。

通常而言，本罪的行为人以谋取不正当利益为目的，但这并非构成本罪的法定要件。即使以谋取不正当利益为目的，但实际是否谋取到利益以及谋利多少都不影响犯罪的成立。

3. 本罪的客体

虚假诉讼罪侵犯的客体为正常的司法秩序和利益相关人的合法权益。虚假诉讼是以捏造的事实向人民法院提起民事诉讼，扰乱人民法院的正常民事诉讼活动，使人民法院作出错误裁判，损害司法的公正和权威。虚假诉讼罪保护的法益有二：一是正常的司法秩序，二是他人的合法权益。虚假诉讼行为只要侵犯了正常的司法秩序或者导致他人合法权益受到严重侵害，则构成犯罪既遂。

4. 本罪的客观方面

虚假诉讼罪在客观方面表现为以捏造的事实提起民事诉讼，妨害司法秩序或者严重侵害他人合法权益的行为。根据《刑法》第三百零七条之一第一款的

[1] 田宏杰：《虚假诉讼罪的认定：罪质、罪状与罪量》，载《人民法院报》2021 年 6 月 24 日，第 5 版。

规定，本罪在客观方面以捏造事实、提起诉讼为要件，对于仅仅在诉讼中伪造证据、妨害作证的行为，由于不符合虚假诉讼罪客观方面的要件，不能以虚假诉讼罪论处。

根据《刑法》第三百零七条之一第三款的规定，实施虚假诉讼行为非法占有他人财产或者逃避合法债务，又构成其他犯罪的，依照处罚较重的规定定罪从重处罚。通常而言，此种情形可能涉及诈骗。

（三）虚假诉讼罪的现状分析

在中国裁判文书网，以虚假诉讼罪为案由进行检索，共检索到 2161 篇文书。[1]从审判程序来看，涉及管辖 66 件，刑事一审 1356 件，刑事二审 526 件，刑事审判监督 135 件，刑罚与执行变更 58 件，执行 2 件，其他 18 件。这些案件中，有不少涉及金融机构及其工作人员。自 2014 年至 2023 年，涉及虚假诉讼罪裁判文书的制作年份与数量统计如表 12.1 所示。

表 12.1　2014—2023 年虚假诉讼罪裁判文书制作年份与数量统计

年　份	文书数量/件	年　份	文书数量/件
2014	1	2019	498
2015	1	2020	724
2016	45	2021	360
2017	119	2022	98
2018	224	2023	71

上述数据表明，目前实务中涉及虚假诉讼的案件数量相对较大，而真正启动刑事程序追诉的占比不高。这与我们从一些地方公安司法机关办案人员处了解到的情况也大致吻合。

二、虚假诉讼罪对自然人和单位实施双罚制

虚假诉讼的行为在司法实践中有很多，而且不少单位属于涉案主体。如果单位构成了虚假诉讼罪，对该单位及其直接责任人要实行双罚制。"安徽兴某担保有限公司、陈某某虚假诉讼罪案"就是一起比较典型的单位犯罪案件。

---

〔1〕　中国裁判文书网（https：//wenshu. court. gov. cn），检索日期 2024 年 5 月 19 日。

（一）典型案例

☞ 安徽兴某担保有限公司、陈某某虚假诉讼罪案[1]

【关键词】虚假诉讼　融资担保

｜基本案情｜ 公诉机关：安徽省安庆市宜秀区人民检察院。

被告人：陈某某，男，1963 年 8 月 26 日出生，×族，高中文化，安徽兴某担保有限公司（以下简称"兴某公司"）法人代表兼总经理。被告人陈某某因涉嫌虚假诉讼罪，于 2018 年 10 月 5 日被安庆市公安局刑事拘留，同年 11 月 2 日被该局决定取保候审，2019 年 1 月 23 日被安徽省安庆市宜秀区人民检察院决定取保候审，2019 年 8 月 15 日被安徽省安庆市宜秀区人民法院决定取保候审。

安徽省安庆市宜秀区人民检察院以宜检刑诉〔2019〕96 号起诉书指控被告单位兴某公司、被告人陈某某犯虚假诉讼罪，于 2019 年 8 月 14 日向安徽省安庆市宜秀区人民法院提起公诉。安徽省安庆市宜秀区人民法院适用普通程序，依法组成合议庭，其间依法延长审理期限 3 个月，2019 年 10 月 18 日公开开庭审理了本案。安徽省安庆市宜秀区人民检察院指派检察员赵某燕、检察官助理李某丽出庭支持公诉，被告单位诉讼代表人王某龙及其辩护人徐某云、被告人陈某某及其辩护人陶某清到庭参加诉讼。

安徽省安庆市宜秀区人民检察院指控：2013 年 7 月，汪某 1 以安庆新某江电力开发有限公司（以下简称"新某江公司"）的名义向银行申请贷款 400 万元，由兴某公司提供担保。根据兴某公司的要求，汪某 1 找到新某江公司法人代表潘某、刘某 2、股东李某 2，安庆市万某农业发展有限公司汪某 2，陈某红夫妻，以及其本人及妻子刘某 1 为该笔贷款提供反担保，并以其妻子刘某 1 名下的安庆新昌小额贷款股份有限公司（以下简称"新昌公司"）200 万元股权为该笔贷款提供反担保质押。兴某公司业务员在办理股权质押登记时，发现刘某 1 的 200 万元新昌公司股权挂在该公司大股东王某 1 名下。经协商，新昌公司让王某 1 为刘某 1 办理 200 万元股权质押手续。2013 年 7 月的一天，被告人陈某某在未提前告知王某 1 按照兴某公司规定其在签订反担保质押合同的同时也要签订反担保保证合同的情况下，安排业务员罗某、陈某 1（二人均另案处理）

与王某1签订反担保质押合同、反担保保证合同等。罗某按照兴某公司规定在没有向王某1解释说明合同内容的情况下，将一份反担保保证合同夹带在工商局质押的委托书、工商局出质表以及反担保质押合同中，并将每份合同需要签字页翻折出来让王某1签字捺印。被害人王某1翻阅合同时发现反担保质押合同全部为空白合同，于是明确提出其本人只对刘某1名下的200万元股权负责，要求业务员将合同确定的200万元担保金额填写在空白处。罗某将确定的200万元担保金额填写完成后又将所有合同需要签字页翻折出来交由王某1一一签字捺印。2013年7月15日，汪某1的400万元银行贷款审批下来后，罗某在完善该笔贷款的反担保保证合同时，发现兴某公司与银行签订的是最高额保证合同，于是按照兴某公司之前的一贯做法，私自将原先与王某1等人签订的普通版本反担保保证合同中的第三、第四页更换为最高额版本反担保保证合同的内容，并将反担保金额填写为400万元。2014年7月31日兴某公司为新某江公司代偿银行垫款本息共计3997843.74元后，向安徽省安庆市中级人民法院提起民事诉讼，并将被害人王某1一同作为反担保保证人，要求其承担400万元的连带保证责任。之后，安徽省安庆市中级人民法院、安徽省高级人民法院相继作出裁判，判决王某1作为反担保保证人需要为兴某公司代偿的3997843.74元承担连带清偿责任。案件审理期间，兴某公司申请对被害人王某1名下的财产予以保全，安徽省安庆市中级人民法院先后冻结了王某1持有的新昌公司500万元股权、查封了王某1的一套住房。经安庆市公安局刑事科学研究所鉴定，兴某公司向法院提交的王某1签订的反担保保证合同系变造形成。

公诉机关就其指控的事实当庭出示了书证、文件检验鉴定书、视听资料、证人证言、被害人陈述、同案犯供述与辩解、被告人供述与辩解等证据，认为被告单位安徽兴某担保有限公司以捏造的事实提起民事诉讼，妨碍司法秩序并严重侵害他人合法权益；被告人陈某某身为安徽兴某担保有限公司法定代表人，系直接负责的主管人员，其行为均已构成虚假诉讼罪。提请法院依据《中华人民共和国刑法》第三百零七条之一的规定，予以判处。

被告单位诉讼代表人对起诉书指控的事实及罪名提出异议，辩称其单位没有捏造事实提起诉讼。

辩护人认为兴某公司不构成虚假诉讼罪。1. 兴某公司在客观方面不存在捏造事实和法律关系、虚构民事纠纷的行为。公诉机关对于捏造事实从两个方面进行了指控：一是反担保保证合同不存在而虚构合同存在，二是反担保质押合同存在但其中增加了担保金额。（1）首先不是"变造"行为，被告单位系依合同约定进行的有权变更行为。本案所涉民事纠纷在空白合同上签名系真实，属于民法上无限授权。被告单位不存在捏造保证合同关系，虚构400万元的民事纠纷行为。（2）即使认定构成"变造"，也不等同于《刑法》入罪规定的"捏造"。（3）安徽省高级人民法院判决书中载明王某1已提交换页鉴定书，安徽省高级人民法院审查后仍作出生效判决，且2018年12月12日最高人民法院裁定书驳回王某1再审申请，表明法院在知悉全案案情的情况下，仍认为不属于民事虚假诉讼行为，更不构成虚假诉讼罪。2.主观方面，被告单位不存在明知故意而提起诉讼。（1）无证据证明被告单位明知反担保合同可能存在本案争议问题而提起诉讼，陈某1、罗某等笔录证明签字过程及换页情节没有告知兴某公司及陈某某等；（2）职工个人意思不等同于法人意志，兴某公司对签合同过程不知晓，对换页的内容有无违背当事人意思不知情，推断兴某公司明知虚假而提起诉讼是主观臆断。3.在法律适用上，不应适用《刑法》第三百零七条之一。虚假诉讼罪限于"无中生有型"虚假诉讼行为，即使认定本案所涉民事案件有"部分篡改型"诉讼行为，也不属于刑法规定的虚假诉讼罪范畴。4.关于司法解释的适用问题。本案所涉民事案件于2018年9月11日由安徽省高级人民法院省高院（2017）皖民终351号民事判决书结案，《最高人民法院 最高人民检察院关于办理虚假诉讼刑事案件适用法律若干问题的解释》于2018年10月1日施行，该解释规定，对于新的司法解释实施前发生的行为，行为时已有相关司法解释的，依照行为时的司法解释办理。

被告单位当庭提交最高人民法院民事裁定书一份。

被告人陈某某对起诉书指控的事实及罪名均有异议，称其将业务交给业务组完成，具体操作都是业务部门的事，自己并不清楚。

被告人陈某某辩护人认为被告人陈某某不构成虚假诉讼罪。1.被告人没有犯罪事实。（1）王某1称对在反担保保证合同上签字捺印不知情与书证不符，本案被告人没有伪造反担保保证合同，王某1是否知情不是被告人是否构成犯罪的依据。（2）即使反担保保证合同第三、第四页为换页形成，该合同系变造，也不等于被告兴某公司伪造证据，以捏造的事实提起诉讼。2.被告人的行为缺少犯罪构成的该当性。虚假诉讼罪仅限于"无中生有型"行为，本案所涉民事案件中王某1对质押保证不存异议，反担保保证合同的签字捺印也已鉴定确认，双方民事法律关系真实存在，即使反担保保证合同第三、第四页为换页形成，也不能得出被告兴某公司捏造事实的结论。因为合同封面标题及签字页都载明了反担保保证义务。3.王某1与兴某公司签订的反担保保证合同时间为2013年

7月15日，兴某公司对王某1等人的起诉是在2014年10月8日，合同换页及起诉时间均在虚假诉讼罪罪名设立之前，根据刑法不溯及既往和从旧兼从轻原则，被告人的行为不应受法律追究。4. 罗某将合同换页未与陈某某共谋，陈某某没有犯罪的故意。5. 被告人要求所有质押抵押人必须全额签订反担保保证合同，否则就不做这笔业务，因此被告人没有虚构的动机和必要。6. 本案所涉民事纠纷经一审、二审，尤其是安徽省高级人民法院第二次审理时，王某1已经提交了安庆市公安局鉴定文书，法院仍对王某1的抗辩理由予以否决，作出民事判决。

经审理查明，2013年7月，汪某1以安庆新某江电力开发有限公司的名义向徽商银行安庆大观支行申请贷款400万元，由兴某公司提供担保。兴某公司要求汪某1为该笔400万元贷款提供反担保人以及反担保企业，于是汪某1找到新某江公司法人代表潘某、刘某2、股东李某2，安庆市万某农业发展有限公司汪某2，陈某红夫妻，以及其本人及妻子刘某1为该笔贷款提供反担保，并以其妻子刘某1名下的安庆新昌小额贷款股份有限公司200万元股权为该笔贷款提供反担保质押。

兴某公司的董事长叶某将该笔业务交由被告人陈某某具体负责，被告人陈某某又安排李某1业务组按照兴某公司规定办理该笔贷款的手续。兴某公司业务员在办理刘某1的200万元股权质押登记时，发现刘某1的200万元新昌公司股权不在刘某1名下，而是挂靠在该公司大股东王某1名下。经协商，新昌公司让王某1为刘某1办理200万元股权质押手续，刘某1向新昌公司支付10000元股权质押担保费。2013年7月的一天，被告人陈某某在未提前告知王某1按照兴某公司规定其在签订反担保质押合同的同时也要签订反担保保证合同的情况下，安排李某1业务组的业务员罗某、陈某1（二人均另案处理）与王某1签订反担保质押合同、反担保保证合同等。后罗某、陈某1在汪某1的陪同下来到安庆市迎江区沿江中路22号双福公司王某1办公室，罗某按照兴某公司规定在没有向王某1解释说明合同内容的情况下，将一份反担保保证合同夹带在工商局质押的委托书、工商局出质表以及反担保质押合同中，并将每份合同需要签字页翻折出来让王某1签字捺印。被害人王某1翻阅合同时发现反担保质押合同全部为空白合同，于是明确提出其本人只对刘某1在其名下的200万元股权负责，要求业务员将合同确定的200万元担保金额填写在空白处。罗某将确定的200万元担保金额填写完成后又将所有合同需要签字页翻折出来交由王某1一一签字捺印。2013年7月15日，汪某1的400万元银行贷款审批下来后，罗某在完善该笔贷款的反担保保证合同时，发现被告人陈某某代表兴某公司与银行签订的是最高额保证合同，按照兴某公司规定兴某公司应当与反担保保证人签订最高额版本的反担保保证合同，而之前签订的所有反担保保证合同全系普通版本反担保保证合同，于是按照兴某公司之前的一贯做法，私自将原先与王某1等人签订的普通版本反担保保证合同中第三、第四页更换为最高额版本反担保保证合同的内容，并将反担保金额填写为400万元，致使反担保质押人王某1在完全不知情的情况下变为反担保保证人，需要承担400万元反担保保证义务。

2014年7月31日，新某江公司未按约定缴存汇票敞口，兴某公司为新某江公司代偿了银行垫款本息共计3997843.74元。后兴某公司向安徽省安庆市中级人民法院提起民事诉讼，并向法院提交罗某更换后的反担保保证合同，将被害人王某1一同作为反担保保证人，要求其承担400万元的连带保证责任。2015年11月11日，安徽省安庆市中级人民法院据此作出了判决，判决王某1作为反担保保证人需要为兴某公司代偿的3997843.74元承担连带清偿责任。被害人王某1不服该判决，向安徽省高级人民法院提出上诉。2016年9月28日，安徽省高级人民法院作出了撤销一审判决，发回安徽省安庆市中级人民法院重审的民事裁定。2017年1月13日，安徽省安庆市中级人民法院根据兴某公司提交的其与王某1签订的反担保保证合同，同样作出了王某1作为反担保保证人需要为兴某公司代偿的3997843.74元承担连带清偿责任的民事判决。被害人王某1不服该判决，再次向安徽省高级人民法院提出上诉。2018年9月11日，安徽省高级人民法院作出了驳回上诉，维持原判的终审判决。王某1不服该民事判决，向最高人民法院申请再审。2018年12月12日，最高人民法院裁定驳回王某1的再审申请。

案件审理期间，兴某公司申请对被害人王某1名下的财产予以保全，安徽省安庆市中级人民法院先后冻结了王某1持有的新昌公司500万元股权、查封了王某1位于安庆市迎江世纪城二期B区的住房。

2018年7月11日，安庆市公安局经侦支队委托安庆市公安局刑事科学研究所对兴某公司向法院提交的王某1签订的反担保保证合同进行鉴定。经鉴定，该份反担保保证合同的第三、第四页为换页形成，最终认定该份反担保保证合同系变造形成。

一审法院认为，被告单位兴某公司以捏造的事实提起民事诉讼，妨碍司法秩序并严重侵害他人合法权益；被告人陈某某身为兴某公司法定代表人，系直接负责的主管人员，其行为均已构成虚假诉讼罪。公诉机关指控罪名成立，法院予以支持。判决：1. 被告单位兴某公司犯虚假诉讼罪，判处罚金人民币20万元；2. 被告人陈某某犯虚假诉讼罪，判处有期徒刑2年，缓刑2年6个月，并处罚金人民币2万元。

被告单位和被告人不服一审判决，提出上诉。

| 二审裁判结果 | 驳回上诉，维持原判。

| 二审裁判理由 | 1. 关于本案证人证言的性质和效力问题

经查，安庆市公安局在接到被害人王某1报案后决定立案侦查，经过信息研判将罗某、陈某1确定为犯罪嫌疑人，并依法对犯罪嫌疑人罗某、陈某1进行讯问。罗某、陈某1是兴某公司业务员，具体经办本案所涉民事纠纷反担保保证合同的签订、"完善"等事宜，二人在侦查、起诉阶段所做笔录客观、真实，且与被害人陈述相互印证，能够证明案件的客观事实，亦无证据证明公安机关存在非法取证行为。罗某、陈某1的证言在一审庭审中经过当庭举证、质证，可以作为证明本案事实的证据予以采信。对上诉人及其辩护人的此项上诉理由和辩护意见不予采纳。

2. 关于王某1是否有签订反担保保证合同的真实意思

经查：（1）在案证据证实，被害人王某1系新昌公司显名股东，因刘某1持有的200万元新昌公司股份登记在其名下，故办理质押担保手续时需要王某1的签字。王某1此前与汪某1、刘某1夫妇并不认识，在签订合同时明确表态只对刘某1在其名下的200万元股权承担保证责任。由此可见，王某1本人无义务对400万元承担额外的保证担保责任。

（2）在签订合同之前及过程中，兴某公司及其工作人员并未告知王某1应当签订反担保保证合同，是兴某公司业务员罗某采取将反担保保证合同夹杂在其他质押合同材料中的方式，在王某1未注意的情况下取得了王某1的签字。

（3）兴某公司内部担保审批表（2013年7月25日）、新某江公司提交的申请报告（2013年7月24日）、关于提供保证担保的合同书（2013年7月15日）中均未提及王某1是新某江公司的反担保保证人，亦可以作为王某1不需要提供反担保保证的佐证。

综上可以认定，王某1在反担保保证合同上的签字是兴某公司业务员用欺骗手段获得，并非王某1真实意思表示，王某1与兴某公司之间不存在特定的反担保保证合同民事法律关系。对上诉人及其辩护人提出签订合同各方是否真实意思表示不是刑法考量范围、兴某公司贷款担保审批表等材料证明力低等意见不予采纳。

3. 关于兴某公司业务员骗取王某1签订反担保保证合同是个人行为还是兴某公司单位行为

二审法院认为，区分单位行为与单位内部个人行为的关键在于，是否以单位名义实施行为、行为是否由单位的决策机构按照单位的决策程序作出、是否与单位的业务活动相关、是否出于为单位谋取非法利益的目的以及违法所得的实际去向与归属。

经查，在案兴某公司工作人员证言及上诉人陈某某的供述等均证实：

（1）兴某公司内部规定，凡是客户签订了质押或抵押合同的必须签订反担保保证合同，但不主动向客户解释和说明合同内容，合同签订完由兴某公司保管，并不交给客户。兴某公司还要求反担保保证合同金额必须与借款人在银行实际借款额度保持一致。兴某公司的一贯做法是，业务员事先与客户签订空白合同，后期如果发现客户签订的合同与银行主合同不一致，业务员就要"完善合同"，即通过换页的方式直接更换合同内容，而并不通知客户重新签订合同。

（2）兴某公司业务员罗某、陈某1在没有向王某1解释说明合同内容的情况下，采用将反担保保证空白合同夹杂在反担保质押合同等材料中的方式骗取王某1签字，后又私自通过换页的方式将普通版本的反担保保证合同更换为最高额版本的反担保保证合同，并将反担保金额填写为400万元的行为，均是按照兴某公司规定及惯例办理，符合兴某公司业务活动的政策、规定和操作习惯，业务员该行为应当被认定为单位行为，而非个人行为。

（3）兴某公司为新某江公司代偿贷款后，兴某公司风险部经理陈某2及公司法律顾问以该反担保保证合同作为证据材料之一向法院起诉了包括王某1在内的各担保人，也是为公司利益以兴某公司名义作出，自然亦属单位行为。

4. 关于兴某公司提起涉案民事诉讼的行为是否构成虚假诉讼罪

（1）兴某公司属于以捏造的事实提起民事诉讼。如上论证，王某1在反担保保证合同上的签字是兴某公司用欺骗手段获得，并非王某1真实意思表示，故即便该签字属实，也无法认定兴某公司与王某1之间存在反担保保证合同关系。二审法院认为，双方虽然存在反担保质押合同关系，但该反担保质押合同关系与反担保保证合同关系相互独立、可以分开。综合分析，可以得出兴某公司无中生有、捏造事实，以捏造的虚假反担保保证合同关系向法院提起民事诉讼。

（2）兴某公司提起虚假民事诉讼的行为严重妨害了司法秩序且严重侵害了当事人王某1的合法权益。经查，法院立案受理兴某公司涉案民事诉讼之后，于2015年1月8日公开开庭审理，2015年11月11日作出一审判决，判决王某1

作为反担保保证人需要为兴某公司代偿的 3997843.74 元承担连带清偿责任。后该案历经二审、重审一审、重审二审、申请再审等诸多程序，严重妨害了司法秩序。案件审理期间，兴某公司又申请对王某1名下的财产予以保全，法院先后冻结了王某1持有的新昌公司 500 万元股权、查封了王某1位于安庆市迎江世纪城二期 B 区 3 幢 2 单元 2707 室的住房，对王某1合法权益造成严重侵害。

5. 关于上诉人陈某某是否应承担刑事责任问题

经查，在案证据证实：（1）上诉人陈某某作为兴某公司的法人代表及总经理，全面主持兴某公司工作并具体负责该业务。陈某某为了兴某公司的利益，在明知王某1并非实质意义上的反担保质押人，借款人新某江公司及王某1本人均没有将王某1作为反担保保证人的意思表示的情况下，采用事前不告知，在约定签订质押合同的当日让业务员同时夹带一份反担保保证合同的方式骗取王某1签字，其主观上对王某1在反担保保证合同上签字的行为持希望态度。

（2）兴某公司为新某江公司代偿贷款后向法院起诉了包括王某1在内的各担保人，审理期间，王某1即对反担保保证合同签订的真实性提出了异议。此时，陈某某明知其公司内部规定而隐瞒合同形成的真实过程，致使人民法院基于兴某公司捏造的事实作出多个裁判文书。此外，其还代表兴某公司向人民法院申请对王某1的财产进行保全。

综上可以认定，上诉人陈某某在单位实施虚假诉讼犯罪中起决定、批准、指挥作用，系直接负责的主管人员，应以虚假诉讼罪追究其刑事责任。陈某某及其辩护人提出无罪的上诉理由和辩护意见均不能成立，不予采纳。

二审法院认为，上诉人兴某公司以捏造的事实提起民事诉讼，妨碍司法秩序并严重侵害他人合法权益；上诉人陈某某身为兴某公司法定代表人，系直接负责的主管人员，其行为均已构成虚假诉讼罪。原判认定事实清楚，定性准确，审判程序合法。兴某公司、陈某某及辩护人的相关上诉理由、辩护意见均不能成立。综合全案情节、上诉人的认罪悔罪态度、调查评估意见，一审对陈某某宣告缓刑不当，鉴于上诉不加刑的原则，驳回上诉，维持原判。

（二）律师评析

1. 关于"以捏造的事实提起民事诉讼"的认定

虚假诉讼罪本质上是通过虚构事实或者隐瞒真相使本无诉权的人据此提

起民事诉讼，从而启动依法本不应启动的民事诉讼程序。对于全部捏造事实
的情形，即"无中生有"，符合本罪特征。根据《最高人民法院 最高人民检
察院关于办理虚假诉讼刑事案件适用法律若干问题的解释》第一条规定，采
取伪造证据、虚假陈述等手段虚构民事纠纷，向人民法院提起民事诉讼的七
类行为应当认定为《刑法》第三百零七条之一第一款规定的"以捏造的事实
提起民事诉讼"：一是与夫妻一方恶意串通，捏造夫妻共同债务的；二是与他
人恶意串通，捏造债权债务关系和以物抵债协议的；三是与公司、企业的法
定代表人、董事、监事、经理或者其他管理人员恶意串通，捏造公司、企业
债务或者担保义务的；四是捏造知识产权侵权关系或者不正当竞争关系的；
五是在破产案件审理过程中申报捏造的债权的；六是与被执行人恶意串通，
捏造债权或者对查封、扣押、冻结财产的优先权、担保物权的；七是单方或
者与他人恶意串通，捏造身份、合同、侵权、继承等民事法律关系的其他
行为。

对于部分篡改事实的情况，目前存在不同的认识。辩护律师在办理虚假诉
讼罪案件过程中，应当注重收集、审查、提炼能够证明民事法律关系真实、合
法、有效存在的证据，将民事法律关系的真实性、合法性等作为辩护的核心内
容之一。

目前，有相关案例显示，将普通债权捏造成优先债权，由此提起的虚假民
事诉讼，对法院强制执行造成了实质妨碍，严重干扰正常的司法活动，构成虚
假诉讼罪。还有一种情况是捏造部分诉讼标的的行为。比如：小李欠小王20万
元并出具借条，为达到使小王多分配小李被查封财产的目的，小李与小王二人
恶意串通，由小李再出具若干张欠条使欠款金额增加，小王以持有若干欠条提
起诉讼骗取裁判文书。上述情况承载的债权债务关系均可作独立区分，对于虚
构部分的债权债务关系，可以虚假诉讼罪定罪处罚。现实中，虚构捏造事实
的情况多种多样，是否构成犯罪应当具体情况具体分析，不能作不当限缩和
扩大。

2. 关于妨害司法秩序或者严重侵害他人合法权益的认定

根据《刑法》规定，妨害司法秩序和严重侵害他人合法权益均属于虚假诉
讼罪的成立条件，具备其一即可构成犯罪。但是，实践中难以将妨害司法秩序
和严重侵害他人合法权益截然分开，需要统筹考虑、综合把握。

根据《最高人民法院 最高人民检察院关于办理虚假诉讼刑事案件适用法律

若干问题的解释》第二条规定，以捏造的事实提起民事诉讼，有下列情形之一的，应当认定为《刑法》第三百零七条之一第一款规定的"妨害司法秩序或者严重侵害他人合法权益"：（1）致使人民法院基于捏造的事实采取财产保全或者行为保全措施的；（2）致使人民法院开庭审理，干扰正常司法活动的；（3）致使人民法院基于捏造的事实作出裁判文书、制作财产分配方案，或者立案执行基于捏造的事实作出的仲裁裁决、公证债权文书的；（4）多次以捏造的事实提起民事诉讼的；（5）曾因以捏造的事实提起民事诉讼被采取民事诉讼强制措施或者受过刑事追究的。

3. 关于虚假诉讼罪溯及力及相关司法解释适用问题

虚假诉讼罪是于2015年11月1日生效实施的《刑法修正案（九）》增设的罪名，在适用时应当注意溯及力的问题。本案中，辩护律师提到了虚假诉讼罪的溯及力和司法解释的适用问题。

关于本案所涉及民事纠纷，兴某公司与王某1签订的反担保保证合同时间（2013年7月15日）、兴某公司对王某1等人的起诉时间（2014年10月8日）及一审公开开庭审理时间（2015年1月8日）虽然均在《刑法修正案（九）》施行之前，但兴某公司提起诉讼后，法院按照法定程序审理，自2015年11月至2018年12月，不同级别的法院相继对该民事案件作出裁判，可以认为兴某公司的虚假诉讼行为一直持续到《刑法修正案（九）》施行之后，故针对该行为应当根据《刑法修正案（九）》的规定进行定罪处罚。

（三）相关法条及司法解释

《中华人民共和国刑法》

第三百零七条之一 以捏造的事实提起民事诉讼，妨害司法秩序或者严重侵害他人合法权益的，处三年以下有期徒刑、拘役或者管制，并处或者单处罚金；情节严重的，处三年以上七年以下有期徒刑，并处罚金。

单位犯前款罪的，对单位判处罚金，并对其直接负责的主管人员和其他直接责任人员，依照前款的规定处罚。

有第一款行为，非法占有他人财产或者逃避合法债务，又构成其他犯罪的，依照处罚较重的规定定罪从重处罚。

司法工作人员利用职权，与他人共同实施前三款行为的，从重处罚；同时构成其他犯罪的，依照处罚较重的规定定罪从重处罚。

《最高人民法院 最高人民检察院关于办理虚假诉讼刑事案件适用法律若干问题的解释》

第一条 采取伪造证据、虚假陈述等手段，实施下列行为之一，捏造民事法律关系，虚构民事纠纷，向人民法院提起民事诉讼的，应当认定为刑法第三百零七条之一第一款规定的"以捏造的事实提起民事诉讼"：

（一）与夫妻一方恶意串通，捏造夫妻共同债务的；

（二）与他人恶意串通，捏造债权债务关系和以物抵债协议的；

（三）与公司、企业的法定代表人、董事、监事、经理或者其他管理人员恶意串通，捏造公司、企业债务或者担保义务的；

（四）捏造知识产权侵权关系或者不正当竞争关系的；

（五）在破产案件审理过程中申报捏造的债权的；

（六）与被执行人恶意串通，捏造债权或者对查封、扣押、冻结财产的优先权、担保物权的；

（七）单方或者与他人恶意串通，捏造身份、合同、侵权、继承等民事法律关系的其他行为。

隐瞒债务已经全部清偿的事实，向人民法院提起民事诉讼，要求他人履行债务的，以"以捏造的事实提起民事诉讼"论。

向人民法院申请执行基于捏造的事实作出的仲裁裁决、公证债权文书，或者在民事执行过程中以捏造的事实对执行标的提出异议、申请参与执行财产分配的，属于刑法第三百零七条之一第一款规定的"以捏造的事实提起民事诉讼"。

第二条 以捏造的事实提起民事诉讼，有下列情形之一的，应当认定为刑法第三百零七条之一第一款规定的"妨害司法秩序或者严重侵害他人合法权益"：

（一）致使人民法院基于捏造的事实采取财产保全或者行为保全措施的；

（二）致使人民法院开庭审理，干扰正常司法活动的；

（三）致使人民法院基于捏造的事实作出裁判文书、制作财产分配方案，或者立案执行基于捏造的事实作出的仲裁裁决、公证债权文书的；

（四）多次以捏造的事实提起民事诉讼的；

（五）曾因以捏造的事实提起民事诉讼被采取民事诉讼强制措施或者受过刑事追究的；

（六）其他妨害司法秩序或者严重侵害他人合法权益的情形。

第八条 单位实施刑法第三百零七条之一第一款行为的，依照本解释规定的定罪量刑标准，对其直接负责的主管人员和其他直接责任人员定罪处罚，并对单位判处罚金。

三、虚假诉讼罪的犯罪形态多样

虚假诉讼罪是一种故意犯罪，存在既遂、未遂、中止等犯罪形态，在具体案件中需要具体予以分析。

（一）典型案例

☞ **包某锇、某兄弟融资担保有限公司虚假诉讼罪案**[1]

【关键词】虚假诉讼　单位犯罪　责任主管

│**基本案情**│福建省尤溪县人民法院审理福建省尤溪县人民检察院指控原审被告单位某兄弟融资担保有限公司（以下简称"兄弟担保公司"）、原审被告人包某锇犯虚假诉讼罪一案，于 2020 年 7 月 20 日作出（2020）闽 0426 刑初 128 号刑事判决。原审被告单位兄弟担保公司、原审被告人包某锇不服，提出上诉。福建省三明市中级人民法院受理后，依法组成合议庭，通过阅卷，讯问上诉人，询问上诉单位兄弟担保公司诉讼代表人黄某清，听取辩护人意见，认为事实清楚，决定不开庭审理。现已审理终结。

原判认定，被告单位兄弟担保公司于 2009 年 4 月 8 日注册成立，法定代表人为被告人包某锇，股东为包某锇、黄某、李某妹，实际管理人员为包某锇、庄某 1、陈某 3。为获取资金，经包某锇、陈某 3、庄某 1 商定：以股东亲友的名义向信用社贷款，由兄弟担保公司免费担保，将贷款获取的资金用于兄弟担保公司民间放贷；兄弟担保公司偿还贷款本息，并以每月 939 元标准支付贷款人好处费。2013 年 3 月初，李某、陈某进先后向尤溪县农村信用合作联社汤川信用社、台溪信用社（以下统称"信用社"）申请贷款各 100 万元。贷款发放后，李某、陈某进按照兄弟担保公司要求将贷款资金存入该公司指定的林某 2 账号为 6221×××0433 的信用社账户。后兄弟担保公司将这 200 万元资金同其他资金以林某 2 的名义放贷给陈某 4、罗某等人牟取利益。2013 年 3 月至

------

[1]　福建省三明市中级人民法院（2020）闽 04 刑终 253 号。

2015 年 3 月，兄弟担保公司通过其公司员工林某 1、赵某等人按时支付该两笔贷款的利息，并按季度向李某和陈某进支付好处费。贷款到期后，兄弟担保公司用其存放在尤溪县农村信用合作联社的保证金分别偿还李某、陈某进贷款本息 101.520802 万元、101.618759 万元。

2017 年 1 月 9 日，被告单位兄弟担保公司捏造李某以经营生意为由向信用社借款 100 万元，兄弟担保公司为李某提供担保，借期届满后李某没有还款，兄弟担保公司于 2015 年 3 月 27 日代为偿还借款本息合计 101.520802 万元的事实，将李某及其妻子赵某起诉至福建省尤溪县人民法院，诉请判令李某、赵某偿还兄弟担保公司代偿的借款本息 101.520802 万元及相应违约金。2017 年 3 月 10 日，兄弟担保公司捏造陈某进向信用社借款 100 万元购买山场，兄弟担保公司为陈某进提供担保，借期届满后陈某进没有还款，兄弟担保公司于 2015 年 3 月 30 日代为偿还借款本息合计 101.618759 万元的事实，将陈某进及其妻子蔡某梅起诉至福建省尤溪县人民法院，诉请判令陈某进、蔡某梅偿还兄弟担保公司代偿的借款本息 101.618759 万元及相应违约金。

福建省尤溪县人民法院立案受理后，进行了开庭审理，被告人包某铖到庭参加诉讼，后尤溪县人民法院分别作出（2017）闽 0426 民初第 123 号、（2017）闽 0426 民初第 674 号民事裁定书，均以兄弟担保公司的经营行为涉嫌经济犯罪为由裁定驳回兄弟担保公司的起诉，并将案件相关材料移送尤溪县公安局。兄弟担保公司不服尤溪县人民法院作出的裁定，向福建省三明市中级人民法院提起上诉。三明市中级人民法院分别作出（2018）闽 04 民终 397 号、（2018）闽 04 民终 377 号民事裁定书，裁定撤销尤溪县人民法院（2017）闽 0426 民初 123 号、（2017）闽 0426 民初 674 号民事裁定，指令尤溪县人民法院审理。尤溪县人民法院依法另行组成合议庭，先后三次公开开庭进行了审理，包某铖均到庭参加诉讼，尤溪县人民法院于 2018 年 11 月 12 日作出（2018）闽 0426 民初 1295 号、（2018）闽 0426 民初 1296 号民事判决书，分别判决：李某、赵某于判决生效后 30 日内支付兄弟担保公司代偿借款本息 101.520802 万元及相应的违约金；陈某进、蔡某梅于判决生效后 30 日内支付兄弟担保公司代偿借款本息 101.618759 万元及相应的违约金。判决生效后，因李某和赵某、陈某进和蔡某梅均未履行生效民事判决书确定的还款义务，兄弟担保公司向尤溪县人民法院申请强制执行。2019 年 1 月 24 日、2 月 12 日，尤溪县人民法院分别作出（2019）闽 0426 执 261 号、（2019）闽 0426 执 364 号执行裁定书，依法查封李某、赵某位于尤溪县××镇××新区××号××号楼××室房产，划拨李某

41389 元到尤溪县法院执行账户，并采取冻结李某、赵某、陈某进、蔡某梅名下银行账户等执行措施。

2019 年 10 月 29 日，被告人包某铖在尤溪县动车站出站口被尤溪县公安局民警抓获归案。

原审法院认为，被告单位兄弟担保公司以捏造的事实提起民事诉讼，妨害司法秩序，严重侵害他人合法权益，其行为已构成虚假诉讼罪；被告人包某铖作为被告单位法定代表人，系直接负责的主管人员，亦构成虚假诉讼罪。判决：1. 被告单位某兄弟融资担保有限公司犯虚假诉讼罪，判处罚金人民币 5 万元；2. 被告人包某铖犯虚假诉讼罪，判处有期徒刑 2 年 6 个月，并处罚金人民币 8000 元。

｜二审裁判结果｜ 驳回上诉，维持原判。

｜二审裁判理由｜ 二审法院认为，上诉单位兄弟担保公司以捏造的事实提起民事诉讼，妨害司法秩序，严重侵害他人合法权益，其行为已构成虚假诉讼罪；上诉人包某铖作为兄弟担保公司法定代表人，系直接负责的主管人员，亦构成虚假诉讼罪。兄弟担保公司、包某铖的上诉意见均不能成立，不予采纳。

（二）律师评析

1. 虚假诉讼中的犯罪形态

虚假诉讼行为的表现形式是多种多样的，能够构成虚假诉讼罪的也不少。"由虚假诉讼罪的两种类型即双方串通型虚假诉讼和单方恶意型虚假诉讼不难看出，虚假诉讼罪的罪过形式只能是直接故意，因而虚假诉讼罪是存在既遂、未遂、中止等犯罪停止形态的。"[1]

行为人以捏造的事实提起民事诉讼，在符合入罪标准前，属于犯罪着手实施但尚未既遂的阶段。如果符合入罪标准，行为人构成虚假诉讼罪（既遂）；如果未达到入罪标准即被人民法院驳回诉求，行为人构成虚假诉讼罪（未遂）；如果达到入罪标准前或者被人民法院驳回诉求前，行为人主动撤回起诉，则其构成虚假诉讼罪（中止）。

司法实践中，一些虚假诉讼罪未遂和中止的情形未被处罚，原因是客观

------

〔1〕 田宏杰：《虚假诉讼罪的认定：罪质、罪状与罪量》，载《人民法院报》2021 年 6 月 24 日，第 5 版。

上对司法秩序的妨害程度较轻、主观恶性不强，法院基于刑法的谦抑性而放过。

2. 虚假诉讼罪与其他犯罪竞合的处断

行为人以虚假诉讼为手段意图达到非法侵占他人财产或者逃避合法债务等目的，行为同时构成虚假诉讼罪和其他犯罪的，属于刑法理论上的牵连犯。通行观点认为，具有牵连关系的手段行为与结果行为分别触犯不同罪名的牵连犯，可以按照从一重罪处罚或者从一重罪从重处罚的原则处断。

对于虚假诉讼罪与其他犯罪竞合情况下的处理问题，《刑法》采用了从一重罪从重处罚的原则。实施《刑法》第三百零七条之一第一款规定的虚假诉讼行为，非法占有他人财产或者逃避合法债务，又构成诈骗罪，职务侵占罪，拒不执行判决、裁定罪，贪污罪等犯罪的，依照处罚较重的规定定罪从重处罚。

另外，司法实务中，相当一部分虚假诉讼行为是在民事案件当事人与诉讼代理人、证人、鉴定人等诉讼参与人的共谋下完成的，对这些参与人也应当予以规制。诉讼参与人与他人通谋，提起虚假民事诉讼、故意作虚假证言或者出具虚假鉴定意见且同时构成其他犯罪的，即诉讼参与人的行为同时构成虚假诉讼罪和妨害作证罪等数罪的，亦应按照从一重罪从重处罚的原则处断。[1] 此外，对于单位犯此罪的，实行双罚原则。

（三）相关法条及司法解释

《中华人民共和国刑法》

第三百零七条之一 以捏造的事实提起民事诉讼，妨害司法秩序或者严重侵害他人合法权益的，处三年以下有期徒刑、拘役或者管制，并处或者单处罚金；情节严重的，处三年以上七年以下有期徒刑，并处罚金。

单位犯前款罪的，对单位判处罚金，并对其直接负责的主管人员和其他直接责任人员，依照前款的规定处罚。

有第一款行为，非法占有他人财产或者逃避合法债务，又构成其他犯罪的，依照处罚较重的规定定罪从重处罚。

司法工作人员利用职权，与他人共同实施前三款行为的，从重处罚；同时构成其他犯罪的，依照处罚较重的规定定罪从重处罚。

---

[1] 周峰、李加玺：《虚假诉讼罪具体适用中的两个问题》，载《人民法院报》2019年9月12日，第6版。

《最高人民法院 最高人民检察院关于办理虚假诉讼刑事案件适用法律若干问题的解释》

第一条 采取伪造证据、虚假陈述等手段，实施下列行为之一，捏造民事法律关系，虚构民事纠纷，向人民法院提起民事诉讼的，应当认定为刑法第三百零七条之一第一款规定的"以捏造的事实提起民事诉讼"：

（一）与夫妻一方恶意串通，捏造夫妻共同债务的；

（二）与他人恶意串通，捏造债权债务关系和以物抵债协议的；

（三）与公司、企业的法定代表人、董事、监事、经理或者其他管理人员恶意串通，捏造公司、企业债务或者担保义务的；

（四）捏造知识产权侵权关系或者不正当竞争关系的；

（五）在破产案件审理过程中申报捏造的债权的；

（六）与被执行人恶意串通，捏造债权或者对查封、扣押、冻结财产的优先权、担保物权的；

（七）单方或者与他人恶意串通，捏造身份、合同、侵权、继承等民事法律关系的其他行为。

隐瞒债务已经全部清偿的事实，向人民法院提起民事诉讼，要求他人履行债务的，以"以捏造的事实提起民事诉讼"论。

向人民法院申请执行基于捏造的事实作出的仲裁裁决、公证债权文书，或者在民事执行过程中以捏造的事实对执行标的提出异议、申请参与执行财产分配的，属于刑法第三百零七条之一第一款规定的"以捏造的事实提起民事诉讼"。

《中华人民共和国刑事诉讼法》

第二百三十六条 第二审人民法院对不服第一审判决的上诉、抗诉案件，经过审理后，应当按照下列情形分别处理：

（一）原判决认定事实和适用法律正确、量刑适当的，应当裁定驳回上诉或者抗诉，维持原判；

（二）原判决认定事实没有错误，但适用法律有错误，或者量刑不当的，应当改判；

（三）原判决事实不清楚或者证据不足的，可以在查清事实后改判；也可以裁定撤销原判，发回原审人民法院重新审判。

原审人民法院对于依照前款第三项规定发回重新审判的案件作出判决后，被告人提出上诉或者人民检察院提出抗诉的，第二审人民法院应当依法作出判决或者裁定，不得再发回原审人民法院重新审判。

四、捏造事实骗取民事调解书并申请参与执行财产分配的构成虚假诉讼罪

在虚假诉讼行为中，涉及财产分配的案件很多。对于这类案件，因涉及的利益较大，不少当事人不惜铤而走险，结果往往是鸡飞蛋打。"张某某虚假诉讼罪案"就是一起典型的此类案件。

（一）典型案例

👉 张某某虚假诉讼罪案[1]

| 基本案情 | 2019 年 5 月至 2020 年 1 月，易某先后多次向被告人张某某借款共计 200 余万元，后相继归还其中的 100 余万元，尚欠 90 余万元未还。易某另外还向郭某某等人大额借款未能归还，郭某某将易某起诉至某市人民法院。

2020 年 3 月 26 日，某市人民法院判决易某偿还郭某某借款 132.6 万元。后该案进入执行程序，该市人民法院准备强制执行易某名下房产。张某某为达到在强制执行过程中多分执行款的目的，与易某进行了预谋。同年 4 月 2 日，张某某和易某恶意串通，张某某隐瞒易某已经偿还借款 100 余万元的事实，以易某拖欠其借款共计 182.5 万元不还为由，向该市人民法院提起民事诉讼。经该市人民法院开庭审理后，在法庭主持下，易某与张某某达成调解协议，由易某支付张某某欠款 182.5 万元，该市人民法院据此作出民事调解书。张某某以该民事调解书为执行依据，申请参与分配被执行人易某的财产。债权人郭某某报案后，公安机关将张某某抓获。

| 处理结果 | 某市人民法院依法以虚假诉讼罪判处张某某有期徒刑 1 年，并处罚金人民币 1 万元。

----

〔1〕《人民法院整治虚假诉讼典型案例》，载最高人民法院网 2021 年 11 月 9 日，https：//www. court. gov. cn/zixun‐xiangqing‐330811. html。

（二）律师评析

法律是维护社会秩序、保护人民合法权益的有力武器，不是不法分子谋取非法利益的工具。在司法实践中，通过虚假诉讼的方式干扰人民法院正常的执行活动，侵害其他债权人合法权益的行为并不少见。这类行为的主要表现形式是，债权人和债务人恶意串通，且在民事诉讼过程中自行达成调解协议。这种类型的虚假诉讼甄别起来较为困难，法官在审理此类案件时，需要重视案件的情况是否合理，是否存在被害人报案和控告、群众举报等线索，加大对案件事实的审查力度，避免办错案件。

在本案中，易某先后向张某某借款多次，共计 200 余万元。二人之间的债权债务关系实际是多个债权债务关系。后易某向张某某偿还借款 100 余万元，二人之间的一部分债权债务关系已经消灭。在易某被其他债权人起诉进入执行程序的情况下，张某某与易某恶意串通，以已经偿还的 100 余万元债权债务关系仍存在为由提起民事诉讼，致使人民法院基于捏造的事实作出民事调解书。

之后，张某某以此调解书作为申请参与分配易某财产的依据。根据《最高人民法院 最高人民检察院关于办理虚假诉讼刑事案件适用法律若干问题的解释》第二条第三项之规定，以捏造的事实提起民事诉讼，致使人民法院基于捏造的事实作出裁判文书、制作财产分配方案，或者立案执行基于捏造的事实作出的仲裁裁决、公证债权文书的，应当认定为《刑法》第三百零七条之一第一款规定的"妨害司法秩序或者严重侵害他人合法权益"。因此，本案中，张某某的行为符合《刑法》和相关司法解释规定的虚假诉讼罪的行为特征，满足该罪的构成要件。

（三）相关法条及司法解释

《中华人民共和国刑法》

第三百零七条之一　以捏造的事实提起民事诉讼，妨害司法秩序或者严重侵害他人合法权益的，处三年以下有期徒刑、拘役或者管制，并处或者单处罚金；情节严重的，处三年以上七年以下有期徒刑，并处罚金。

单位犯前款罪的，对单位判处罚金，并对其直接负责的主管人员和其他直接责任人员，依照前款的规定处罚。

有第一款行为，非法占有他人财产或者逃避合法债务，又构成其他犯罪的，依照处罚较重的规定定罪从重处罚。

司法工作人员利用职权，与他人共同实施前三款行为的，从重处罚；同时构成其他犯罪的，依照处罚较重的规定定罪从重处罚。

《最高人民法院 最高人民检察院关于办理虚假诉讼刑事案件适用法律若干问题的解释》

第二条 以捏造的事实提起民事诉讼，有下列情形之一的，应当认定为刑法第三百零七条之一第一款规定的"妨害司法秩序或者严重侵害他人合法权益"：

（一）致使人民法院基于捏造的事实采取财产保全或者行为保全措施的；

（二）致使人民法院开庭审理，干扰正常司法活动的；

（三）致使人民法院基于捏造的事实作出裁判文书、制作财产分配方案，或者立案执行基于捏造的事实作出的仲裁裁决、公证债权文书的；

（四）多次以捏造的事实提起民事诉讼的；

（五）曾因以捏造的事实提起民事诉讼被采取民事诉讼强制措施或者受过刑事追究的；

（六）其他妨害司法秩序或者严重侵害他人合法权益的情形。

第十三章　洗钱罪

一、洗钱罪概述

根据《刑法》第一百九十一条的规定，洗钱罪指明知是毒品犯罪、黑社会性质的组织犯罪、恐怖活动犯罪、走私犯罪、贪污贿赂犯罪、破坏金融管理秩序犯罪、金融诈骗犯罪的违法所得及其收益，为掩饰、隐瞒其来源和性质，而提供资金账户，或者协助将财产转换为现金、金融票据、有价证券，或者通过转账或其他结算方式协助资金转移，或者协助将资金汇往境外，或者以其他方法掩饰、隐瞒犯罪所得及其收益的来源和性质的行为。

洗钱罪这一罪名起源于 20 世纪 20 年代的美国。当时，美国芝加哥一个庞大的有组织的犯罪集团黑手党利用美国经济中所使用的大规模生产技术，发展自己的犯罪企业，谋求暴利。该组织开了一个洗衣店为顾客洗衣服，并以此收取现金，然后将这一部分现金收入连同其犯罪收入一起申报纳税，于是非法收入也就成了合法收入。自此，人们将"洗钱"一词专指那些通过某些方法将犯罪所得赃款合法化变干净的行为，这就是"洗钱"一词的来历。[1] 渐渐地，其他国家也都认可了这一概念。

（一）洗钱罪的表现形式

具有洗钱性质的基础犯罪称为洗钱罪的"上游犯罪"，而洗钱罪称为基础犯罪的"下游犯罪"。我国《刑法》对洗钱罪的上游犯罪范围作出了明确的界定，即七种上游犯罪——毒品犯罪、黑社会性质的组织犯罪、恐怖活动犯罪、走私

---

〔1〕 王新：《自洗钱入罪的意义与司法适用》，载《检察日报》第 2021 年 3 月 25 日，第 3 版。

犯罪、贪污贿赂犯罪、破坏金融管理秩序犯罪、金融诈骗犯罪。

洗钱罪的表现形式是多种多样的，根据《刑法》第一百九十一条的规定，常见的有以下几种：

第一，提供资金账户。提供资金账户是赃款流转的第一个重要环节，方便了赃款持有人通过银行账户将赃款汇出境外或开出票据以供使用。这种账户往往掩盖了赃款持有人的真实身份，使赃款与赃款持有人在形式上分离，从而加大了司法机关追查赃款去向的难度。

第二，协助将财产转换为现金或金融票据。毒品犯罪、黑社会性质的组织犯罪、走私犯罪在犯罪过程中除可以获得现金收益外，还往往会得到大量不便于携带、难以转移的财产，诸如贵重金属、名人字画乃至汽车、船舶和其他一些不动产等。这些财产往往可以通过相关手段转化为现金或者金融票据。

第三，通过转账等结算方式协助资金转移。该种方式实质是将非法资金混杂于合法的现金中，凭借银行支票或其他方法使这笔资金以合法的形式出现，以便用来开办经营企业、公司，从而使得非法资金具有流动性并获得利润。

第四，协助将资金汇往境外。赃款持有人经常通过一些"保密银行"将国内的赃款迅速转移至境外，为赃款调往境外提供帮助，即可构成本罪。

第五，以其他方法掩饰、隐瞒犯罪的违法所得及其收益的性质和来源的。这种规定是一种兜底性的条款，包括其他各种洗钱方式。例如：将犯罪收入藏匿于特定交通工具中带出国境，然后购买财产或兑换成外币；通过开设服务行业及日常大量使用现金的行业（如夜总会、舞厅、酒吧、超市、饭店、旅馆等），把非法获取的收入混入合法收入；等等。

（二）洗钱罪的犯罪构成要件

犯罪行为人的行为构成洗钱罪应当满足相关犯罪构成要件，这些要件主要包括四个方面：

1. 本罪的主体

本罪的犯罪主体是一般主体，包括自然人与单位。

2. 本罪的主观方面

本罪在主观方面表现为故意，即行为人明知自己的行为是在为七种犯罪违法所得掩饰、隐瞒其来源和性质，为利益而故意作出相应的行为，并希望这种结果发生。

3. 本罪的客体

本罪侵犯的客体是复杂客体，通常认为，"洗钱行为不仅侵害国家金融管理秩序法益，而且侵害司法机关正常活动法益，但以国家金融管理秩序法益为主要法益"[1]。

4. 本罪的客观方面

本罪在客观方面表现为明知是毒品犯罪、黑社会性质的组织犯罪、贪污贿赂犯罪、恐怖活动犯罪、走私犯罪、破坏金融管理秩序犯罪、金融诈骗犯罪的违法所得及其收益，为掩饰、隐瞒其来源和性质，通过存入金融机构、投资或者上市流通等手段使非法所得收入合法化的行为。

（三）洗钱罪的现状分析

在中国裁判文书网以洗钱罪为案由进行检索，共检索到 939 篇文书。[2]从审判程序来看，涉及管辖 32 件，刑事一审 676 件，刑事二审 143 件，刑事审判监督 31 件，刑罚与执行变更 29 件，执行 13 件，其他 15 件。由司法实践来看，金融领域"洗钱"犯罪很多，但很多"洗钱"的行为被包含在其他犯罪中，单独以洗钱罪进行裁判的数量相对较少。自 2012 年至 2023 年，涉及洗钱罪裁判文书的制作年份与数量统计如表 13.1 所示。

表 13.1　2012—2023 年洗钱罪裁判文书制作年份与数量统计

年　份	文书数量/件	年　份	文书数量/件
2012	1	2018	90
2013	3	2019	125
2014	14	2020	204
2015	18	2021	202
2016	30	2022	88
2017	44	2023	94

"洗钱是隐藏相关收入、掩饰其非法来源和用途的行为，以及对上述收入进行伪装使其表面合法化的过程。"[3]洗钱罪在司法实践中存在多种犯罪手法，其

[1]　安汇玉、汪明亮：《自我洗钱行为当罚性分析》，载《苏州大学学报（法学版）》2020 年第 3 期，第 111 页。
[2]　中国裁判文书网（https：//wenshu.court.gov.cn），检索日期 2024 年 5 月 19 日。
[3]　罗曦、陈晨：《洗钱罪司法实务疑难问题探讨》，载《人民检察》2022 年第 18 期，第 21 页。

中不乏近年来随着互联网发展而衍生出的新型操作手法，这些犯罪手法具有灵活性、隐秘性、多样性的特征。例如，犯罪分子将犯罪所得及其收益通过多层次、多渠道、多回合购买保险公司相关保险理财产品，再通过提前退保等方式取回保费的传统形式或通过"地下保单"等其他各类保险理财形式达到洗钱目的。

在保险洗钱案例中，有一部分是不法洗钱分子利用单位员工团体保险达到洗钱目的，常见于人寿保险中。单位员工团体保险分为团险个做和个险团做两种形式。团险个做的情况是，洗钱分子在员工不知情的情况下，使用单位资金以单位名义为员工购买团体保险，投保成功后再以资金不足或投保不符合单位规定为由退保，通过将单位资金合法挪用的方式，在投保时使资金通过单位账户汇出，退保时使资金流入指定企业账户或个人账户。而个险团做是单位先收集员工个人身份信息为员工购买个人保险，员工可能知情或不知情，由单位承担全部或绝大部分保费，员工出一小部分，在合同到期前完成退保。目前，更为新型的方式是通过"地下保单"，境外保险机构非法向内地居民销售境外保险，投保人以美元进行保险金支付，投保人无须境外交款，将境内账户资金与境外账户资金进行对冲实现，以此为黑钱出境提供了渠道。[1]"据有关数据显示，香港每年保费的三分之一来自于内地，澳门也有超过五分之一的保费来自于内地。由此可见，地下保单洗钱方式已经初具规模。"[2]

在洗钱的行为中，相当一部分涉及通过银行账户、金融票据汇款、取现、兑换外币等方式进行转移，这要求银行加大完善监控审核力度，着重提示风险。

二、以虚拟货币交易方式帮人洗钱的构成洗钱罪

将人民币兑换为虚拟货币是目前最常见的洗钱方式，这种情况非常多。自洗钱在《刑法修正案（十一）》通过前一直不构成犯罪，《刑法修正案（十一）》才将其入罪，学界对其犯罪构成争议不断。"自洗钱是本犯在实施完上游犯罪后，对上游犯罪的违法所得及其收益进行积极'漂白'，切断了'黑钱'的来源和性质。"[3]随着《刑法修正案（十一）》对"洗钱罪"的修改以及"自洗

〔1〕 王绫颖、王若平：《我国保险业反洗钱对策研究》，载《北方金融》2022年第4期，第32页。
〔2〕 王绫颖、王若平：《我国保险业反洗钱对策研究》，载《北方金融》2022年第4期，第32页。
〔3〕 刘森、徐海红：《自洗钱入罪的教义学解读——以〈刑法修正案（十一）〉为视角》，载《山东警察学院学报》2023年第1期，第49页。

钱"的入罪，与洗钱有关的罪名将会成为"币圈"难以承受之重。"陈某枝洗钱案"就是一起涉及虚拟货币的案件。

（一）典型案例

☞ **陈某枝洗钱案**[1]

【关键词】洗钱　虚拟货币　比特币

| 基本案情 | 公诉机关：上海市浦东新区人民检察院。

被告人：陈某枝，女，1989年12月1日出生，×族，住杭州市。

上海市浦东新区人民检察院以沪浦检金融刑诉〔2019〕2991号起诉书指控被告人陈某枝犯洗钱罪，于2019年10月14日向上海市浦东新区人民法院提起公诉。上海市浦东新区人民法院于同日立案，依法组成合议庭，公开开庭审理了本案。上海市浦东新区人民检察院指派检察员朱某某出庭支持公诉，被告人陈某枝及其辩护人宋某到庭参加诉讼。现已审理终结。

上海市浦东新区人民检察院指控：2018年10月下旬至同年11月上旬，被告人陈某枝明知陈某波（另案处理）因涉嫌集资诈骗犯罪被公安机关调查并出逃香港，仍先后通过其个人账户将陈某波涉嫌犯罪取得的赃款人民币300万元转账给陈某波，将陈某波用赃款购买的车辆低价出售得款人民币90余万元后购买比特币转给陈某波。同年11月2日，被告人陈某枝带陈某波护照至香港，交给陈某波助其逃匿。

为证实上述指控，公诉机关当庭宣读并出示集资参与人和相关证人的证言、支付宝电子回单、会计师事务所报告书等证据，据此认为，应当以洗钱罪追究被告人陈某枝的刑事责任，提请法庭依法判处。

庭审中，被告人陈某枝对起诉书指控的基本犯罪事实和罪名均没有异议。被告人陈某枝辩护人提出指控的转账300万元系证据不足，指控的90余万元系数额差错，应当认定为66万元，被告人具有自首情节等意见。

经审理查明：2018年10月下旬至同年11月上旬，被告人陈某枝明知陈某波因涉嫌集资诈骗犯罪被公安机关调查并出逃香港，仍先后通过其个人账户将

------

〔1〕 罗知之：《两部门发布6个惩治洗钱犯罪典型案例 "自洗钱"行为构成洗钱罪》，载人民网2021年3月19日，https://baijiahao.baidu.com/s? id=1694636138417809182&wfr=spider&for=pc。

陈某波涉嫌犯罪取得的赃款人民币300万元转账给陈某波，将陈某波用赃款购买的车辆低价出售得款人民币90余万元后购买比特币转给陈某波。同年11月2日，被告人陈某枝带陈某波护照至香港，交给陈某波助其逃匿。

2018年11月30日，被告人陈某枝接到公安机关电话通知主动到案，后基本如实供述涉案事实。案发后，被告人陈某枝在家属帮助下退出赃款人民币36万元。

| 裁判结果 | 一、被告人陈某枝犯洗钱罪，判处有期徒刑2年，罚金人民币20万元（刑期从判决执行之日起计算，判决执行以前先行羁押的，羁押1日折抵刑期1日，即自2018年11月30日起至2020年11月29日止；罚金自判决生效后1个月内向法院缴纳）。

二、已经退出赃款及扣押款物依法予以没收，其余赃款应当予以继续追缴或责令退赔。

| 裁判理由 | 法院认为，被告人陈某枝明知是金融诈骗犯罪所得及其产生的收益，为掩饰、隐瞒其来源和性质，提供资金账户，将财产分别转换成人民币和虚拟货币，通过转账协助资金转移汇往境外，其行为已构成洗钱罪。公诉机关指控的事实清楚，证据确实充分，罪名成立，应予支持。被告人陈某枝有自首情节，依法从轻处罚。辩护人针对犯罪金额提出的意见，经查实，被告人供述、证人证言、会计师事务所出具的报告书及支付宝交易电子回单等证据，能够证实被告人陈某枝向陈某波转移钱款的金额与指控内容相一致，对辩护人的意见不予采纳。被告人陈某枝在案发后退出部分赃款，酌情从轻处罚。

（二）律师评析

我国是明确禁止虚拟货币发行和兑换活动的，但由于各个国家对比特币等虚拟货币的监管要求不同，还是有很多人从事虚拟货币交易。很多人通过境外虚拟货币服务商、交易所实现虚拟货币与人民币的自由兑换，从而使得利用虚拟货币进行跨境兑换、跨境清洗资金成了洗钱犯罪的新型手段。自2014年以来，与虚拟货币有关的案件呈增多趋势，定罪的罪名主要集中在财产犯罪，如诈骗罪、盗窃罪、洗钱罪以及掩饰、隐瞒犯罪所得罪等。[1]

---

[1] 任彦君：《以虚拟货币交易方式洗钱的刑法适用分析》，载《南都学坛》2022年第5期，第64页。

在实践中，利用虚拟货币洗钱的行为方式主要有两种：第一，虚拟货币本身就是上游犯罪的犯罪所得，通过多种复杂交易方式层层洗白；第二，上游犯罪所得是人民币，在相关交易平台或通过场外交易方式购买虚拟货币进行交易将赃款洗白。[1]虚拟货币的流通可以说是"换汇"的"地下高速公路"，不需要经过监管部门或金融机构的审核，能方便快捷地跨越国界、规避外汇管理，这种洗钱方式给追赃工作造成了极大的困难。[2]

利用虚拟货币进行"洗钱"，对这类案件的证据收集及洗钱数额的认定都需要进行探索。司法实践中，洗钱数额往往以兑换虚拟货币实际支付资金数额进行计算认定。根据虚拟货币交易特点，需要收集行为人将赃款转换成虚拟货币、再将虚拟货币兑换成法定货币或者使用虚拟货币直接进行交易之交易记录等证据，包括比特币地址、密钥，行为人与比特币持有者联系信息和资金流向数据是主要定罪量刑的依据。

此外，如果上游犯罪尚未依法裁判，或者依法不追究刑事责任的，并不影响洗钱罪的认定。因为，洗钱罪虽是下游犯罪，但仍是独立的犯罪罪名，从惩治犯罪的必要性和及时性考虑，即使上游犯罪未经刑事判决确认也不影响对洗钱罪的认定。

（三）相关法条及司法解释

《中华人民共和国刑法》

第五十三条 罚金在判决指定的期限内一次或者分期缴纳。期满不缴纳的，强制缴纳。对于不能全部缴纳罚金的，人民法院在任何时候发现被执行人有可以执行的财产，应当随时追缴。

由于遭遇不能抗拒的灾祸等原因缴纳确实有困难的，经人民法院裁定，可以延期缴纳、酌情减少或者免除。

第六十四条 犯罪分子违法所得的一切财物，应当予以追缴或者责令退赔；对被害人的合法财产，应当及时返还；违禁品和供犯罪所用的本人财物，应当予以没收。没收的财物和罚金，一律上缴国库，不得挪用和自行处理。

第一百九十一条 为掩饰、隐瞒毒品犯罪、黑社会性质的组织犯罪、恐怖

---

[1] 任彦君：《以虚拟货币交易方式洗钱的刑法适用分析》，载《南都学坛》2022年第5期，第65页。
[2] 叶良芳、张勤：《中国反腐败追赃执法合作的困境及其破解》，载《南都学坛》2017年第4期，第61—69页。

活动犯罪、走私犯罪、贪污贿赂犯罪、破坏金融管理秩序犯罪、金融诈骗犯罪的所得及其产生的收益的来源和性质，有下列行为之一的，没收实施以上犯罪的所得及其产生的收益，处五年以下有期徒刑或者拘役，并处或者单处罚金；情节严重的，处五年以上十年以下有期徒刑，并处罚金：

（一）提供资金帐户的；

（二）将财产转换为现金、金融票据、有价证券的；

（三）通过转帐或者其他支付结算方式转移资金的；

（四）跨境转移资产的；

（五）以其他方法掩饰、隐瞒犯罪所得及其收益的来源和性质的。

单位犯前款罪的，对单位判处罚金，并对其直接负责的主管人员和其他直接责任人员，依照前款的规定处罚。

三、在非法集资等犯罪持续期间帮助转移犯罪所得及收益的行为可以构成洗钱罪

在特定的犯罪发生期间内，使用各种手段帮助该罪的行为人转移犯罪所得及其收益的，可以认定构成洗钱罪。最高人民检察院、中国人民银行联合发布6个惩治洗钱犯罪典型案例之二"雷某、李某洗钱案"就是这样一个案件。

（一）典型案例

☞ 雷某、李某洗钱案[1]

【关键词】洗钱 银行转款 隐匿资金流转

| **基本案情** | 被告人：雷某、李某，均系杭州瑞某商务咨询有限公司（以下简称"瑞某公司"）员工。

上游犯罪：2013年至2018年6月，朱某（另案处理）为杭州腾某投资管理咨询有限公司（以下简称"腾某公司"）实际控制人，未经国家有关部门依法批准，以高额利息为诱饵，通过口口相传、参展推广等方式向社会公开宣传

---

[1] 罗知之：《两部门发布6个惩治洗钱犯罪典型案例 "自洗钱"行为构成洗钱罪》，载人民网2021年3月19日，https：//baijiahao.baidu.com/s？id=1694636138417809182&wfr=spider&for=pc。

ACH 外汇交易平台，以腾某公司名义向 1899 名集资参与人非法集资 14.49 亿余元。截至案发，造成 1279 名集资参与人损失共计 8.46 亿余元。2020 年 3 月 31 日，杭州市人民检察院以集资诈骗罪对朱某提起公诉。2020 年 12 月 29 日，杭州市中级人民法院作出判决，认定朱某犯集资诈骗罪，判处无期徒刑，剥夺政治权利终身，并处没收个人全部财产。宣判后，朱某提出上诉。

洗钱犯罪：2016 年年底，朱某出资成立瑞某公司，聘用雷某、李某为该公司员工，并让李某挂名担任法定代表人，为其他公司提供商业背景调查服务。2017 年 2 月至 2018 年 1 月，雷某、李某除从事瑞某公司自身业务外，应朱某要求，明知腾某公司以外汇理财业务为名进行非法集资，仍向朱某提供多张本人银行卡，接收朱某实际控制的多个账户转入非法集资款。之后，雷某、李某配合腾某公司财务人员罗某（另案处理）等人，通过银行大额取现、大额转账、同柜存取等方式将上述非法集资款转移给朱某。其中，大额取现 2404 万余元，交给朱某及其保镖；大额转账 940 万余元，转入朱某实际控制的多个账户及房地产公司账户用于买房；银行柜台先取后存 6299 万余元，存入朱某本人账户及其实际控制的多个账户。雷某转移资金共计 6362 万余元，李某转移资金共计 3281 万余元。二人除工资收入外，自 2017 年 6 月起收取每月 1 万元的好处费。

| 诉讼和处罚过程 | 2019 年 7 月 16 日，杭州市公安局拱墅分局以雷某、李某涉嫌洗钱罪将案件移送起诉。2019 年 8 月 29 日，杭州市拱墅区人民检察院以洗钱罪对雷某、李某提起公诉。2019 年 11 月 19 日，杭州市拱墅区人民法院作出判决，认定雷某、李某犯洗钱罪，分别判处：雷某有期徒刑 3 年 6 个月，并处罚金 360 万元，没收违法所得；李某有期徒刑 3 年，并处罚金 170 万元，没收违法所得。宣判后，雷某提出上诉，李某未上诉。2020 年 6 月 11 日，杭州市中级人民法院裁定驳回上诉，维持原判。

案发后，中国人民银行杭州中心支行启动对经办银行的行政调查程序，认定经办银行重业绩轻合规，银行柜台网点未按规定对客户的身份信息进行调查了解与核实验证；银行柜台网点对客户交易行为明显异常且多次触发反洗钱系统预警等情况，均未向内部反洗钱岗位或上级行对应的管理部门报告；银行可疑交易分析人员对显而易见的疑点不深究、不追查，并以不合理理由排除疑点，未按规定报送可疑交易报告。经办银行在反洗钱履职环节的上述违法行为，导致本案被告人长期利用该行渠道实施犯罪。依据《中华人民共和国反洗钱法》第三十二条的规定，对经办银行罚款 400 万元。

（二）律师评析

洗钱罪的发生原因有很多、手段也有很多，要治理该犯罪，需要对症下药，采取有针对性的措施。

1. 洗钱手段的多样化

洗钱罪是一种形式多样的犯罪，其手段有很多。比如，托收承付、委托收款、开立票据或信用证、利用第三方支付等。这些形式表明洗钱罪是隐蔽性、专业性较强的犯罪。对于其犯罪形式，需要重视并采取有针对性的监管措施。

鉴于洗钱罪的犯罪手段具有复杂性、多样性、隐蔽性的特点，金融机构、行政监管机构和司法机关应当展开密切合作，形成打击洗钱罪的合力，加大打击力度。

2. 上游犯罪持续时间较长的情况并不影响洗钱罪的成立

在一些情况下，洗钱罪的上游犯罪是持续进行的，可能在洗钱罪被立案侦查时，上游犯罪还在继续。在这样的情况下，就涉及一个问题：上游犯罪还在持续是否影响洗钱罪的成立？本案中，被告人通过大额取现或者将大额赃款在多个账户间进行频繁划转，隐匿资金真实去向，而且为逃避侦查，人为割裂了交易链条，利用银行支付结算业务采取了多种手段实施洗钱犯罪，这种行为受到了追究。这就表明，在上游犯罪持续发生期间，帮助转移犯罪所得及收益的行为可以构成洗钱罪，不管上游犯罪是否结束，洗钱罪都可以成立。

此外，一些案件启示我们，要关注上游犯罪人员的近亲属、密切关系人，这些群体是洗钱犯罪的高发人群。如果这些群体以投资、理财、购买贵重物品、购买文物及字画等方式掩饰、隐瞒赃款来源和性质，符合《刑法》第一百九十一条之规定的，应当以洗钱罪追究刑事责任。

（三）相关法条及司法解释

《中华人民共和国刑法》

第一百九十一条 为掩饰、隐瞒毒品犯罪、黑社会性质的组织犯罪、恐怖活动犯罪、走私犯罪、贪污贿赂犯罪、破坏金融管理秩序犯罪、金融诈骗犯罪的所得及其产生的收益的来源和性质，有下列行为之一的，没收实施以上犯罪的所得及其产生的收益，处五年以下有期徒刑或者拘役，并处或者单处罚金；情节严重的，处五年以上十年以下有期徒刑，并处罚金：

（一）提供资金帐户的；

（二）将财产转换为现金、金融票据、有价证券的；

（三）通过转帐或者其他支付结算方式转移资金的；

（四）跨境转移资产的；

（五）以其他方法掩饰、隐瞒犯罪所得及其收益的来源和性质的。

单位犯前款罪的，对单位判处罚金，并对其直接负责的主管人员和其他直接责任人员，依照前款的规定处罚。

四、明知是破坏金融管理秩序的犯罪所得仍提供帮助进行洗钱的构成洗钱罪

在洗钱犯罪中，很多行为人明知道其帮助转移的资金是特定犯罪所得，仍然采取提供资金账户、协助将财产转换为有价证券或者其他方法掩饰、隐瞒上述资金来源和性质，这往往会构成洗钱罪。"刘某洗钱案"就是这样一个典型案例。

（一）典型案例

☞ 刘某洗钱案[1]

【关键词】洗钱 资金转移 理财 有价证券

| 基本案情 | 公诉机关：天津市河北区人民检察院。

被告人：刘某，曾用名刘杨，女，1983 年 2 月 23 日出生于内蒙古自治区海拉尔市（现为呼伦贝尔市海拉尔区），汉族，高中文化，天津泰某某投资管理有限公司法定代表人。因涉嫌犯集资诈骗罪于 2019 年 11 月 12 日被刑事拘留，同年 12 月 19 日被逮捕。

天津市河北区人民检察院以津北检三部刑诉〔2020〕33 号起诉书指控被告人刘某犯洗钱罪，于 2020 年 8 月 20 日向天津市河北区人民法院提起公诉。天津市河北区人民法院依法组成合议庭，公开开庭审理了本案。天津市河北区人民检察院指派检察员滕某谦出庭支持公诉，被告人刘某及其辩护人代某菊到庭参

-----

[1] 天津市河北区人民法院（2020）津 0105 刑初 159 号。

加了诉讼。天津市河北区人民法院报经天津市第二中级人民法院批准延长审理期限3个月。现已审理终结。

被告人刘某与潘某（另案处理）原为夫妻关系。二人婚姻存续期间，潘某以他人名义注册成立天津泰某某股权投资基金管理有限公司，后更名为天津泰某某投资咨询有限公司，于2013年6月变更注册地址，于2014年11月变更法定代表人为被告人刘某，于2016年3月更名为天津泰某某投资管理有限公司（以下简称"泰某某投资管理公司"，另案处理）。2016年5月，被告人刘某与潘某协议离婚并约定二人名下无财产、无债务。2016年9月，泰某某投资管理公司法定代表人变更为潘某，后于2018年2月变更注册地址。泰某某投资管理公司于2015年1月在中国证券投资基金业协会登记为私募基金管理人。

2015年1月至2019年1月，泰某某投资管理公司以登记备案的私募基金产品"泰某某贵金属理财基金"名义公开募集资金，推出"太行聚富""太行泰丰"等系列理财产品，起投金额为5万元。根据投资金额、期限不同，确定年化利率为8.5%—12%，先后在天津市武清区、南开区、宝坻区、津南区等地设立门店或分公司，采用宣传单、产品说明会、讲座、口口相传及公司网站、微信公众号等形式公开宣传推介、销售上述理财产品，并承诺保本保息，招揽不符合合格投资者条件的不特定群众购买上述理财产品，所吸收资金进入泰某某投资管理公司账户统一支配和使用。经审计，泰某某投资管理公司于2015年1月至2019年1月非法吸收资金共计1978582960元，造成集资参与人实际损失共计731756880元。

泰某某投资管理公司运营期间，潘某作为该公司实际控制人，在非法募集资金、资金支配及人事安排等方面具有决定权；被告人刘某任法定代表人前后，以总经理身份参与该公司事务性管理工作并参加公司年会、庆典等活动。被告人刘某明知泰某某投资管理公司违反相关法律规定，向社会不特定群众非法吸收资金，仍使用其名下10余张银行卡及实际控制的郭某某名下尾号为0128的工商银行卡频繁接收泰某某投资管理公司非法吸收的资金，并在其名下银行卡之间频繁划转，反复购买理财、证券、期货等。

经审计，被告人刘某名下银行卡及实际控制的郭某某名下银行卡，于2015年1月至2017年2月先后收到泰某某投资管理公司账户转入资金共计178186041元，并转回泰某某投资管理公司账户。2015年1月至2019年11月，被告人刘某使用未转回泰某某投资管理公司的资金陆续以郭某某、罗某某、杨某某、马某（另案处理）等人名义购买并为其代持房产四套及车位六处、以陈某名义投资并为其代持股权、向潘某指定的他人账户转账，并用于偿还其房屋贷款、信用卡欠款，购买证券、期货、保险及日常消费支出，等等。

2019 年 11 月 11 日，天津市公安局河北分局民警将被告人刘某抓获。案发后，公安机关查封了被告人刘某名下天津市西青区房产及被告人刘某以郭某某、罗某某、杨某某、马某等人名义购买并为其代持的房产四套，并冻结了被告人刘某及其他涉案人员名下的银行账户及基金、证券等资产。审查起诉期间，被告人刘某的亲属代为退缴违法所得 20 万元。

公诉机关认为，被告人刘某明知是破坏金融管理秩序犯罪的所得及其产生的收益，仍采取提供资金账户、协助将财产转换为有价证券、通过转账协助资金转移以及其他方法，掩饰、隐瞒其来源和性质，情节严重，应当以洗钱罪追究其刑事责任。被告人刘某认罪认罚，可以从宽处罚。建议判处被告人刘某有期徒刑 7 年至 9 年，并处罚金，同时没收犯罪所得及其产生的收益。

经审理查明：被告人刘某与潘某（另案处理）原为夫妻关系。二人婚姻存续期间，潘某以他人名义注册成立天津泰某某股权投资基金管理有限公司，后更名为天津泰某某投资咨询有限公司，于 2014 年 11 月变更法定代表人为被告人刘某，于 2016 年 3 月更名为天津泰某某投资管理有限公司（另案处理），2016 年 9 月变更法定代表人为潘某。2015 年 1 月至 2017 年 2 月，被告人刘某明知泰某某投资管理公司违反相关法律规定，向社会不特定群众非法吸收资金，仍使用其名下 10 余张银行卡及实际控制的郭某某名下尾号为 0128 的工商银行卡频繁接收泰某某投资管理公司非法吸收的资金，并在其名下银行卡之间频繁划转，反复购买理财、证券、期货等。经审计，被告人刘某名下银行卡及实际控制的郭某某名下银行卡，于 2015 年 1 月至 2017 年 2 月先后收到泰某某投资管理公司账户转入资金共计 178186041 元，并转回泰某某投资管理公司账户。2015 年 1 月至 2019 年 11 月，被告人刘某使用未转回泰某某投资管理公司的资金陆续以郭某某、罗某某、杨某某、马某（另案处理）等人名义购买并为其代持房产四套及车位六处、以陈某名义投资并为其代持股权、向潘某指定的他人账户转账，并用于偿还其房屋贷款、信用卡欠款，购买证券、期货、保险及日常消费支出，等等。

2019 年 11 月 11 日，天津市公安局河北分局民警将被告人刘某查获归案。案发后，公安机关查封了刘某名下天津市西青区房产及刘某以郭某某、罗某某、杨某某、马某等人名义购买并为其代持的房产四套，并冻结了刘某及其他涉案人员名下的银行账户及基金、证券等资产。在公诉机关审查起诉期间，刘某的亲属代为退缴违法所得 20 万元。

│**裁判结果**│被告人刘某犯洗钱罪，判处有期徒刑 8 年，并处罚金人民币 900 万元。对被告人刘某洗钱犯罪所得的存款、房产、股权等一切财物依法予以追缴，与刘某的退赔款一并用于退赔集资参与人。

│**裁判理由**│法院认为，被告人刘某明知是破坏金融管理秩序犯罪的所得及其产生的收益，仍采取提供资金账户、将财产转换为有价证券、通过转账协助资金转移以及其他方法掩饰、隐瞒其来源和性质，情节严重，其行为已构成洗钱罪，依法应予惩处。公诉机关的指控成立。

关于刘某辩护人所提洗钱数额应认定为 5000 余万元的辩护意见，经查，在案证据证实，刘某主观上认识到泰某某投资管理公司系以私募基金的名义向社会不特定对象公开吸收资金并支付利息，客观上实施了提供银行账户接收泰某某公司非法吸收公众存款的犯罪所得，通过频繁购买理财产品、与其他账户进行频繁资金往来、赎回理财后继续叠加购买理财等手段掩饰、隐瞒泰某某投资管理公司的犯罪所得及其收益的来源和性质的行为，刘某接收泰某某投资管理公司转入的全部资金均符合洗钱的特征，应认定刘某洗钱数额为人民币 178186041 元，对辩护人所提刘某转回泰某某投资管理公司的金额不应认定为洗钱数额的辩护意见，不予采纳，但转回部分可作为酌定情节予以考虑。辩护人的其他辩护意见，与庭审查明的事实相符的部分，可酌情采纳。被告人刘某自愿认罪认罚，对其可从轻处罚。公诉机关的量刑建议适当。

（二）律师评析

现实生活中，一些人将特定犯罪所得及其产生的收益通过割裂资金和交易行为链条，反复购买证券、期货、保险等方式进行多重"清洗"，意图逃避法律制裁。与洗钱罪密切相关的是银行业和证券行业，其中的风险需要高度重视。

1. 银行理财产品被用于洗钱的潜在风险分析

近年来，我国的银行理财产品发展十分迅速，产品种类日趋丰富、规模不断扩大，与其他金融衍生品之间的联系日益紧密，网络化销售趋势日益明显。这种情况极易被一些别有用心的人利用进行洗钱，方式是通过不同产品组合叠加频繁投资，达到模糊资金交易轨迹、掩饰资金真实流向、大量转移资金的目的。

洗钱犯罪是故意犯罪，"掩饰、隐瞒"本身就是主动、积极的行为，因此洗钱行为的特征应当是积极运作从而助推钱款性质发生变化。购买长期保本保息的固定收益类理财产品后长期不动的，不一定是洗钱。反之，倘若购买基金、债券等理财产品，通过购买、赎回等行为实现了资金在不同账户间的转移，将赃款流向金融市场，并通过混合、收益、流转方式返回，完成了"清洗"，意图逃避司法机关侦查的，应认定为洗钱。

此外，需要注意的是，不能以理财产品是否"增值"作为是否构成自洗钱犯罪的标准。谋求非法利益最大化是贪利性犯罪的普遍心理，但是不能将"增值"想法作为主观故意标准。购买理财产品，即使出现了亏损，也并不影响自洗钱犯罪的成立。

银行等金融机构应当完善内控制度，建立理财产品反洗钱工作机制，加强业务部门和反洗钱工作牵头部门的沟通合作。

2. 证券行业的洗钱风险分析

证券行业的洗钱风险主要存在于金钱的"离析"及"归并"阶段，涉及中介、产品、支付渠道、客户等多个环节，风险表现复杂多样。

在对特定犯罪所得收入或者赃款初步处置的阶段，一些人会将犯罪所得资金以各种名义转入在证券公司开立的资金账户中，使犯罪所得收入或者赃款与合法收入混同。这一阶段的风险点在于：其一，证券公司在开户环节对账户的审查和管理不严，或串通导致虚假开户，为非法资金进入证券市场洗钱提供可乘之机；其二，证券业金融机构内控不完善，部分工作人员违规操作帮助洗钱分子转移资金。

离析阶段是实施购买证券或者进行复杂多重的关联交易的阶段，在此过程中，行为人频繁通过不同账户实现资金流动，掩盖犯罪资金真实来源。这一阶段的风险点主要涉及证券二级市场，证券公司可能通过内部不同账户转账帮助客户实现套现，隐蔽转移账户之间的资金。

归并阶段是将通过证券市场清洗后的犯罪收入转移到表面上看与犯罪行为无明显关系的合法个人或组织账户内，以表面合法形式回到洗钱分子手中。这一阶段的风险点在于洗钱分子可以通过转托管或撤销指定交易将股份在证券公司之间进行多次转移后，卖出股票变现，模糊资金轨迹和来源。

目前，我国证券业与其他金融业相比较，可疑交易报告数量始终偏少。证券业风险防范仍需进一步加强，要完善反洗钱监管体系，完善可疑交易报告标准。

（三）相关法条及司法解释

《中华人民共和国刑法》

　　第六十四条　犯罪分子违法所得的一切财物，应当予以追缴或者责令退赔；对被害人的合法财产，应当及时返还；违禁品和供犯罪所用的本人财物，应当予以没收。没收的财物和罚金，一律上缴国库，不得挪用和自行处理。

　　第一百九十一条　为掩饰、隐瞒毒品犯罪、黑社会性质的组织犯罪、恐怖活动犯罪、走私犯罪、贪污贿赂犯罪、破坏金融管理秩序犯罪、金融诈骗犯罪的所得及其产生的收益的来源和性质，有下列行为之一的，没收实施以上犯罪的所得及其产生的收益，处五年以下有期徒刑或者拘役，并处或者单处罚金；情节严重的，处五年以上十年以下有期徒刑，并处罚金：

　　（一）提供资金帐户的；

　　（二）将财产转换为现金、金融票据、有价证券的；

　　（三）通过转帐或者其他支付结算方式转移资金的；

　　（四）跨境转移资产的；

　　（五）以其他方法掩饰、隐瞒犯罪所得及其收益的来源和性质的。

　　单位犯前款罪的，对单位判处罚金，并对其直接负责的主管人员和其他直接责任人员，依照前款的规定处罚。

《中华人民共和国刑事诉讼法》

　　第二百零一条　对于认罪认罚案件，人民法院依法作出判决时，一般应当采纳人民检察院指控的罪名和量刑建议，但有下列情形的除外：

　　（一）被告人的行为不构成犯罪或者不应当追究其刑事责任的；

　　（二）被告人违背意愿认罪认罚的；

　　（三）被告人否认指控的犯罪事实的；

　　（四）起诉指控的罪名与审理认定的罪名不一致的；

　　（五）其他可能影响公正审判的情形。

　　人民法院经审理认为量刑建议明显不当，或者被告人、辩护人对量刑建议提出异议的，人民检察院可以调整量刑建议。人民检察院不调整量刑建议或者调整量刑建议后仍然明显不当的，人民法院应当依法作出判决。

后 记

我国金融领域的改革开放，随着时代的大潮，已经深度融合到经济社会运行中。而随着金融法治建设的不断完善，金融领域的违法犯罪现象也频频发生，并呈现出日益严重的趋向。与世界发达国家的立法一样，我国刑事立法对金融领域的介入同样有一个渐进式的过程，在这个过程中，立法中的一些不协调之处逐渐得到调整和不断完善。

据媒体报道，党的二十大以来，党中央对金融领域的反腐败打击力度持续加大，二十大后落马的"首虎"就来自金融系统；仅 2023 年 3 月，就有多名金融机构的领导干部落马。这一现象反映了在金融领域违纪违法甚至是犯罪问题不容小觑，纪检监察机关对金融领域的违法犯罪问题进行追查和反腐，充分彰显了国家对金融风险防范和金融反腐的重视。金融领域的监管与治理涉及的部门较多，金融犯罪治理的相关政策和法律法规、司法解释的规定也十分复杂。在司法实践中，同案不同判的现象时有发生，不同地区之间的司法裁判标准还有待统一。

就检察机关公布的一些数据来看，国家对金融领域犯罪的打击在持续发力。2024 年 1 月 4 日，北京市朝阳区人民检察院召开新闻发布会，发布《金融检察白皮书》（第八辑），通报办理金融犯罪案件情况。据统计，2022 年 12 月 1 日至 2023 年 11 月 30 日，北京市朝阳区人民检察院共受理金融犯罪案件 773 件，涉及 1809 人；2023 年朝阳区人民检察院办理的金融犯罪案件数和人数与 2022 年同期相比分别上升了 12.4% 和 23.8%。

金融领域的犯罪人员有高智化的发展趋势，不仅为金融刑事案件的侦查增加了难度，也为律师辩护带来了挑战，这就要求相关办案人员要熟悉和掌握金融知识，将金融与法律融合适用。就实践情况来看，金融违规与金融犯罪仅一步之遥。就有效防范化解金融风险而言，法律服务也是不可或缺的一环，其既可以帮助金融机构依法合规经营，又可以提高广大金融从业人员的法律意识和法律水平，从源头防止违纪违法和犯罪的发生。

在这一大背景下，我们选择了10余个与金融行业及其从业人员相关的典型罪名对金融领域常见的违法犯罪行为进行解析，说明相关违法犯罪的构成要件，并研究如何防范违法犯罪行为的发生。

本书选择的案例都是具有代表意义的，案例分析的重点不是揭示案件发生发展的来龙去脉，而是以案件为典型，说明相关犯罪的构成要件，研究如何防范。

本书编写的分工如下：赵玉来编写第一、第二、第三、第九、第十、第十一章，王敏编写第四、第六、第七章，唐弘易编写第五、第八章，冯丹阳编写第十二、第十三章，唐新波、赵玉来统稿。

希望本书能为金融领域的工作人员合规经营提供参考和借鉴，为法律同人进行交流提供素材，为广大读者提供深度阅读和学习参考之用。不足之处，也欢迎批评指正。

是为后记。

2024 年 5 月 23 日于康达北京